Bruno Hespeler
JAGDWISSEN

Bruno Hespeler

JAGDWISSEN
AUF EINEN BLICK

Daten und Fakten
für Praxis und Prüfung

Die Deutsche Bibliothek -
CIP-Einheitsaufnahme

Hespeler, Bruno:
Jagdwissen auf einen Blick : Daten und
Fakten für Praxis und Prüfung / Bruno
Hespeler. - München ; Wien ; Zürich :
BLV, 2000
   ISBN 3-405-15774-9

Bildnachweis:
Arndt: 112 u.; Baatz: 180 (2); Berberich:
211; Breuer:12; Danegger: 206; Hess:
72; Hopf: 71; Kalden: 111 o.; Kluth: 169;
Konrad: 127 u.l.; Kuczka: 69; Lewicki:
186; Mayer: 72; Marek: 52 o., 68, 131
u., 176 u.; Matwijow: 95; Meyers: 107 m,
212 (2), 213 (2); Nagel: 79, 172;
Morerod: 40; Pieper: 111 u., 112 o.;
Radenbach: 211; Schendel: 111 m., 131 o.;
Schneider: 105; Schilling: 107 u.;
Thiermeyer: 112 m., 176 o.; Thor: 107 o.;
Volkmar: 52 o., 125 u.l.; Waltmann:
127 u.r.; Wetter: 52 u.; Zimmermann: 109
Alle übrigen Fotos sind vom Verfasser.

Grafiken:
B. von Damnitz, F. Lechner, H. Geipel,
H. Hager, H. Hoffmann (alle aus BLV-
Archiv)., N. von Ertzdorff, B. Hespeler,
G. Seilmeier, G. Thor.
Bearbeitung von Zeichnungen: I. Böhrer,
N. v. Ertzdorff
Einbandfotos v.l.n.r.:
Manfred Danegger, Thiermeyer,
Dr. Anton Schmid, Erich Marek,
Klaus Wernicke
Rückseite: Michael Breuer

**BLV Verlagsgesellschaft mbH
München Wien Zürich**
80797 München

Einbandgestaltung: Studio Schübel,
München
Layout und DTP: Bücherwerkstatt
Beuerberg, Alexander von Ertzdorff
Lektorat: Gerhard Seilmeier
Herstellung: Hermann Maxant
Druck: Appl Wemding
Bindung: Sellier Freising
Gedruckt auf chlorfrei gebleichtem Papier

Printed in Germany
ISBN 3-405-15774-9

Hege

Naturschutz

Jagdpraxis

Vor und nach dem Schuß

Landbau

Waldbau

Wildschäden

Jagdhunde

Waffen und Optik

Brauchtum

Fremdwörter und Fachausdrücke

Zum Verständnis

Unter einem Kompendium, so sagt der neben mir liegende Duden, ist ein »Abriß« oder ein kleines Lehrbuch zu verstehen, und so etwa hat sich das wohl auch die BLV Verlagsgesellschaft gedacht. Für den Jungjäger soll es sein, nicht als Ersatz für vorhandene Lehrbücher, vielmehr als Ergänzung, die sich jederzeit leicht einstecken und befragen läßt. Doch keineswegs nur für ihn, auch der gestandene Jäger soll hier schnell finden, was er längst vergessen hat und selten braucht. Auf das »schnell« kommt es also an. Daher haben wir fast alles in Tabellen oder Merksätze verpackt. So weit, so gut. Bedenkt man jedoch, welch vielfältiges Wissen heute einem Jäger abverlangt wird und daß der Umfang des kleinen Buches von vorneherein eng begrenzt war, wird die Qual der Wahl schnell sichtbar.

Eingeflossen sind schließlich so ziemlich alle unser Wild betreffenden »Stammdaten«, die für den Jäger interessant sind, daneben aber auch mancher Hegetip. Das Buch sagt, wo der Jäger dieses oder jenes findet, welche besonderen Beschränkungen es in seinem Bundesland zu beachten gibt, wie er sich bei Kauf und Verkauf seiner Waffen zu verhalten hat oder welche Hunderasse für seine persönlichen Verhältnisse interessant ist. Natürlich gibt es noch einen Anhang, in dem Begriffe erläutert werden, mit denen sich der Jäger immer wieder und immer häufiger konfrontiert sieht und deren Inhalte keineswegs jedem geläufig sind.

Manch wichtige Aussage wurde des Platzes wegen in eine Bildunterschrift verpackt. Und beim scheinbar unverzichtbaren Brauchtum galt es künstlichen Schwulst zu vermeiden, ohne das Kind mit dem Bade auszuschütten. Schließlich soll alles so einfach als möglich gehalten werden, damit sich auch der Nichtjäger – vor allem der Jagdgenosse oder Jagdsachbearbeiter – ohne »Dolmetscher« des kleinen Buches bedienen kann. Natürlich wird der Benutzer – der Platz erzwingt's – auch manches vermissen, und so sind Verlag und Herausgeber für Anregungen durchaus dankbar.

Kärnten, im Sommer 1999

Der Herausgeber

Jagdbehörden

Land/Bund	Oberste Jagdbehörde	Höhere Jagdbehörde	Untere Jagdbehörde
Bund	Bundesministerium für Landwirtsch. u. Forsten	—	
Baden-Württemberg	Ministerium Ländlicher Raum mit Jagdbeirat	Regierungspräsidium mit Jagdbeirat	Kreisjagdamt (Landratsamt)
Bayern	Staatsministerium für ELF mit Jagdbeirat	Regierung mit Jagdbeirat	Landratsamt mit Jagdbeirat
Berlin	Senator für Wirtschaft	—	—
Brandenburg	Ministerium für ELF mit Jagdbeirat	—	Kreise und kreisfreie Städte
Bremen	Senator für Wirtschaft	—	Stadt- und Polizeiamt
Hamburg	Senator für E u. L mit Jagdbeirat	—	—
Hessen	Ministerium für ULF	Bezirksdirektion mit Jagdbeirat	Landratsamt bzw. mit Jagdbeirat
Mecklenburg-Vorpommern	Landwirtschaftsministerium mit Jagdbeirat	Forstdirektionen mit Jagdbeirat	Kreise und kreisfreie Städte mit Jagdbeirat
Niedersachsen	Minister für ELF	Bezirksregierung	Landkreis bzw. Stadtverwaltung mit Jagdbeirat
Nordrhein-Westfalen	Ministerium für ELF mit Jagdbeirat	Landesjagdamt mit Jagdbeirat	Landkreis bzw. Stadtverwaltung mit Jagdbeirat
Rheinland-Pfalz	Ministerium für LW u. U mit Landesjagdbeirat	Bezirksregierung	Landratsamt bzw. Stadtverwaltung mit Jagdbeirat
Saarland	Minister für Umwelt, Energie und Verkehr	—	untere staatliche Verwaltungsbehörde mit Jagdbeirat
Sachsen	Staatsministerium für UF mit Jagdbeirat	Forstdirektionen mit Jagdbeirat	Kreisverwaltungsbehörde mit Jagdbeirat
Sachsen-Anhalt	Ministerium für ELF	Regierungspräsidium	Landkreise und kreisfreie Städte mit Jagdbeirat
Schleswig-Holstein	Ministerium für Ländliche Räume, Landwirtschaft, Ernährung und Tourismus	—	Landkreise und kreisfreie Städte mit Jagdbeirat
Thüringen	Ministerium für LF mit Jagdbeirat	Landesverwaltungsamt mit Landesforstdirektion und Jagdbeirat	Landratsämter u. kreisfreie Städte mit Jagdbeirat

Gesetze über die Jagdausübung/Verordnungen

- *Bundesjagdgesetz (BJG)*
Rahmen, innnerhalb dessen die Länder eigene Gesetze beschließen können.

Änderungen nur durch Deutschen Bundestag (Anträge über Fraktionen oder Bundesrat, Beratung in Ausschüssen).

Bundeswildschutzverordnung

- *Verordnung über die Jagdzeiten*
Rahmenverordnung mit Regelung der Änderungsmöglichkeiten durch Länder.

Änderungen durch Bundesminister kraft Amtes oder auf Antrag des Bundesrates.

- *Landesjagdgesetze (LJG)*
ergänzen und variieren das BJG.

Änderungen nur durch Landesparlamente (Anträge über Fraktionen, Beratung in Ausschüssen).

- *Verordnungen zu den Landesjagdgesetzen*
(sinngemäß Ausführungsbestimmungen und Ministerialerlasse).

Änderungen durch Landesminister kraft Amtes, z. B. Jägerprüfungsordnung.

- *Verordnungen/Erlasse durch mittlere oder untere Jagdbehörden.*

z. B. Aufhebung des Nachtjagdverbotes für Rotwild, Ausnahmen vom Kirrungsverbot.

Die praktische Jagdausübung hat in den letzten Jahren viele Einschränkungen erfahren; heute lassen sinkende Niederwildbesätze Treibjagden vielerorts nicht mehr sinnvoll und vertretbar erscheinen.

Welche Tiere sind in der Bundesrepublik jagdbar (§ 2 BJG)?

Haarwild:

Wisent *(Bison bonasus)*
Elchwild *(Alces alces)*
Rotwild *(Cervus elaphus)*
Damwild *(Dama dama)*
Sikawild *(Cervus nippon)*
Rehwild *(Capreolus capreolus)*
Gamswild *(Rupicapra rubicapra)*
Steinwild *(Capra ibex)*
Muffelwild *(Ovis ammon musimon)*
Schwarzwild *(Sus scrofa)*
Feldhase *(Lepus europaeus)*
Schneehase *(Lepus timidus)*
Wildkaninchen *(Oryctolagus cuniculus)*
Murmeltier *(Marmorta marmorta)*
Wildkatze *(Felis silvestris)*
Luchs *(Lynx lynx)*
Fuchs *(Vulpes vulpes)*
Steinmarder *(Martes foina)*
Baummarder *(Martes martes)*
Iltis *(Mustela putoris)*
Hermelin *(Mustela erminea)*
Mauswiesel *(Mustela nivalis)*
Dachs *(Meles meles)*
Fischotter *(Lutra lutra)*
Seehund *(Phoca vitulina)*

Federwild:

Rebhuhn *(Perdix perdix)*
Fasan *(Phasianus colchius)*
Wachtel *(Coturnix coturnix*
Auerwild *(Tetrao urogallus)*
Birkwild *(Lyrurus tetrix)*
Rackelwild *(Lyrurus tetrix x Tetrao urogallus)*
Haselwild *(Tetrastes bonasia)*
Alpenschneehuhn *(Lagopus mutus)*
Wildtruthahn *(Meleagris gallopavo)*
Wildtauben *(Columbidae)*
Höckerschwan *(Cygnus olor)*
Wildgänse (Gattungen *Anser* u. *Branta)*
Wildenten *(Anatinae)*
Säger (Gattung *Mergus)*
Waldschnepfe *(Scolopax rusticola)*
Bläßhuhn *(Fulica atra)*
Möven *(Laridae)*
Haubentaucher *(Podiceps cristatus)*
Großtrappe *(Otis tarda)*
Greife *(Accipitridae)*
Falken *(Falconidae)*
Kolkrabe *(Corvus corax)*

Weitere Tierarten, die von den Ländern als jagdbar aufgenommen wurden:

Baden-Württemberg	Waschbär, Marderhund, Nutria
Bayern	Waschbär, Marderhund, Nutria, Rabenkrähe, Elster, Eichelhäher
Berlin	Waschbär, Marderhund, Mink, Nutria
Brandenburg	Waschbär, Marderhund, Mink
Bremen	———
Hamburg	Waschbär
Hessen	Waschbär, Marderhund, Nutria
Mecklenburg-Vorpommern	Wolf, Waschbär, Marderhund, Mink
Niedersachsen	Waschbär
Nordrhein-Westfalen	Waschbär, Marderhund
Rheinland-Pfalz	Bär, Wolf, Waschbär, Marderhund
Saarland	———
Sachsen	Waschbär, Marderhund, Mink, Nutria
Sachsen-Anhalt	Waschbär, Marderhund, Mink
Schleswig-Holstein	———
Thüringen	Waschbär, Marderhund, Mink, Nutria

Gestaltung von Jagdrevieren

Eigenjagdbezirk (EJB) § 7 BJG
Alle zusammenhängenden Grundflächen, die land-, forst- oder fischereiwirtschaftlich nutzbar sind und ein und derselben Person oder Personengemeinschaft gehören. Diese müssen jagdlich nutzbar sein.

Gemeinschaftlicher Jagdbezirk (GJB) § 8 BJG
Alle zusammenhängenden Grundflächen einer Gemeinde, die nicht zu einem Eigenjagdbezirk gehören. Diese müssen nicht jagdlich nutzbar sein, also auch überbaute Flächen!

	§§	Mindestgröße		Mindestgröße bei Teilung	
		EJB	GJB	EJB	GJB
Nach **Bundesgesetz**	7, 8	75 ha	150 ha	75 ha	250 ha
Baden-Württemberg	4, 5	75 ha	150 ha	75 ha	250 ha
Bayern	8, 10	81,755 ha	250 ha[1]	250 ha	250 ha
Bayern Hochgebirge	8, 10	300 ha	500 ha	500 ha	500 ha
Berlin	7, 9,	75 ha	150 ha[2]	75 ha	150 ha
Brandenburg	7, 9	150 ha[3]	500 ha[4]	250 ha	500 ha
Bremen	9, 10	75 ha	250 ha	75 ha	250 ha
Hamburg	4	75 ha	150 ha	75 ha	250 ha
Hessen	6, 7	75 ha	200 ha	75 ha	200 ha
Mecklenburg-Vorpommern	3, 4	75 ha	350 ha	75 ha	500 ha
Niedersachsen	9, 10	75 ha	250 ha	75 ha	250 ha
Nordrhein-Westfalen	5, 6	75 ha	150 ha	75 ha	300 ha
Rheinland-Pfalz	5, 6	75 ha	250 ha[5]	75 ha	250 ha
Saarland	5, 6	75 ha	150 ha[6]	75 ha	150 ha
Sachsen	8, 10	75 ha	250 ha[7]	250 ha	250 ha
Sachsen-Anhalt	9, 10	75 ha	250 ha[8]	75 ha	250 ha
Schleswig-Holstein	2, 4	75 ha	250 ha[9]	75 ha	250 ha
Thüringen	8, 10	75 ha	250 ha	75 ha	250 ha

Jagdbezirke können durch Abtrennung, Angliederung oder Austausch von Grundflächen abgerundet werden, wenn dies aus Erfordernissen der Jagdpflege und Jagdausübung notwendig ist (§ 5 BJG). Dies kann durch schriftliche Vereinbarung zwischen Jagdgenossenschaften und/oder Eigenjagdbesitzern erfolgen oder durch die Jagdbehörde Kraft Amtes.

[1] Befriedete Bezirke zählen nicht mit.

[2] Sinkt die zusammenhängende Fläche nach Abzug der befriedeten Bezirke unter 75 ha, wird der GJB aufgelöst und seine Flächen einem anderen Jagdbezirk zugeschlagen

[3] Die Mindestgröße kann auf Antrag auf 75 ha verringert werden, wenn vor 1945 schon ein Eigenjagdbezirk bestand.

[4] Mindestgröße kann auf Antrag der Jagdgenossenschaft (JG) auf 250 ha herabgesetzt werden, wenn keine wesentlichen Belange der Hege und Jagd entgegenstehen.

[5] Untere Jagdbehörde kann Mindestgröße ausnahmsweise auf über 225 ha herabsetzen.

[6] Bei Teilung eines GJB entsteht auch für den abgetrennten Teil eine eigene JG

[7] Befriedete Bezirke zählen bei der Berechnung nicht mit.

[8] Sinkt die zusammenhängende Fläche nach Abzug der befriedeten Bezirke unter 100 ha, wird das GJB aufgelöst und seine Flächen einem anderen Jagdbezirk zugeschlagen.

[9] Sinkt die bejagbare Fläche eines EJB oder GJB um mehr als ein Drittel unter die gesetzliche Mindestgröße, so sind die Restflächen von Amts wegen einem oder mehreren anderen Jagdbezirken anzugliedern.

Was ist eine Jagdgenossenschaft (§ 9 u. § 10 BJG)?

Mitgliedschaft:

Zwangsgenossenschaft (Körperschaft des öffentlichen Rechts), in der die Eigentümer aller Grundstücke, die zu einem Gemeinschaftsjagdbezirk gehören, Zwangsmitglieder sind. An Stelle eines Eigentümers kann auch der Nutznießer (z.B. Pächter) treten.

Beschlußfähigkeit:

Immer nur durch eine doppelte Mehrheit (Mehrheit der Stimmen und Mehrheit der Flächen).

Vertretung:

Vorstand und erweiterter Vorstand (z.B. Jagdausschuß), gewählt von der ordentlich einberufenen Hauptversammlung. Wesentliche Entscheidungen (z.B. Jagdvergabe, Verwendung der Jagdpacht) können von der Hauptversammlung auf den Vorstand delegiert werden.

Verwendung der Jagdpacht:

Die Jagdgenossenschaft kann über die Verwendung der Jagdpacht Beschlüsse fassen; jeder Jagdgenosse hat jedoch das Recht auf die Ausbezahlung des ihm zustehenden Anteils.

Notvertretung:

Hat sich eine Jagdgenossenschaft nicht formal konstituiert, werden ihre Pflichten und Rechte von der Gemeinde bzw. dem Gemeindevorstand wahrgenommen.

Rechtsstellung:

Jeder einzelne Grundeigentümer (Jagdgenosse) ist Inhaber des Jagdrechts auf seinem Grund und Boden. Die Jagdgenossenschaft verwertet dieses Recht entweder in Form der Eigenbewirtschaftung oder durch Verpachtung.

Was sind Jagdbeiräte (§ 37 BJG)?

Beratende, aus mehreren Mitgliedern bestehende ehrenamtliche Organe an den Jagdbehörden der verschiedenen Ebenen. Im Jagdbeirat sitzen zumindest Vertreter der Land- und Forstwirtschaft, der Jagdgenossenschaften, der Jäger und des Naturschutzes. Die einzelnen Interessensverbände schlagen ihre Vertreter vor, die jeweilige Behörde (Landratsamt, Regierungsbezirk, Ministerium) ernennt sie. Unterschiede in den einzelnen Bundesländern.

Was ist eine Jagdgesellschaft?

Eine Gemeinschaft von Jägern, die gemeinsam ein Revier bejagen. In Österreich sind die Jagdgesellschaften in den LJG verankert (Vereinspacht). In Deutschland können nur natürliche Personen als Pächter auftreten; mehrere Pächter können jedoch eine Jagdgesellschaft bilden, indem sie ihre gegenseitigen Rechte und Pflichten zivilrechtlich regeln (ohne Wirkung auf den Verpächter).

Möglichkeiten der Jagdnutzung

Zusammenhängende Grundflächen mit einer land-, forst- oder fischereiwirtschaftlich nutzbaren Fläche von mindestens 75 Hektar* an, die im Eigentum ein und derselben Person oder einer Personengemeinschaft stehen, bilden einen **Eigenjagdbezirk** (EJB). Ländergrenzen unterbrechen nicht den Zusammenhang von Grundflächen … (§ 7 BJG).

Alle Grundflächen einer Gemeinde oder abgesonderten Gemarkung, die nicht zu einem Eigenjagdbezirk gehören, bilden einen **gemeinschaftlichen Jagdbezirk** (GJB), wenn sie im Zusammenhang mindestens 150 Hektar* umfassen (§ 8 BJG).

Möglichkeiten der Jagdnutzung (§ 10 BJG):

Eigenbewirtschaftung (§ 11 BJG):
- Jagdgenossen/Besitzer jagen selbst (bei GJB ist ein angestellter Jäger erforderlich)
- Abschußvergabe und/oder Vergabe von Pirschbezirken

Jagdverpachtung/Teilverpachtung (§ 11 BJG):
- Beschränkung auf den Kreis der Jagdgenossen oder frei,
- Freie Vergabe oder gegen Höchstgebot
- Niederwildreviere 9 Jahre
- Hochwildreviere 12 Jahre
Pachtverträge müssen der Jagdbehörde vorgelegt und von dieser bestätigt werden (§ 12 BJG).

Ruhen der Jagd (§ 6 BJG):
Befriedete Bezirke wie:
- Gebäude, die zum Aufenthalt von Menschen dienen,
- Hofräume und Hausgärten, die unmittelbar an ein für den ständigen Aufenthalt von Menschen bestimmtes Wohngebäude anstoßen und durch irgendeine Umfriedung begrenzt oder sonst vollständig abgeschlossen sind,
- Friedhöfe,
- Weitere Flächen nach Landesrecht.

* Die Länder können die Mindestflächen höher setzen oder Ausnahmen vorsehen

Wieviele Pächter[1] sind zulässig?

Bundesland	Höchstzahl Pächter bis ha im GJB	weitere Pächter pro weitere ha im GJB	Höchstzahl JAB* bis ha im EJB	weiterer JAB* pro weitere ha im EJB
Baden-Württ.	2 / 250	1 / angef. 150	2 / 250	1 / angef. 150
Bayern	2 / 250	1 / angef. 250	2 / 250	1 / angef. 250
Berlin	2 / 250	1 / angef. 125	2 / 250	1 / angef. 250
Brandenburg	2 / 250	1 / angef. 125[2]	2 / 250	1 / angef. 125
Bremen	4 / 500	1 / volle 125	2 / 250	1 / volle 125
Hamburg	1 / 250	1 / volle 150	1 / 250	1 / volle 150
Hessen	3 / 500	1 / angef. 150	2 / 150	1 / angef. 75
Mecklenburg-Vorp.	4 / 500	1 / angef. 150	2 / 250	1 / volle 150
Niedersachsen	4 / 500	2 / volle 250	2 / 150	1 / volle 125
Nordrh.-Westf.	2 / 300[3]	1 / volle 150	2 / 300	1 / volle 150
Rheinland-Pfalz	3 / 500	1 / volle 150	2 / 150	1 / volle 75
Saarland	2 / 150	1 / angef. 100	2 / 150	1 / angef. 100
Sachsen	2 / 250	1 / angef. 150	2 / 250	1 / angef. 150
Sachsen-Anhalt	4 / 400	1 / volle 100	4 / 400	1 / volle 100
Schlesw.-Holst.	2 / 300	1 / volle 150	2 / 300	1 / volle 150
Thüringen	2 / 250	1 / volle 75[4]	2 / 250	1 / volle 250

[1] Pächtern gleichgestellt sind Inhaber entgeltlicher Jagderlaubnisscheine.

[2] Bei Pächtergesellschaften für jeweils weitere 75 ha ein weiterer Mitpächter.

[3] Ist ein Jagdbezirk von mehr als 300 ha an weniger Pächter verpachtet als zulässig, so ist der Pächter verpflichtet, für jede 300 ha übersteigende volle 150 ha einen Jagderlaubnisschein auszustellen.

[4] In Hochwildrevieren 150 ha. Sind mehr als 3 Personen Pächter eines Jagdbezirkes, so haben sie einen schriftlichen Gesellschaftervertrag abzuschließen, einen Geschäftsführer zu bestimmen und den Vertrag der unteren Jagdbehörde vorzulegen.

* = Jagdausübungsberechtigte

!! Merke !!

Die Höchstpachtfläche pro Jäger ist begrenzt auf 1000 ha allgemein und auf 2000 ha im Hochgebirge.

Die Jagd tangierende Nebengesetze und Verordnungen

Gesetz/Verordnung	*Einfluß auf*
Bürgerliches Gesetzbuch (BGB)	Verhalten des Jägers: Schikaneverbot, Notwehr, Notstand, Selbsthilfe, Schadenersatz, Verjährung, Veräußerung, Wesen des Pachtvertrages, Haftung des Tierhalters, Haftung des Tieraufsehers, Aufgabe des Eigentums, wilde Tiere.
Strafgesetzbuch (StGB) 15. Mai 1871	Notwehr, Notstand, Einziehung, Widerstand gegen Vollstreckungsbeamte, Jagdwilderei, Diebstahl, Festnahme, Abfallbeseitigung, Gefährdung schutzbedürftiger Gebiete.
Strafprozeßordnung (StPO) vom 1. Februar 1877	Hilfsbeamte der Staatsanwaltschaft, Festnahme.
Waffengesetz (WaffG) vom 8. März 1976, **Erste Verordnung zum Waffengesetz** vom 10. März 1987	Handel, Erwerb, Anmeldung, Besitz, Führen und Abmelden von Schußwaffen und Munition. Erwerb und Verbringung von Schußwaffen und Munition innerhalb der Europäischen Gemeinschaft, Kennzeichnung, Verpackung und Aufbewahrung, Nachweis der Sachkunde, Benutzung von Schießstätten, Ausbildung im Verteidigungsschießen.
Richtlinien des Rates über die Kontrolle des Erwerbs und des Besitzes von Waffen vom 18. Juni 1991	Harmonisierung des Feuerwaffenbereiches, Formalitäten den Verkehr mit Waffen innerhalb der Gemeinschaft betreffend.
Tierschutzgesetz vom 17. Februar 1993	Ausnahmen für den Jagdbetrieb, Haltung von Jagdhunden, Hundezucht.
Verordnung über das Halten von Hunden im Freien vom 6. Juni 1974	Anbindehaltung, Zwingerhaltung, Haltung in Freianlagen.
Fleischhygienegesetz (FlHG) vom 8. Juli 1993	Wildbretverwertung vom Aufbrechen bis zur Abgabe an einen Endverbraucher.
Fleischhygieneverordnung (FlHV) vom 30. Oktober 1986	Anmeldung von Haarwild zur Fleischuntersuchung; die Fleischuntersuchung selbst; Beschaffenheit und Ausstattung der Räume, in denen Fleisch gewonnen, zubereitet oder behandelt wird (Zerwirkkammer); besondere Hygienevorschriften für erlegtes Haarwild.
Geflügelfleischhygienegesetz (GFlHG) vom 17. Juli 1996	Untersuchung und Verwertung von Federwild.

Die Jagd tangierende Nebengesetze und Verordnungen

Gesetz/Verordnung	Einfluß auf
Tierkörperbeseitigungsgesetz (TierKBG) vom 2. September 1975	Beseitigung von im Rahmen des Jagdschutzes erlegten Hunden und Katzen sowie von seuchenverdächtigem Wild, ferner Beschickung von Luderplätzen mit Tierkörpern oder Teilen davon, Beschickung von Schwarzwildkirrungen mit Speiseresten.
Tierseuchengesetz vom 29. Januar 1993	Tötung, Meldung, Maßnahmen der Seuchenbekämpfung.
Tollwut-Verordnung vom 23. Mai 1991, teilweise Verwaltungsvorschriften zur Tollwutverordnung durch die Länder	Impfschutz und Führung des Jagdhundes, Erlegung freilaufender Hunde und Katzen, Umgang mit seuchenverdächtigem Wild.
Feiertagsgesetz (FTG) vom 8. Mai 1995	Tage, an denen keine Gesellschaftsjagden ausgeübt werden dürfen.
Unfallverhütungsvorschriften (UVV)	Hochsitzbau, Durchführung des praktischen Jagdbetriebes, insbesondere Umgang mit Schußwaffen.

Anlagen zur Bundes-Wildschutzverordnung (BWildSchV)

Anlage 1: Aneignungsrecht nur für Jagdausübungsberechtigte, nur zur Eigenverwertung oder zum Verschenken, nicht zum Verkauf.

Anlage 2: Für die hier genannten Tiere gilt eine Ausnahme von den Vorschriften der Anlage1: Aneignungsrecht nur für Jagdausübungsberechtigte; Tiere und Teile von ihnen darf er auch verkaufen – beliebig »in den Verkehr bringen«.

Anlage 3: Aneignungsrecht für den Jagdausübungsberechtigten; Tiere und Teile von ihnen darf er verkaufen, aber nicht gewerblich (Wildbrethändler, Gastronomen oder Präparatoren dürfen solche Tiere nicht handeln).

Anlage 4: Betrifft ausschließlich Greifvögel, die neben dem Jagdrecht auch den Naturschutzbestimmungen der EG-Richtlinie unterliegen. Für sie regelt die BWildSchV auch die Haltung in Gefangenschaft und ihre Kennzeichnung.

Anlage 5: Wer die hier aufgeführten Tiere lebend oder tot in den Verkehr bringt, sie erwirbt oder verarbeitet, muß ein Aufnahme- und Auslieferungsbuch führen, das eine behördliche Kontrolle ermöglicht.

Übersicht über die Bundes-Wildschutzverordnung (BWildSchV)

Wildart	Anlagen 1	2	3	4	5
Haarwild:					
Steinwild	●	✖			✖
Schneehase	●	✖			✖
Murmeltier	●	✖			✖
Seehund	●	✖			✖
Federwild:					
Rebhuhn		✖	✖		
Fasan		✖	✖		
Wachtel	●	✖			✖
Auerwild	●	✖			✖
Birkwild	●	✖			✖
Rackelwild	●	✖			✖
Haselwild	●	✖			✖
Alpen-Schneehuhn	●	✖			✖
Wildtruthuhn		✖			
Hohltaube	●	✖			✖
Ringeltaube		✖	✖		
Turteltaube	●	✖			✖
Türkentaube		✖			
Höckerschwan		✖			
Graugans		✖	✖		
Bläßgans		✖		✖	
Saatgans		✖			
Kurzschnabelgans	●	✖			✖
Ringelgans		✖			
Weißwangengans	●	✖			✖
Kanadagans		✖			
Stockente		✖	✖		
Löffelente	●	✖			✖
Schnatterente	●	✖			✖
Pfeifente		✖	✖		

Wildart	Anlagen 1	2	3	4	5
Krickente	●	✖	✖		
Spießente		✖	✖		
Kolbenente		✖			✖
Bergente		✖			
Reiherente		✖	✖		
Tafelente		✖	✖		
Schellente	●	✖		✖	
Brandente	●	✖		✖	
Eisente	●			✖	
Samtente		✖			
Trauerente		✖			
Eiderente	●	✖			✖
Mittelsäger	●	✖			✖
Gänsesäger	●	✖			✖
Zwergsäger	●	✖			✖
Waldschnepfe		✖		✖	
Bläßhuhn		✖	✖		
Mantelmöwe		✖			
Heringsmöwe		✖			
Silbermöwe		✖			
Sturmmöwe		✖			
Lachmöwe		✖			
Schwarzkopfmöwe	●	✖			✖
Zwergmöwe	●	✖			✖
Dreizehenmöwe	●	✖			✖
Haubentaucher	●	✖			✖
Graureiher	●	✖			✖
Kolkrabe	●	✖			✖
Greifvögel	●			✖	
(alle einheimischen Greife und Falken)					

● Arten ohne zugeteilte Jagdzeit.

Gewinner und Verlierer der Kulturlandschaft

Entwicklung der Schwarzwildstrecken von 1936 (= 100%) bis 1995 in den Alt-Bundesländern

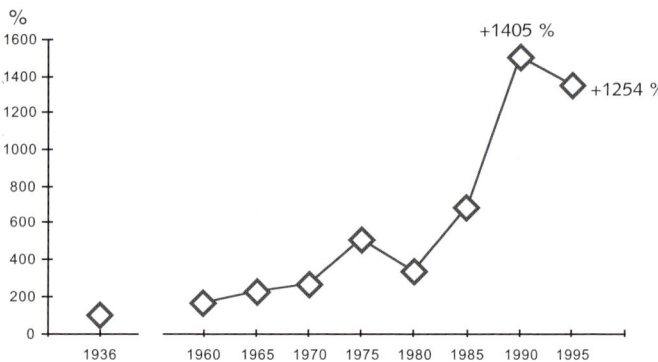

Daten: DJV-Handbuch

Keine andere Wildart hat sich so sehr vermehrt wie das Schwarzwild; die Strecken haben sich rund verdreizehnfacht. Ursachen für diesen gewaltigen Boom sind ständige Steigerung der Maisanbaufläche, vermehrtes Fruktifizieren von Eiche und Buche infolge von Luftschadstoffen, massive Kirrung und Ablenkfütterung sowie teilweise den Abschuß reproduzierender Sauen hemmende Hegerichtlinien.

Entwicklung der Hühner-, Fasanen-, Kaninchen- und Hasenstrecken von 1936 (= 100%) bis 1995 in den Alt-Bundesländern (vor 1970 ohne Bayern)

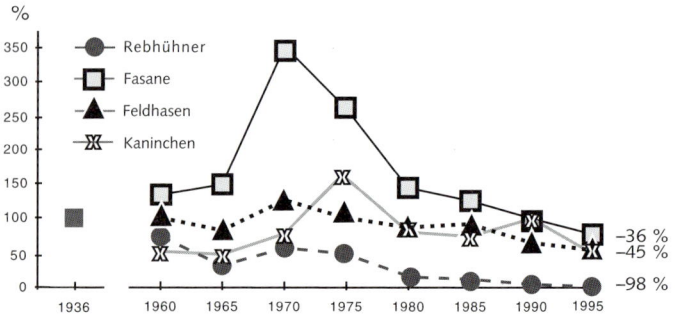

Daten: DJV-Handbuch

Ausgehend von 1936 stürzten nur die **Rebhuhnstrecken** wirklich ab (von 100% auf 2%)
Die **Fasanenstrecken** haben sich Mitte der 70er Jahre sogar mehr als verdreifacht (massive Aussetzaktionen mit anschließendem Abschießen) und lagen 1995 bei 64%.
Die **Hasenstrecken** haben sich zwar halbiert, gleichzeitig schrumpfte aber auch die Feldflur durch Verbauung und Aufforstung, das Straßennetz (Verkehrsfallwild) verdichtete sich gewaltig, die landwirtschaftlichen Grenzlinien durch Parzellenvergrößerung schrumpften dramatisch.
Die **Kaninchen** haben zunächst geboomt, wurden aber ab Mitte der 60er Jahre immer wieder durch die Myxomatose und neuerdings durch die Chinaseuche dezimiert.

Gewinner und Verlierer der Kulturlandschaft

Entwicklung der Wiederkäuerstrecken von 1936 (= 100%) bis 1995 in den Alt-Bundesländern

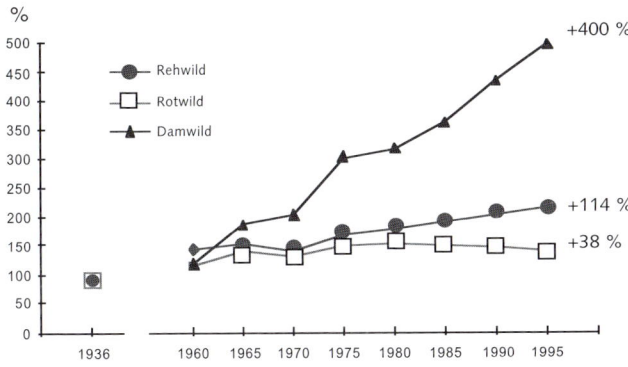

Daten: DJV-Handbuch

Trotz stark geschrumpftem Lebensraum stiegen die Rotwildstrecken um fast die Hälfte.
Die Rehwildstrecken haben sich mehr als verdoppelt.
Damwild wird heute fast fünfmal soviel erlegt wie in den 30er Jahren.

Entwicklung der »Gewinnerarten« von 1936 (= 100%) bis 1995 in den Alt-Bundesländern

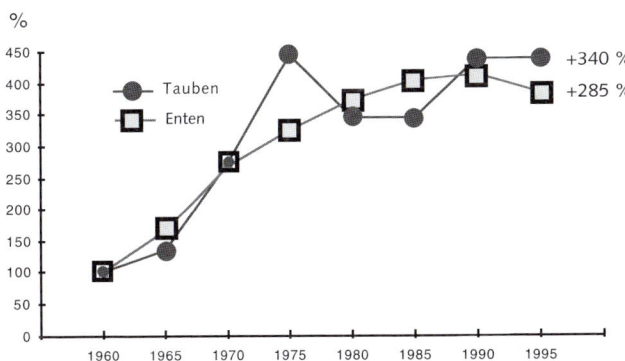

Daten: DJV-Handbuch

Die Tauben- und Entenstrecken haben sich in den letzten vier Jahrzehnten vervielfacht, dies obwohl die vermeintlich wichtigsten Prädatoren (Entenküken = Rohrweihe; Tauben = Habicht; beide Arten = Rabenvögel) Vollschonung erhielten.

Befugnisse des Jägers

Wer darf was?	Revierinhaber	Jagdgast	Jagdaufseher		
			nicht bestätigt	bestätigt	Berufsjäger Förster [1]
Schutz des Wildes vor Futternot und Feinden allgemein.	ja	nur wenn Auftrag durch Jagdausübungsberechtigten vorliegt.	ja		ja
Töten streunender Hunde und Katzen[2].	ja	nur mit schriftlicher Ermächtigung des Jagdausübungsberechtigten.	ja		ja
Anhalten von Personen in Jagdausrüstung abseits von öffentlichen Wegen[3]; Abnahme von Waffen und Jagdgerät (Hunde, Beizvögel, Frettchen).	ja	nein	nein	ja	ja
Vorläufige Festnahme von auf frischer Tat betroffenen Straftätern zur Feststellung der Personalien (§ 127 StPO)	ja	ja	ja	ja	ja
Selbsthilfe gegenüber Wilderern (Anhalten und Abnehmen erlegten Wildes auch mit Gewalt § 859 BGB)	ja	nein	nein	ja	ja
Anhalten und Durchsuchen von nur verdächtigen Personen	nein	nein	nein	ja	ja
Volle polizeiliche Befugnisse (unmittelbarer Zwang, erweiterter Waffengebrauch, Festnahme, Durchsuchung und Beschlagnahme, Hilfsbeamter der Staatsanwaltschaft).	nein	nein	nein	nein	ja

[1] Welcher Personenkreis als forstlich ausgebildet gilt und welche forstlich ausgebildete Personen in Sachen Jagdschutz Hilfsbeamte der Staatsanwalt sind, bestimmen die Länder. Beamte des forstlichen Leitungsdienstes sowie Beamte des mittleren und gehobenen forstlichen Innendienstes gehören i. d. R. nicht dazu.

[2] Katzen 200/300 m vom letzten bewohnten Haus, Hunde i.d.R. wenn außerhalb der Einwirkung ihres Führers; große Unterschiede in den Ländern.

[3] Öffentliche Wege müssen nicht für den Kraftfahrzeugverkehr freigegeben und auch keineswegs befestigt sein. Viele existieren nur noch auf Karten und sind in der Natur kaum zu finden. Trotzdem gilt das Anhalterecht auf ihnen nicht!

Beschränkungen der Jagdmittel und Jagdausübung nach Stichworten (§ 19 BJG)

Abklingeln der Felder: Absolutes Verbot.

Abwurfstangen: Verbot des Sammelns ohne schriftliche Erlaubnis des Jagdausübungsberechtigten.

Angelhaken: → Vogelleim

Brackenjagd: Verbot auf Flächen unter 1000 ha; diese können jedoch zu mehreren Jagdbezirken gehören.

Büchsenpatronen: Für Rehwild Mindestenergie auf 100 m (E_{100}) 1000 Joule, für alles übrige Schalenwild Mindestkaliber 6,5 mm sowie eine E_{100} von mindestens 2000 Joule.

Fallen: → Vogelleim

Fanggeräte: Verwendungsverbot für Fanggeräte, die nicht unversehrt fangen oder nicht sofort töten, sowie für Selbstschußgeräte.

Fahrzeuge: Verbot der Jagd aus Luftfahrzeugen, Kraftfahrzeugen oder maschinenbetriebenen Wasserfahrzeugen. (Ausnahme für Körperbehinderte durch die Länder.)

Gelege von Federwild: Verbot des Ausnehmens (Ausnahmen für die Eier von Ringel- und Türkentauben sowie Silber- und Lachmöwen nach Art.9 Abs. 1 der Richtlinie 79/409 EWG durch die Länder).

Gift: Verbot Wild zu vergiften oder vergiftete oder betäubende Köder zu verwenden.

Hetzjagd: Absolutes Verbot (darunter ist nur das Hetzen gesunden Wildes mit dem Ziel des Fangens oder Niederziehens durch den/die Hund(e) gemeint, nicht das Verfolgen im Rahmen von Drückjagden oder Nachsuchen).

Lappjagd: Verbot innerhalb einer Zone von 300 m von der Reviergrenze.

Lichtquellen: Künstliche Lichtquellen, Spiegel sowie Vorrichtungen zum Anstrahlen oder Beleuchten des Ziels oder der Zieleinrichtung, ferner Nachtsichtgeräte, die einen Bildwandler oder elektronische Verstärkung besitzen und für Schußwaffen bestimmt sind, Tonbandgeräte oder elektrische Schläge erteilende Geräte beim Fang oder Erlegen von Wild aller Art zu verwenden oder zu nutzen sowie zur Nachtzeit an Leuchttürmen oder Leuchtfeuern Federwild zu fangen ist verboten.

Nachtzeit (1,5 Std. nach Sonnenuntergang bis 1,5 Std. vor Sonnenaufgang): Verbot der Jagd auf Schalenwild, ausgenommen Schwarzwild, sowie Federwild, ausgenommen Möwen, Waldschnepfen, Auer-, Birk- und Rackelwild. Ausnahmegenehmigungen für Rotwild regeln die Länder.

Netze: → Vogelleim.

Notzeit: Keine Schalenwildjagd im Umkreis von 200 m um die Fütterung (der Winter gilt nicht grundsätzlich als Notzeit!).

Pistolen und Revolver: Nur zur Abgabe von Fangschüssen (E_0 mindestens 200 Joule) sowie bei der Bau- und Fallenjagd erlaubt.

Reusen: → Vogelleim.

Saufänge: Nur mit Genehmigung der unteren Jagdbehörde auf Einzelantrag.

Schlingen: Verbot Schlingen jeder Art, in denen sich Wild fangen kann, herzustellen, feilzubieten, zu erwerben oder aufzustellen.

Schrotschuß: Verbot mit Schrot, Posten, gehacktem Blei, Bolzen oder Pfeilen auf Schalenwild zu schießen (gilt auch für den Fangschuß).

Such- und Treibjagd: Verbot dieser Jagdart auf Waldschnepfen im Frühjahr.

Treibjagd auf Feldern: Verbot, wenn die Felder mit reifender Halm- oder Samenfrucht bestanden sind. Suchjagd ist insofern zugelassen, als sie ohne Schaden für die reifenden Früchte durchgeführt werden kann).

Treibjagd an Sonn- und gesetzlichen Feiertagen: Verbot während der ortsüblichen Zeit des Hauptgottesdienstes (Landesregelungen beachten).

Treibjagd bei Mondschein: Generelles Verbot (Sicherheit).

Vogelleim: Es ist verboten, Vogelleim, Fallen, Angelhaken, Netze, Reusen oder ähnliche Einrichtungen sowie geblendete oder verstümmelte Vögel beim Fang oder Erlegen von Federwild zu verwenden.

Die Länder können diese Vorschriften mit Ausnahme der über die Brackenjagd erweitern oder aus besonderen Gründen einschränken.

Klasse der Säugetiere *(Mammalia)* – Merkmale

O. Hasenartige *(Lagomorpha)*:

Nagetierähnliches Gebiß (Eckzähne fehlen, je ein Paar Nagezähne oben und unten, weite Lücken zwischen Schneide- und Backenzähnen; hinter den beiden oberen Nagezähnen je ein kleiner sog. Stiftzahn); lange Ohren (Löffel), kurzer, hochgestellter Schwanz (Blume), lange Hinterläufe

F. Hasen *(Leporidae)*	A. Feldhase, *Lepus europäus* * A. Schneehase, *Lepus timidus* * A. Wildkaninchen, *Oryctolagus cuniculus* *

O. Nagetiere *(Rodentia)*:

Nagetiergebiß ähnlich wie bei Hasenartigen, jedoch ohne Stiftzähne.

F. Hörnchen *(Sciuridae)*	A. Murmeltier, *Marmorta marmorta* * A. Eichhörnchen, *Sciurus vulgaris*
F. Biber *(Castoridae)*	A. Biber, *Castor fiber*
F. Nutria *(Myocastoridae)*	A. Nutria, *Myocastor coypus* **
F. Wühlmäuse *(Microtidae)*	A. Bisam, *Ondatra zibethica*
F. Hamster *(Cricetidae)*	A. Hamster, *Cricetus cricetus*

O. Raubtiere *(Carnivora)*:

Raubtiergebiß bestehend aus meist drei meißelförmigen Schneidezähnen, einem langen und starken Eckzahn, 4–7 Backenzähnen je Kieferhälfte.

F. Hundeartige *(Canidae)*	A. Wolf, *Canis lupus* ** A. Fuchs, *Vulpes vulpes* * A. Marderhund, *Nyctereutes procyonoides* **
F. Kleinbären *(Procyonidae)*	A. Waschbär, *Procyon lotor* **
F. Großbären *(Ursidae)*	A. Braunbär, *Ursus arctos* **
F. Marder *(Mustelidae)* U.F. echte Marder	A. Baummarder, *Martes martes* * A. Steinmarder, *Martes foina* * A. Fischotter, *Lutra lutra* * A. Dachs, *Meles meles* *
U.F. Stinkmarder	A. Iltis, *Mustela putoris* * A. Nerz, *Mustela lutreola* A. Mink, *Mustela lutreola vison* ** A. Hermelin, *Mustela erminea* * A. Mauswiesel, *Mustela nivalis* *
F. Katzen *(Felidae)*	A. Wildkatze, *Felis silvestris* * A. Luchs, *Lynx lynx* *

O. Robben *(Pinnipedia)*:

Wasserbewohnende Raubtiere mit zu Flossen umgewandelten Gliedmaßen und vereinfachtem Gebiß.

F. Seehunde *(Phocidae)*	A. Seehund, *Phoca vitulina* * A. Ringelrobbe, *Phoca hispida* A. Kegelrobbe, *Halichoerus grypus*

Klasse der Säugetiere *(Mammalia)* – Merkmale

O. Paarhufer *(Artiodactyla):*

Mittelhand- und Fußknochen der 3. und 4. Zehe zu einem Kanonenbein vereinigt (nicht bei den Schweinen), Ellenbogen und Knie meist im Körperinneren.

U.O. Nichtwiederkäuer *(A. non-ruminantia)*:

Stark entwickelte Eckzähne; einkammeriger Magen; keine Gallenblase.

F. Altweltliche Schweine
(Suidae)   A. Wildschwein, *Sus scrofa**

U.O. Wiederkäuer *(A. ruminantia)*:

Untere Eckzähne schneidezahnförmig, an die Schneidezähne herangerückt, große Lücke vor den Backenzähnen; Mahlzähne mit sichelförmigen Schmelzfalteneinsenkungen, Magen vierteilig gegliedert (Pansen, Netzmagen, Blättermagen, Labmagen).

F. Hirsche *(Cervidae):*
Geweihträger (in der Regel nur die männlichen Tiere), Geweihe werden jährlich abgeworfen und neu gebildet; ohne Gallenblase.

U.F. **Echte Hirsche**
(Cervinae)
- A. Damhirsch, *Cervus dama**
- A. Rothirsch, *Cervus elaphus**
- A. Sikahirsch, *Cervus nippon**

U.F. **Trughirsche**
(Odocoilinae)
- A. Elche, *Alces alces**
- A. Reh, *Capreolus capreolus**
- A. Ren, *Rangifer tarandus*

F. Hornträger *(Bovidae):*
Mit Hörnern, die auf knöchernen Zapfen aufsitzen und ständig weiterwachsen; Gallenblase vorhanden.
- A. Wisent, *Bison bonasus**
- A. Gemse, *Rupicapra rupicapra**
- A. Steinbock, *Capra ibex**
- A. Mufflon, *Ovis ammon**

(Mit einem * bezeichnete Tierarten unterliegen überall dem Jagdrecht, mit ** bezeichnete nur in einigen Bundesländern).

O. = Ordnung, U.O. = Unterordnung, F. = Familie, U.F. = Unterfamilie, A. = Art.

Lebensräume des Haarwildes

Art	Lebensraum (Habitat)
Rotwild	Ursprünglich tagaktiver Steppenbewohner, heute weitgehend dämmerungs- und nachtaktiver Bewohner größerer, geschlossener Waldungen; tritt aber aufs Feld zur Äsung aus.
Damwild	Liebt die Verzahnung von Wald und Feld, lebt zeitweise auch ganztägig in großen Feldlandschaften.
Rehwild	Waldrand- und Heckenbewohner; in großen, wenig erschlossenen und wenig bewirtschafteten Wäldern nur gering vertreten; teilweise auch reine Feldrehsprünge (Rudelstärke), die ein eigenes Sozialverhalten entwickeln. Heute von der Ägäis bis über den Polarkreis hinaus vertreten.
Gamswild	Ursprünglich vorzugsweise Bewohner der obersten Wald- und vor allem der Alm- und Latschenzone. Heute verstärkt auch in Bergwäldern, teilweise bis in die Tallagen.
Steinwild	Nutzt Hochlagen mit alpinen Matten und Fels, im Winter auch häufig in der obersten Waldzone.
Muffelwild	Wild steiniger (Schalenabnutzung), klimatisch eher milder Mittelgebirge (Herkunft Mittelmeergebiet). Heute auch in wenig artgerechte Habitate des Flachlandes verfrachtet.
Schwarzwild	Paßt sich an unterschiedliche Lebensräume an, lebt zwar weitgehend im Wald, dringt aber bereits in Stadtrandbereiche vor (fehlender Jagddruck). Nahrungsangebot (z.B. Eichelmast im Wald oder Getreide, Kartoffeln im Feld) entscheidet.
Feldhase	Ursprünglich wärmeliebender Steppenbewohner, der auch mit großflächiger Landwirtschaft zurecht kam, heute aber sowohl am Mangel an Grenzlinien wie am Ernteschock leidet. Im geschlossenen Wald und in Lagen über 600 Meter immer nur in geringer Zahl vertreten. Meidet Lagen über 1300 Meter weitgehend.
Schneehase	Besiedelt die Habitate oberhalb des Feldhasen (Überschneidung), und ist im Rückgang begriffen (steigende Waldgrenze, Klimaerwärmung).
Kaninchen	Liebt Weinklima und leicht grabbare Böden; bewohnt vorzugsweise Waldränder, Hecken und lichte (warme) Wälder.
Murmeltier	Bewohnt (Baue) alpine Matten, teilweise auch Schuttkegel, meidet den Wald. Baue gelegentlich jedoch auch unter Heustädeln.

Lebensräume des Haarwildes

Art	Lebensraum (Habitat)
Biber	Bewohnt Still- und Fließgewässer, selbst schmälste Feldgräben; schafft sich geeignete Lebensräume durch Gewässeranstau, auch in winterharten Gebieten; baut Wohnburgen im Wasser.
Nutria	Bewohnt die Ufer wintermilder Fließgewässer (Uferbaue).
Fuchs	Bewohnt von der Küste bis weit über die Waldgrenze alle Lebensräume, einschließlich der Großstädte. Streifgebiete im urbanen Bereich und in der Agrarlandschaft geringer als im geschlossenen (nahrungsarmen) Wald.
Marderhund	Bewohnt laubholzreiche Gemengelagen bis maximal 700 Meter; große geschlossene Wälder und trockene Landschaften werden gemieden.
Waschbär	Ganz ähnlich Marderhund.
Steinmarder	Bewohnt fast alle Lebensräume, meidet aber große geschlossene Waldungen. Hohe Besiedlungsdichte im urbanen Bereich.
Baummarder	Bewohner geschlossener Wälder, meidet Feldfluren und Ortschaften.
Iltis	Scheut ausgeräumte Feldlandschaften ebenso wie große, geschlossene Waldungen; bevorzugt werden Gewässernähe (Amphibien) und landwirtschaftliche Siedlungen (Mäuse, Ratten, Winterwärme).
Hermelin	Bewohnt fast alle Lebensräume von der Küste bis weit über die Waldgrenze hinauf, ausgenommen ausgeräumte Agrarlandschaften und die Kerne geschlossener Waldungen.
Mauswiesel	Ähnlich Hermelin, kommt aber auch mit der ausgeräumten Feldlandschaft zurecht.
Dachs	Mit Ausnahme ausgeräumter Feldlandschaften fast alle Lebensräume bis über die Waldgrenze hinauf; dringt jedoch nicht so häufig in urbane Bereiche vor wie Steinmarder und Fuchs.
Fischotter	Ursprünglich alle Still- und Fließgewässer, wandert aber auch weite Strecken über Land und durch Wälder.
Luchs	Wälder, scheut aber keineswegs die Nähe von Siedlungen und Menschen, jagt auch oberhalb der Waldgrenze.
Wildkatze	Bewohnt bevorzugt winterwarme Laubwaldhänge der Mittelgebirge und Wald-Feld-Gemengelagen; kommt bis in ortsnahe Bereiche.

Knochengerüst der Säugetiere

(Beispiel Rehbock-Skelett)

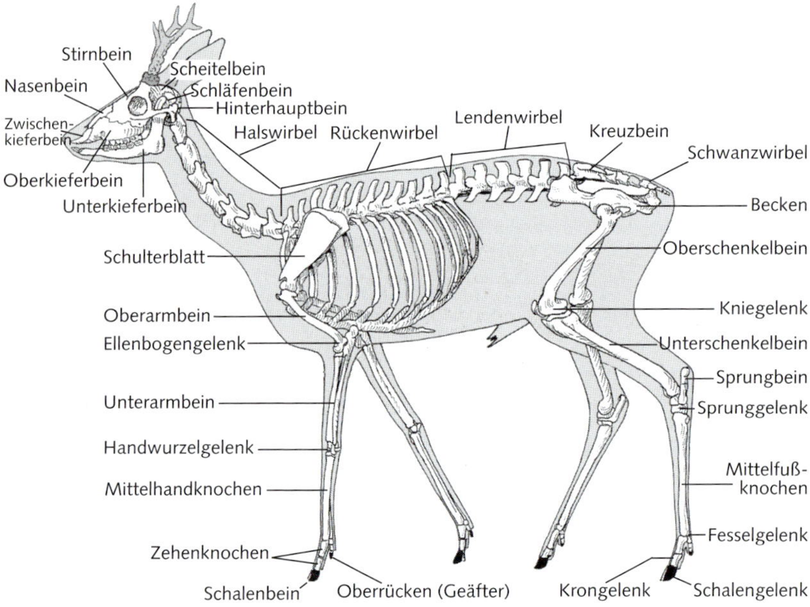

Stirnbein
Scheitelbein
Nasenbein
Schläfenbein
Hinterhauptbein
Zwischen-
kieferbein
Oberkieferbein
Unterkieferbein
Halswirbel   Rückenwirbel
Lendenwirbel
Kreuzbein
Schwanzwirbel
Becken
Schulterblatt
Oberschenkelbein
Oberarmbein
Kniegelenk
Ellenbogengelenk
Unterschenkelbein
Sprungbein
Unterarmbein
Sprunggelenk
Handwurzelgelenk
Mittelfuß-
knochen
Mittelhandknochen
Fesselgelenk
Zehenknochen
Schalenbein   Oberrücken (Geäfter)   Krongelenk   Schalengelenk

!! Merke !!

Die Hintergliedmaßen der Säuger sind durch Gelenke mit dem übrigen Skelett verbunden. Die Vordergliedmaßen hingegen sind nur durch Muskeln mit dem Rumpf verbunden. Knochen besteht hauptsächlich aus Kollagenfasern und phosphorsaurem Kalk. Das Innere der Röhrenknochen besteht aus gelbem, fettreichem Mark, das der flachen Knochen aus rotem, blutbildendem Mark. Außen sind Knochen von einer Haut (Periost) überzogen.

Die inneren Organe der Säugetiere

(Beispiel des linksseitigen Wiederkäuers)

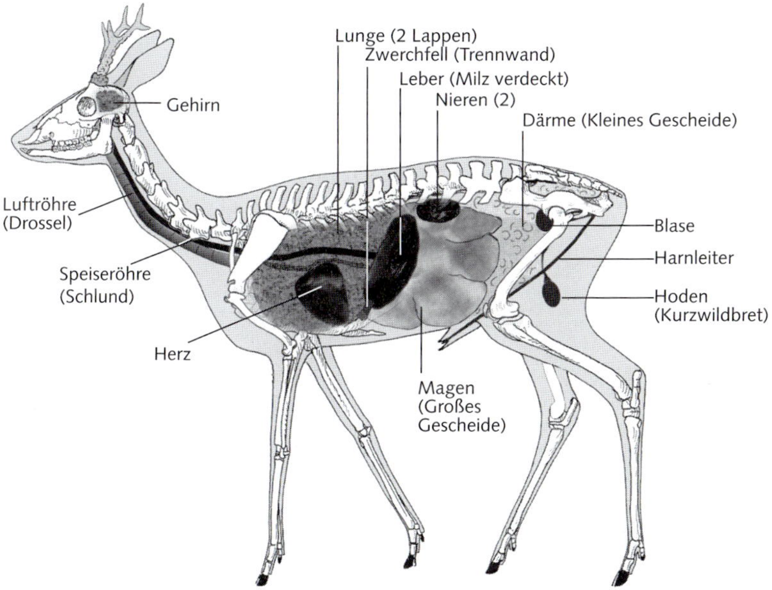

Lunge (2 Lappen)
Zwerchfell (Trennwand)
Leber (Milz verdeckt)
Nieren (2)
Gehirn
Därme (Kleines Gescheide)
Luftröhre
(Drossel)
Blase
Harnleiter
Speiseröhre
(Schlund)
Hoden
(Kurzwildbret)
Herz
Magen
(Großes
Gescheide)

!! Merke !!

Bei den Säugern sind Brusthöhle und Bauchhöhle durch eine Trennwand (Zwerchfell) voneinander getrennt; bei Vögeln fehlt diese. In der Brusthöhle herrscht Unterdruck. Bei den Säugern enden die Adern in der Lunge, bei Vögeln sind sie durchgehend. Säugerlungen sind unterm Rückgrat aufgehängt; die Lungen der Vögel sind mit Luftsäcken kombiniert und seitlich verwachsen. Säuger haben einen Blinddarm, Vögel zwei.

Wiederkäuer
(z.B. Rehwild)

Zahnformel
(Rehwild)

$$\frac{0\ 0\ 3\ 3}{3\ 1\ 3\ 3} = 32$$

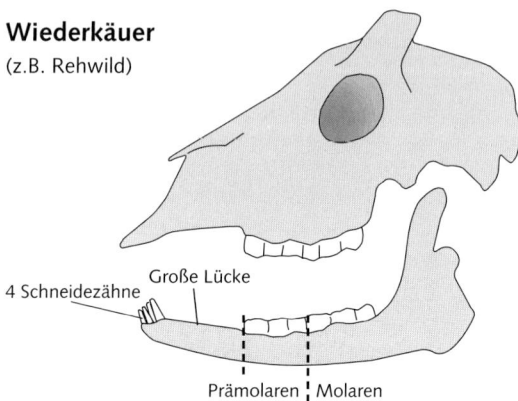

4 Schneidezähne — Große Lücke

Prämolaren ┊ Molaren

Wiederkäuer haben keine Schneidezähne im Oberkiefer; die Eckzähne im Unterkiefer wurden zu Schneidezähnen umgebildet; im Oberkiefer fehlen die Eckzähne oder sind nur noch rudimentär vorhanden; oben und unten sitzen auf jeder Seite 6 Backenzähne.

Allesfesser
(z.B. Schwarzwild)

Zahnformel
(Schwarzwild)

$$\frac{3\ 1\ 4\ 3}{3\ 1\ 4\ 3} = 44$$

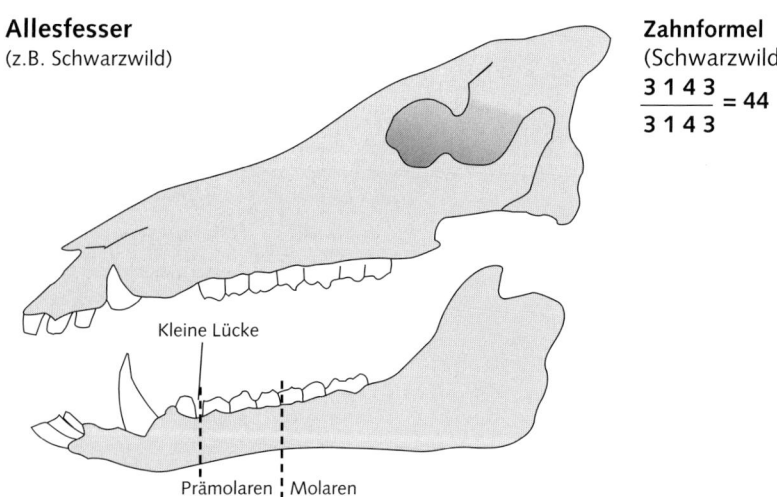

Kleine Lücke

Prämolaren ┊ Molaren

Die Eckzähne des Schwarzwildes dienen als »Außen-Werkzeuge«, sind ohne Wurzel und damit lebenslänglich nachwachsend. Die Backenzähne sind noch vollständig, der P1 ist unten jedoch vorgezogen.

Fleischfresser
(z.B. Raubtier Fuchs)

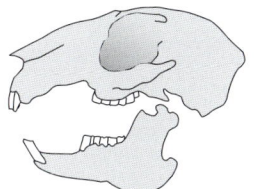

Fangzahn

Reißzahn

Zahnformel
(Fuchs)

$$\frac{3\ 1\ 4\ 2}{3\ 1\ 4\ 3} = 42$$

Raubtiere haben stark ausgeprägte Eckzähne (Fangzähne), die zum Festhalten und Töten der Beute dienen. Die Backenzähne sind – von Art zu Art unterschiedlich – nicht mehr vollzählig vorhanden.

Nager
(z.B. Wildkaninchen
und Hasenartige)

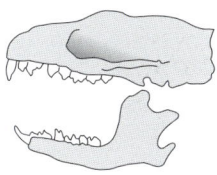

Zahnformel
(Kaninchen)

$$\frac{2\ 0\ 3\ 3}{1\ 0\ 2\ 3} = 28$$

Nager und Hasen haben oben und unten je zwei Schneidezähne ohne Wurzel (Nagezähne), die sich abnutzen und ständig nachwachsen. Die Eckzähne fehlen ganz. Die Backenzähne fehlen teilweise. Hasenartige haben zusätzlich oben je zwei direkt hinter den Schneidezähnen sitzende Stiftzähne.

Insektenfresser
(z.B. Igel)

**Gebißaufbau
wie
Raubtier**

Insektenfresser haben einen Gebißaufbau analog den Raubtieren.

!! Merke !!

- Zähne <u>mit Wurzeln wachsen nicht nach</u>; dazu gehören u. a. alle Zähne der Wiederkäuer und des Raubwildes.
- Zähne <u>ohne Wurzeln wachsen lebenslänglich</u> nach und nutzen sich an der Spitze laufend ab; dazu gehören die Schneidezähne aller Nager, der Hasen und Kaninchen sowie die Eckzähne des Schwarzwildes.

Das Kreislaufsystem

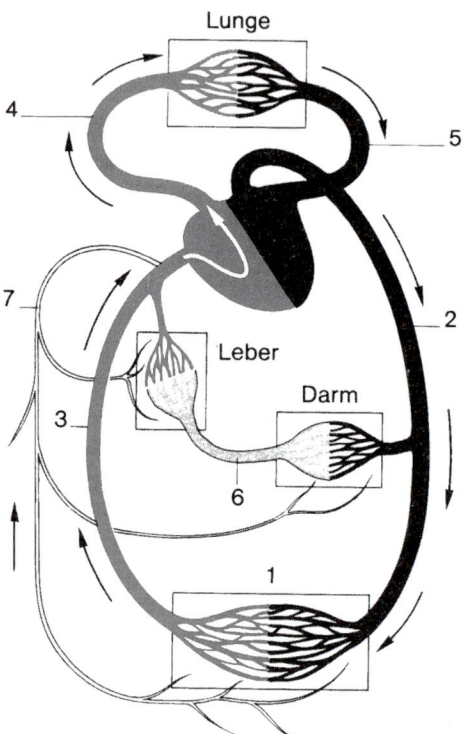

Schema des Blutkreislaufs

1 Extremitäten und Organe
  (z. B. Kopf, Beine, Nieren)
2 Körperarterie
3 Körpervene
4 Lungenarterie

5 Lungenvene
6 Gefäß zwischen Darm und
  Leber (»Pfortader«)
7 Lymphbahnen

!! Merke !!

Das Herz pumpt aus seiner linken Kammer über Schlagadern (Arterien) mit
Sauerstoff angereichertes Blut in die Organe. Nach Abgabe des Sauerstoffes
strömt das Blut ohne Pulsschlag durch die Hohladern (Venen) zurück in die
rechte Herzkammer (großer Kreislauf). Von dieser wird es durch Schlagadern
in die Lunge gepumpt, gibt dort Kohlensäure ab und nimmt Sauerstoff auf,
um über Venen wieder in die linke Herzkammer zu fließen.

Verdauungssysteme des Haarwildes

Allgemein:

Säuger trennen feste und flüssige Nahrungsbestandteile, verwerten sie über zwei verschiedene Systeme und leiten auch über zwei verschiedene Ausgänge ab, im Gegensatz zu den Vögeln mit nur einem Ausgang (Kloake). Der Darm ist bei Pflanzen- und Allesfressern deutlich länger als bei Fleischfressern (leichtere Verdaulichkeit der Nahrung).

Leber:

- Drüsenorgan, das Gallenflüssigkeit produziert, die in den Dünndarm abgegeben wird.
- Chemisches Zentralorgan des Körpers.
- Stärkespeicher.

Nieren (je zwei):

- Filterorgane, die dem Blut Abfallstoffe entnehmen.
- Rückhalt von mit der Verdauung aufgenommenem Wasser und Abgabe an den Körper.
- Weiterleitung des mit stickstoffhaltigen Endprodukten aus dem Eiweißstoffwechsel angereicherten Harns über Harnleiter zur Harnblase und von dort Ausscheidung.

Wiederkäuer haben ein vierkammeriges Magensystem:

- Grob zerkleinerte Nahrung gelangt über die Speiseröhre in den Pansen als Sammel- und Vorverdaubehälter. Dort erfolgt Aufschluß durch Mikroorganismen und Mechanik.
- Portionsweises Aufwürgen und neuerliches Kauen vorverdauten Nahrungsbreies, mit anschließendem Abschlucken.
- Im Netzmagen erfolgt Vorsortierung, wobei die bereits feinen Teile in den Blättermagen weitergereicht werden.
- Im Blättermagen wird Wasser entzogen.
- Weitertransport in den mit zahlreichen Drüsen versehenen Labmagen (eigentlicher Magen), wo Pansenbakterien von zugeführter Salzsäure abgetötet werden, um deren Eiweiß freizusetzen.
- Abtransport über den Zwölffingerdarm in den Dünndarm, in dem ein Großteil der Nährstoffe von den Darmzotten resorbiert und in den Blutkreislauf überführt wird zur Restverdauung mit Hilfe von Gallenflüssigkeit und der Darmflora.
- Eindickung des Darminhaltes im Grimmdarm, Lagerung und Formung im Enddarm (Mastdarm) und schubweise Abgabe als Kot (Losung) über den After (Weidloch).

Verdauungssysteme des Haarwildes

Hasenartige verdauen zusätzlich im Blinddarm:

Alle nicht wiederkäuenden Pflanzenfresser haben einkammerige Mägen.
Bei den Hasenartigen wird die Nahrung zweimal verdaut. In ihrem voluminösen Blinddarm besorgen Bakterien und Einzeller den weiteren Abbau von Zellulose. Die dadurch sehr nährstoffreiche Losung wird nach dem ersten Durchgang teilweise neuerlich aufgenommen und einer zweiten Verdauung im Magen zugeführt.

Allesfresser haben ungeteilte Mägen:

Einlagerung der wenig vorgekauten Nahrung schichtweise. Auskleidung der Magenschleimhaut in funktional unterschiedliche Sektoren.

Fleischfresser:

Magen ebenfalls ungeteilt mit sektorieller Auskleidung; relativ kleine Blinddärme.

Wiederkäuermagen

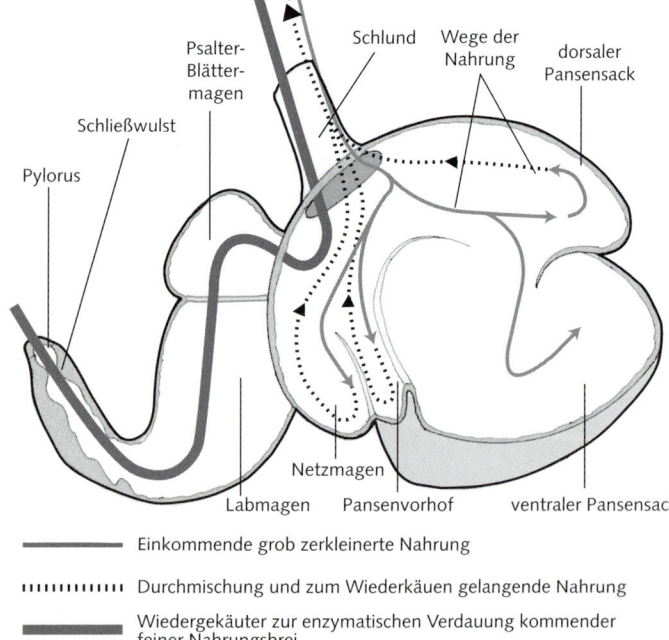

Psalter-Blätter-magen   Schlund   Wege der Nahrung   dorsaler Pansensack

Schließwulst

Pylorus

Netzmagen

Labmagen   Pansenvorhof   ventraler Pansensack

—— Einkommende grob zerkleinerte Nahrung

۱۱۱۱۱۱۱۱۱۱ Durchmischung und zum Wiederkäuen gelangende Nahrung

—— Wiedergekäuter zur enzymatischen Verdauung kommender feiner Nahrungsbrei

Formen und Bestandteile von Losung

Rotwild
(Mit und ohne Näpfchen, welches nicht geschlechtsspezifisch ist!)

Rehwild
(Sehr unterschiedlich, Einzelbeeren und in Traubenform, gelegentlich breiig, je nach Nahrung und Jahreszeit)

Fuchs
(Mäusehaare, Knochenteile, Obst- und Beerenreste, Federn)

Sau
(Weich, ohne Struktur, meist in größeren Haufen)

Marder
(Ähnlich Fuchs, im Sommer oft von blauschwarzer Farbe infolge Beeren)

Dachs
(Oft mit Käferflügel, Spelzen usw., unförmig und immer in Grube)

Iltis
(Spiralform, unangenehmer Geruch, gelegentlich Federn, Haare, Knochen)

Hase
(Stark pflanzlich strukturiert, rund, etwas flachgedrückt, Kaninchenlosung etwas kleiner)

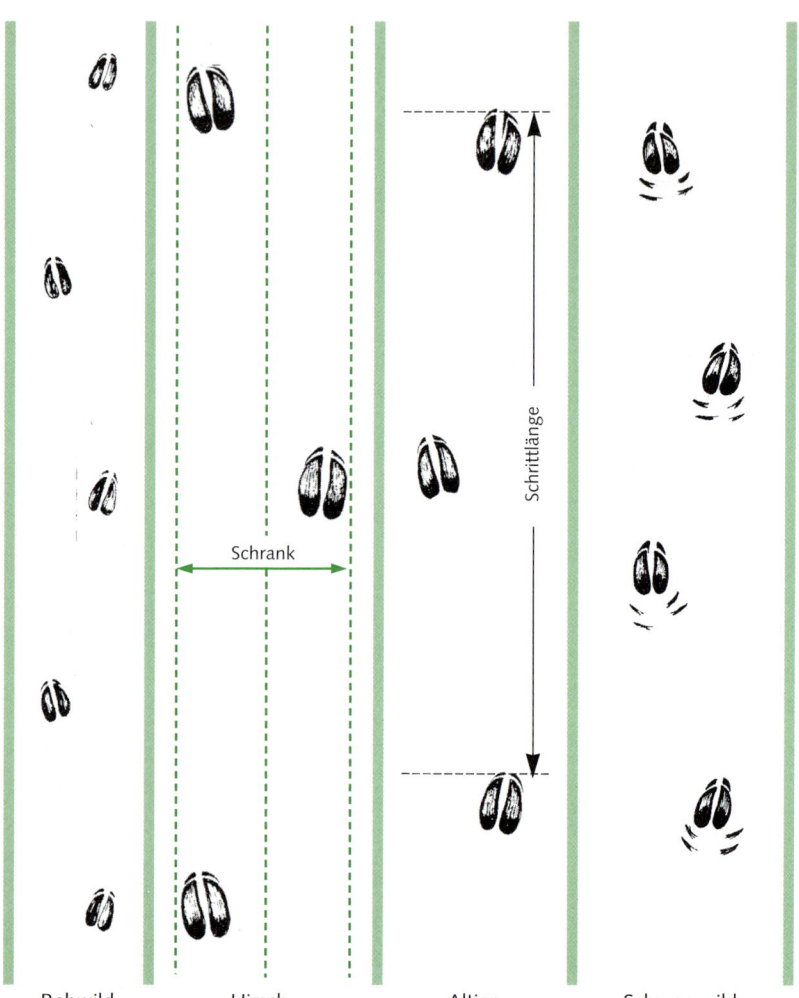

Rehwild   Hirsch   Altier   Schwarzwild

!! Merke !!

Die Trittsiegel des Kahlwildes sind vorne spitzer als die der Hirsche, daran ist bei gleichstarken Fährten das Geschlecht zu erkennen.

Bei der Schwarzwildfährte ist – im Gegensatz zu allen anderen Schalenwildfährten – stets das Geäfter zu erkennen.

Das Wild tritt mit den Hinterläufen in die Trittsiegel der Vorderläufe.

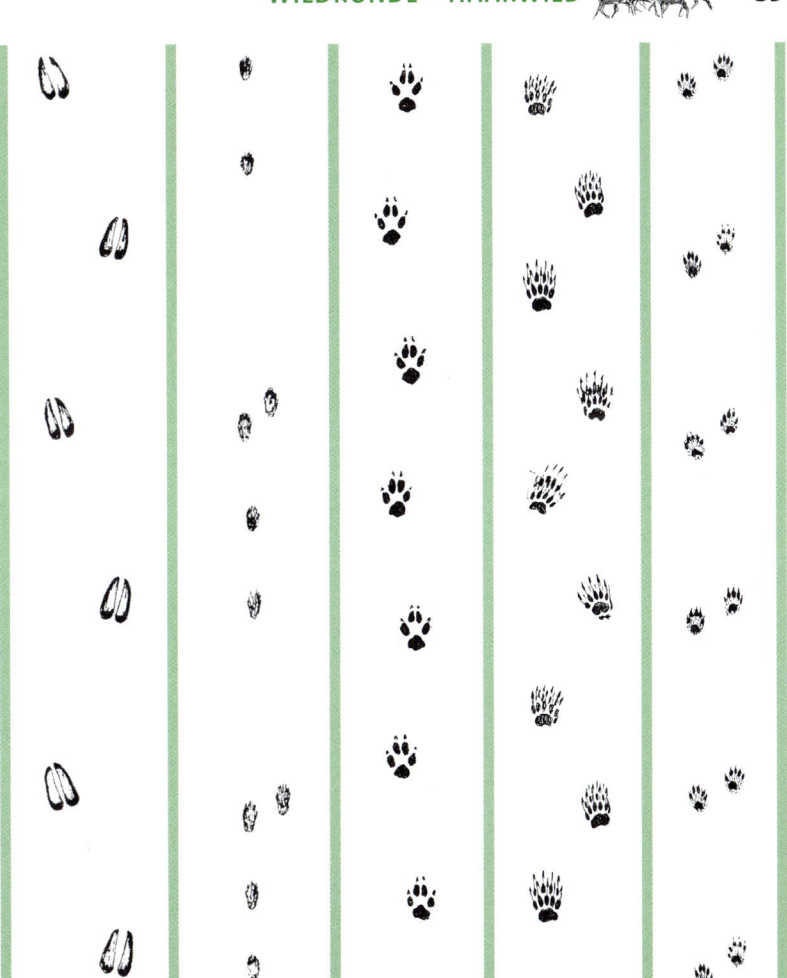

| Gams ziehend | Hase hoppelnd | Fuchs | Dachs | Marder |

!! Merke !!

Die Trittsiegel der Gams sind nach hinten offen.

Beim Hasen stehen die Abdrücke der Hinterläufe vor denen der Vorderläufe

Der Fuchs setzt beim Schnüren Brante vor Brante.

Der Dachs tritt mit den Hinterbranten in die Abdrücke der Vorderbranten.

Für den Marder charakteristisch ist der »Paarsprung«, häufig auch Dreisprung.

Haarkleid – Haarwechsel

- **Aufbau:** Haare sind ein Merkmal der Säugetiere und bestehen aus drei verhornten Zellschichten, in die Farbstoffe (Pigmente) eingelagert sind. Haarwurzeln sind mit feinsten Nervenverzweigungen verbunden und können daher auch als Tastorgane dienen (z.B. Vibrissen). Unterschieden wird Woll-Haar (Unterwolle) von Deck-Haar (Grannen).

- **Funktion:** Schutz vor Temperaturverlust (Wärmeisolation), Beschattung der Haut, Schutz vor mechanischer Beschädigung der Haut (Kratzer), Tarnung (z.B. Schneehase), Geschlechtskennzeichen (z.B. Brunftmähne) und Kommunikationsmittel (z.B. Spreizen der Spiegelhaare).

- **Haarwechsel:** In der Regel zweimaliger Haarwechsel (Frühjahr und Herbst); jahreszeitliche Unterschiede in Dichte, Länge und Farbe (Sommer-, Winterkleid); die einzelnen Haare brechen ab, die Wurzeln bleiben funktionsfähig erhalten; Zeitpunkt des Wechsels standortangepaßt.

Sein Haar dient dem Gamsbock nicht nur zum Schutz vor Nässe, Kälte und Sonnenbrand; mit dem Aufstellen der langen Rückenhaare vergrößert er optisch auch seinen Körper und imponiert damit Artgenossen (genau aus den hier vom Wind aufgewachelten Haaren läßt sich der Jäger den Gamsbart binden).

Duftdrüsen

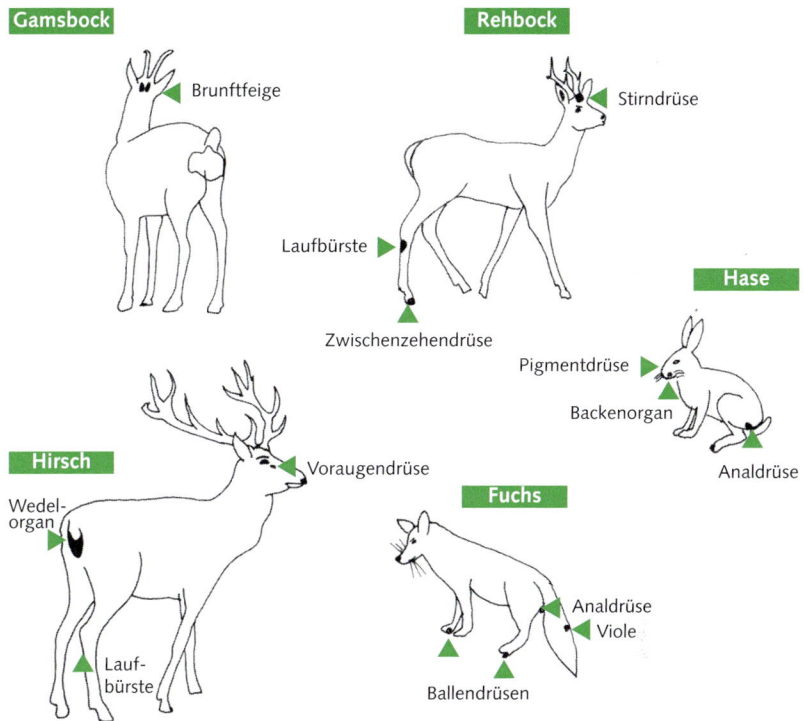

Gamsbock

Brunftfeige

Rehbock

Stirndrüse

Laufbürste

Zwischenzehendrüse

Hase

Pigmentdrüse

Backenorgan

Analdrüse

Hirsch

Voraugendrüse

Wedel-organ

Fuchs

Analdrüse

Viole

Lauf-bürste

Ballendrüsen

Wozu dienen Duftdrüsen?

- Individuelles Erkennen innerhalb der Art

- Findung von Artgleichen

- Markierung des Revieres, Streifgebietes

- Markierung von Partnern

- Abwehr von Feinden

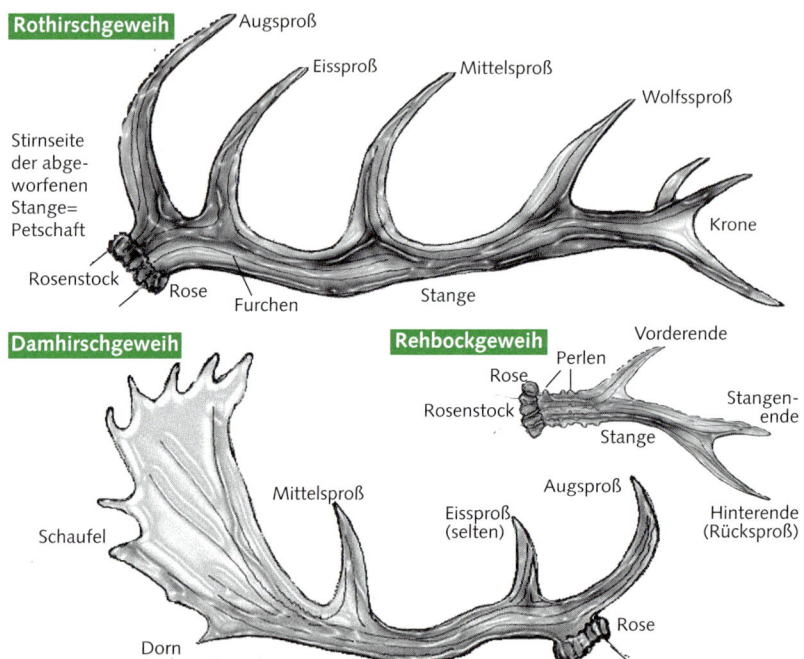

Rothirschgeweih
Augsproß
Eissproß
Mittelsproß
Wolfssproß
Stirnseite der abgeworfenen Stange= Petschaft
Krone
Rosenstock
Rose
Furchen
Stange

Damhirschgeweih
Schaufel
Mittelsproß
Dorn (Haken, Sporn)
Stange

Rehbockgeweih
Vorderende
Perlen
Rose
Rosenstock
Stangen-ende
Stange
Augsproß
Eissproß (selten)
Hinterende (Rücksproß)
Rose
Rosenstock
Stange

!! Merke !!

Geweihe sind sekundäre Geschlechtsmerkmale der bei uns lebenden männlichen Hirschartigen, sie bestehen aus Knochenmasse und werden alljährlich erneuert. Die Stärke eines Geweihes sagt wenig über das Alter und die soziale Stellung seines Trägers aus. Sie ist weitgehend umwelt- und nicht genetisch bedingt. Der Endenreichtum (Kronenbildung) bei den Hirschen ist hingegen angezüchtet und zu einem gewissen Grad unnatürlich. Hirsche mit besonders schweren und endenreichen Geweihen sind in naturnahen Lebensräumen gegenüber großen Beutegreifern sogar benachteiligt.

Bildung und Abwurf von Geweihen

Wildart	Geweihabwurf [1]	neues Geweih (Fegezeit)	Geweih-gewichte [2]	Stangen-länge
Rehbock	Oktober - Dezember	März - April	bis 500 g	- 35 cm
Rothirsch	Februar - Mai	Juli/August	bis 10 kg	- 100 cm
Damhirsch	April/Mai	August/September	bis 4 kg	- 65 cm
Sikahirsch	März/April	August/September	bis 1,5 kg	- 70 cm

[1] Das Erstlingsgeweih (Jährlingsböcke, Schmalspießer) wird meist deutlich später abgeworfen als das Folgegeweih, welches auch entsprechend später fertig wird.

[2] Rekordgewichte nicht berücksichtigt (große Schwankungen bei Sikageweihen).

Wer trägt Hörner (Gehörne) – was ist Horn?

- Alle Boviden (Wisent, Steinwild, Gamswild, Muffelwild) tragen Hörner. Die Hörner der ♀ sind schwächer als jene der ♂; Muffelschafe sind meist hornlos.
- Alle Hörner sitzen auf knöchernen Stirnzapfen, die mit Haut überzogen sind.
- Horn (Hörner, Nägel, Hufe) wird durch Eiweißsubstanzen gebildet, die von der Haut ausgeschieden werden.
- Die Hörner entwickeln sich tütenartig, mit stärkeren Zuwächsen im Sommer und geringeren im Winter. Dadurch entstehen Jahrringe, an denen das Alter des Tieres abgezählt werden kann.
- Horn härtet aus und ist ohne Nerven, es wird nicht abgeworfen.
- Bei Gams und Muffel erfolgt der stärkste Hornzuwachs im 2. Lebensjahr.
- Die Jahrringe an den einzelnen Hörnern (Schläuchen) sind oft von einer Pechschicht (Harz) überlagert und können dann nicht abgezählt werden.

!! Merke !!

Rehböcke tragen keine Gehörne, sondern Geweihe!

Gamskrucke

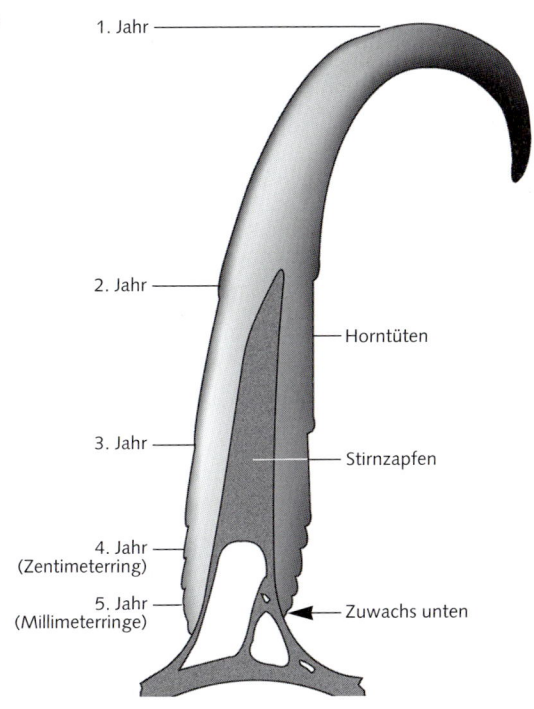

1. Jahr

2. Jahr —— Horntüten

3. Jahr —— Stirnzapfen

4. Jahr (Zentimeterring)

5. Jahr (Millimeterringe) —— Zuwachs unten

Paarung, Tragzeit, Setzzeit des Schalenwildes

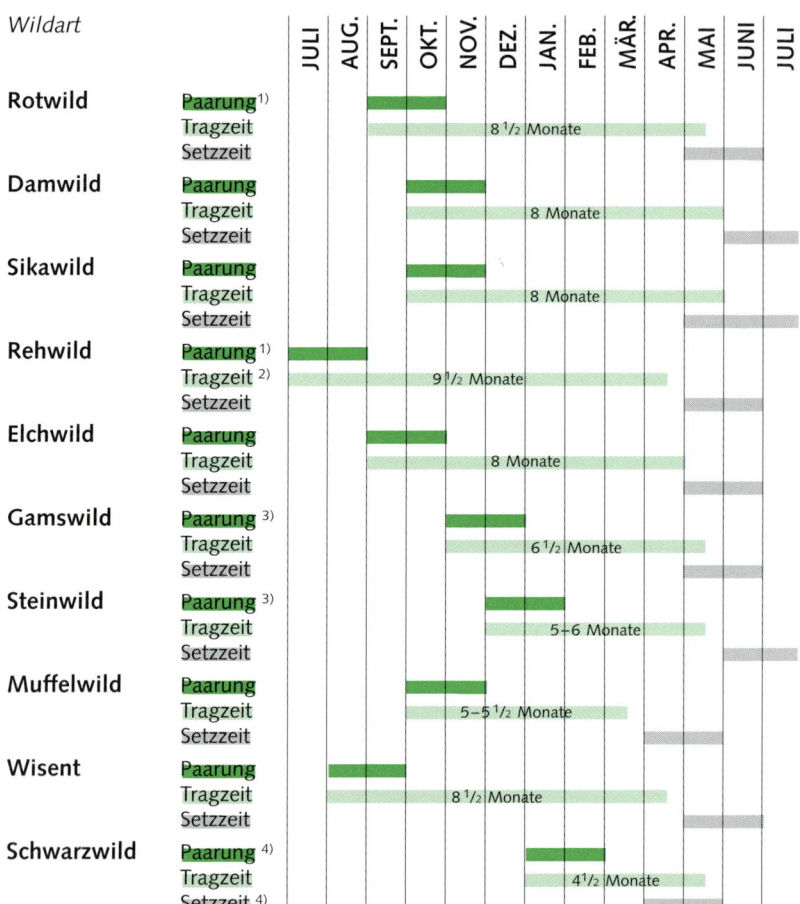

1) Beim Rotwild beginnt die Brunft nach Süden und Südosten hin früher (ab Ende August). Bei den Rehen beginnt die Brunft in Hochlagen (Alpenraum) deutlich später als im Tiefland und im Mittelgebirge.
2) Einschließlich 5 Monate Eiruhe. Ei nistet sich erst gegen Jahresende in der Gebärmutter ein und entwickelt sich dann erst zum Fötus.
3) Gams- und Steingeißen nehmen nicht jedes Jahr an der Brunft teil.
4) Inzwischen oft ganzjährig; innerhalb der Rotten Synchronisation der Rauschzeit, wobei die Leitbache beginnt und auslöst. Häufig werden bereits Frischlingsbachen erfolgreich beschlagen. Bis zu 40 % der Bachen frischt zweimal jährlich.

Die Jungen des Schalenwildes

Wildart	Junge	Säuge-zeit (Mon.)	Typ [1]	Geschlechtsreife
Rotwild	1 (2)	3 ½	Folgetyp	5 Mon.–3 Jahre
Damwild	1 (2)	3 ½–4	Folgetyp	ca. 16 Mon.
Sikawild	1 (2)	3–4	Folgetyp	ca. 18 Mon.
Rehwild	(1) 2 (3)	4	Liegetyp	7–8 Mon.
Elchwild	1–2 (3)	4	Folgetyp	ca. 12 Mon.
Gamswild	1–2 [2]	5	Folgetyp	1–3 Jahre
Steinwild	1 [2]	10–12	Folgetyp	1–4 Jahre
Muffelwild	1 (2)	4–5	Folgetyp	♀8–18 Mon. ♂8–30 Mon.
Wisent	1 (2)	6–8	Folgetyp	2–3 Jahre
Schwarzwild	4–8 (–12) [3]	2–3	Nestlieger	9–18 Monate

[1] Schalenwild hat Laufjunge, die meist dem Folgetyp angehören, weil sie der Mutter von Anfang an folgen. Eine Ausnahme bildet das Rehwild, seine Laufjungen gehören zum Liegetyp, weil sie in den ersten Lebenstagen oder -wochen abliegen. Die Frischlinge des Schwarzwildes sind hingegen Nesthocker.

[2] Im Alter von etwa 4 Wochen schließen sich die Kitze zu Jugendbünden oder Kindergärten zusammen. Gamsgeißen verlassen ihre in Kindergärten aufgehobenen Kitze gelegentlich für einen halben oder einen ganzen Tag, um Salzlecken und entferntere Örtlichkeiten aufzusuchen.

[3] Vereinzelt auch 2 Würfe pro Jahr (hängt stark von der Energiezufuhr ab).

Welche Schalenwildarten bilden Rudel?

- *Bei allen heimischen Schalenwildarten – ausgenommen Rehwild* – leben zumindest die Weibchen und Jungtiere in Gemeinschaften (Rudel, Rotte), in denen eine feste Rangordnung herrscht.
- Ältere Männchen leben außerhalb der Paarungszeit in eigenen Gruppen oder als Einzelgänger. Reife Männchen erobern und verteidigen in der Paarungszeit einzelne paarungsbereite Weibchen oder Weibchengruppen.
- *Beim Rehwild* besteht eine echte Bindung nur zwischen Geiß und Kitz und allenfalls noch dem Schmalreh (Geißkitz des Vorjahres). Mehrere Familien können lose Sippen bilden.
- Böcke leben von März bis zur Brunft einzeln und verteidigen eigene Reviere gegen Artgenossen.
- Schmalrehe leben teilweise auch in losem Verband mit Jährlingsböcken oder einem revierbesitzenden älteren Bock.

Welche Schalenwildarten verteidigen was?

- *Rehböcke* verteidigen nur ihre Reviere, nicht jedoch »ihre« Geißen. Die Verteidigungsbereitschaft erlischt bei den meisten Böcken mit Beginn oder im Verlauf der Brunft. Böcke können dann auf der Suche nach brunftigen Geißen ihre Reviergrenzen überschreiten.
- *Gamsböcke und Steinböcke* verteidigen – nur in der Brunft – kleine Brunftreviere (Brunftplätze), in denen sich brunftige Geißen aufhalten.
- Die Männchen aller anderen heimischen Schalenwildarten verteidigen nur ihre brunftigen/rauschigen Weibchen, nicht ihre Reviere. Damhirsche werden von brunftigen Tieren an ihren Brunftplätzen aufgesucht.

Wie kommen die Jungen des Schalenwildes zur Welt, wie leben sie?

- Die *Jungen aller Schalenwildarten* kommen sehend und voll behaart zur Welt und können unmittelbar nach der Geburt stehen.
- Die *Jungen der echten Hirsche* folgen schon kurz nach der Geburt ihren Müttern.
- *Rehkitze* liegen in den ersten zwei Lebenswochen ab und werden nur zum Säugen von ihren Müttern aufgesucht.
- *Gamskitze* folgen ihren Müttern schon nach wenigen Stunden. Nach 3–4 Tagen sucht die Mutter mit ihnen das angestammte Rudel auf. Im Alter von etwa 3 Wochen werden die Kitze in »Kindergärten« integriert, die von einzelnen Geißen beaufsichtigt werden.
- *Steinwild* ähnlich Gamswild.
- *Muffellämmer* folgen ihren Müttern wenige Stunden nach der Geburt und suchen mit ihnen im Alter von etwa 3 Tagen die angestammten Rudel auf.
- *Frischlinge* verbringen die erste Lebenswoche in einem Wurfnest (Kessel). Danach folgen sie ihren Müttern, verbringen aber die Nächte weiterhin im Kessel. Etwa im Alter von 2 Wochen suchen die Mütter mit ihnen die Rotten auf und bleiben dann bei diesen.

Alle echten Hirsche (hier Rotwild) organisieren sich in Rudeln und nutzen den Lebensraum gemeinsam. Die Männchen verteidigen keine Reviere, sondern nur brünstige Weibchen.

Trughirsche (hier Rehwild) leben in relativ kleinen Revieren, die sie – zumindest während eines Teils des Jahres – gegen Artgenossen verteidigen.

Altersmerkmale beim Haarwild

Wildart	Am lebenden mehrjährigen Stück:	Am erlegten Stück:
Rotwild	Körperbau (nur grobe Einordnung möglich); tiefer, dicker Träger und viel Körpermasse vor den Vorderläufen sowie durchhängender Bauch deuten auf höheres Alter. Die Stimme ist als Altersweiser unbrauchbar (alter Hirsch tiefe Stimme, junger Hirsch hohe Stimme).	Dauergebiß spätestens im 3. Herbst fertig. Auszählung der Zementzonen in einem Schneide- oder Backenzahn, freigelegt durch Querschliff (ziemlich genau); Bestimmung nach dem Abschliff der Backenzähne (unsicher).
Damwild	Schwierig, ähnlich Rotwild.	Dauergebiß mit Vollendung des 2. Lebensjahres abgeschlossen; Abschliff der Backenzähne (unsicher). Bei Hirschen Altersbestimmung durch Abwurfreihen oder auch Fotos/Zeichnungen des Geweihs.
Rehwild	Unbrauchbar sind Muffelfleck-Theorie, Färbe-Theorie und Fege-Theorie. Gesamteindruck Figur und Verhalten (schwierig). Halbwegs sicher unterscheiden lassen sich nur Jährlinge von Mehrjährigen.	Wechsel des P 3 zwischen dem 12. und 14. Lebensmonat; Abschliff der Backenzähne (sehr ungenau; zahlreiche Ausreißer); Verknöcherung der Nasenscheidewand (zur groben Einteilung in jung – mittel – alt recht brauchbar); Rosenstockstärke (wenig brauchbar).
Muffelwild	Drehung der Schnecken; junge Widder haben meist dunkle Gesichter, wirklich alte hingegen nahezu weiße; Körper werden mit zunehmendem Alter gedrungener; genaue Differenzierung schwierig, bei Schafen fast unmöglich.	Jahresringe an der Schnecke (genau). Bei Schafen nur grob möglich.
Gamswild	Grobe Ansprache nach Krukenhöhe, Pinsellänge beim Bock, Körpermasse, scharfe/unscharfe Zügel, unter den Lichtern helle Färbung (Einzelmerkmale können erheblich täuschen).	Jahresringe an der Krucke (genau, aber manchmal infolge Pechbelag schwer zu erkennen).

Altersmerkmale beim Haarwild

Wildart	Am lebenden mehrjährigen Stück:	Am erlegten Stück:
Steinwild	Böcke an den Jahresringen des Gehörns recht gut anzusprechen.	Böcke an den Jahresringen des Gehörns genau anzusprechen.
Schwarzwild	Körperform und -masse. Diese Merkmale sind jedoch sehr ungenau, da die Stärke – je nach Nahrungsangebot in der Jugend erheblich variiert.	Zahnwechsel nach 2 Jahren beendet; Abschliff der Gewehre, pro Jahr etwa 1 cm (ungenau, Gewehre brechen überdies häufig ab).
Feldhase	– – –	Stroh'sches Zeichen am Fußwurzelgelenk (Unterscheidung nur zwischen jünger als 8 Monate und älter); Gewicht der getrockneten Augenlinsen (nicht praktikabel).

Das Stroh'sche Zeichen am Vorderlauf der Junghasen läßt sich mit dem Finger ertasten (Bild oben). Im 2. Lebensjahr hat sich der Knochen voll ausgebildet, wodurch das Stroh'sche Zeichen verschwindet.

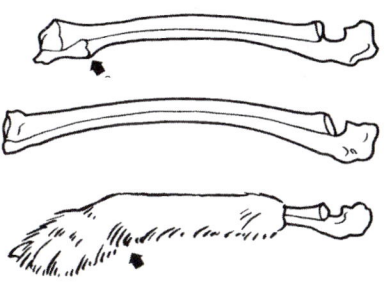

Im Milchgebiß ist der 3. Vormahlzahn (P_3) des Rehwildes noch dreiteilig; im Alter von 12 bis 14 Monaten erscheint der nur noch zweiteilige Dauerzahn.

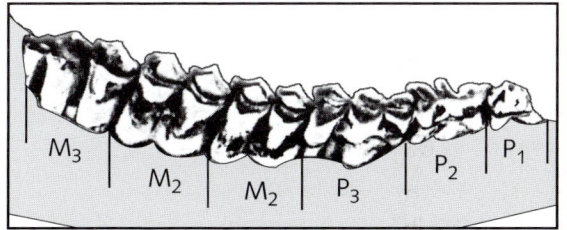

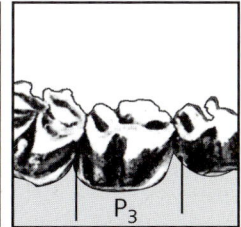

Sozialverhalten beim Haarniederwild

Art Bezeichnung	Revier (R.)/Streifgebiet(S.)	Vergesellschaftung/ Jahresrhythmus	Verteidigung
Hase Junghase, Häsin, Rammler	Relativ kleine S. (♂ 10–50 ha, ♀ 4–20 ha), die gemeinsam genutzt werden; innerhalb größerer S. saisonale R. Größe der S. hängt wesentlich von der Parzellengröße und Fruchtvielfalt ab (Grenzlinienreichtum).	Keinerlei Familien, nur Einzelgänger, aber Gruppenbalz und gemeinschaftliche Nutzung von Äsungsflächen. Junge liegen nach der Geburt einzeln ab und werden nur in der Nacht von der Mutter kurz zum Säugen aufgesucht.	Keine R. oder ♀-Verteidigung, aber Prügeleien bei der Gruppenbalz.
Kaninchen wie Hase	Kleine R., in unmittelbarer Nähe der Baue.	Familien, die sich zu Sippen zusammenschließen.	♂ verteidigen R. und ♀.
Murmeltier Junge, [1], Katz, Bär	Gemeinschaftsreviere und Gemeinschaftsbaue. Reviergröße je nach Kopfzahl 0,5-4 ha.	Familien, die sich zu Sippen zusammenschließen. Gemeinsamer Winterschlaf ca. 6 Monate.	Intensive Markierung und Verteidigung.
Biber	R. bis zu 500 Meter Uferlänge.	Familiengruppen aus Eltern und bis zu zwei Jungtiergenerationen.	♂ verteidigen engere Wohnreviere.
Fuchs Welpen, Fähe, Rüde	Streifgebiete, die sich jedoch überlappen. S. der ♂ sind in der Regel größer als die der ♀.	Mutterfamilie (♀ + Juv.) bis etwa Juli zusammen; teilweise übernehmen auch Rüden die Aufzucht. Juv. streifen im Sommer noch gemeinsam umher und wandern meist im September ab. Erwachsene leben außerhalb Ranz und Aufzucht einzeln.	♀ verteidigen nach der Ranz bis zum Sommer R.
Marderhund Welpen, Fähe, Rüde	S. je nach Struktur und Nahrungsangebot um 60 ha; bisher wenig konkrete Daten.	Familiengruppen, in denen die Juv. 3-4 Monate geführt werden. Je nach Witterung 1-3 Monate gemeinsame Winterruhe.	S. nur schwach verteidigt.
Waschbär Welpen, Jungbären, Bärin, Bär	S. je nach Struktur und Nahrungsangebot ♂ bis 900 ha, ♀ ab 150 ha.	Familiengruppen, innerhalb dieser Mutterfamilien während etwa 6 Monate. Je nach Witterung 2-4 Monate gemeinsame Winterruhe.	

Sozialverhalten beim Haarniederwild

Art Bezeichnung	Revier (R.)/ Streifgebiet (S.)	Vergesellschaftung/ Jahresrhythmus	Verteidigung
Wildkatze Jungkatzen, Kätzin, Kuder	S. ♂ um 800 ha, ♀ um 300 ha. Innerhalb dieser Aufzuchtreviere.	Mutterfamilie während etwa 4 Monate, ansonsten Einzelgänger.	♂ verteidigen eigene S. und insbesondere die ranziger ♀
Luchs Jungluchs, Kätzin, Kuder	S. ♂ ca. 26.000 ha, ♀ ca. 7.000–20.000 ha (Daten aus der Schweiz). S. der ♂ überlappen die mehrerer ♀.	Mutterfamilie. ♂ leben ganzjährig alleine – ausgenommen Ranzzeit – Junge müssen gegen Ende des ersten Lebensjahres eigene R. suchen, wobei viele verenden.	♂ und ♀ verteidigen ihre Reviere energisch.
Baumarder Welpen, Jungmarder, Fähe, Rüde	S. der ♂ bis ca.1.200 ha, ♀ ca. 200–500 ha, meist jedoch kleiner.	Mutterfamilie für etwa 3 Monate. ♂ leben als Einzelgänger.	Intensive Markierung, kaum Verteidigung.
Steinmarder Welpen, Jungmarder, Fähe, Rüde	S., die sich jedoch überlappen. S. der ♂ 300 ha, die der ♀ 200 ha. S. in Ortschaften deutlich kleiner.	Mutterfamilie für etwa 3 Monate. ♂ leben als Einzelgänger.	Intensive Markierung, kaum Verteidigung.
Iltis Welpen, Jungiltis, Fähe, Rüde	R. und S.	Mutterfamilie für etwa 3 Monate. ♂ leben als Einzelgänger.	Intensive Markierung, kaum Verteidigung.
Hermelin Welpen, Junge, Fähe, Rüde	S., je nach Struktur (Nahrungsangebot) bis etwa 7 ha.	Familien, die 3–4 Monate zusammenbleiben. Anschließend suchen sich Juv. eigene R.	♂ verteidigen S.
Dachs Welpen, Jungdachse, Fähe, Rüde	S., je nach Struktur und Nahrungsangebot, zwischen 20 und 200 ha.	Familiengruppen, die gemeinsam Familienbaue bewohnen. Juv. wandern meist als Jährlinge ab, ♀ meist vor ♂. Häufig unterbrochene Winterruhe 1–3 Monate.	Intensive Markierung und Verteidigung.
Fischotter Welpen, Jungotter, Fähe, Rüde	S., ♂ bis ca. 1.000 ha, ♀ meist deutlich kleiner. S. der ♂ überlappen die der ♀.	Mutterfamilien, die gemeinsam jagen. Juv. bleiben manchmal über ein Jahr bei der Mutter. ♂ Einzelgänger.	Intensive Markierung und Verteidigung.

1) Für die Jungen der Murmeltiere hat sich der unschöne und keineswegs traditionsgerechte Name »Affen« eingebürgert, der vermieden werden sollte. Für das ♀ wäre Bärin (analog zum ♂ = Bär) sinnvoller.

Rotwildkälber saugen schon innerhalb der ersten Lebensstunde; ihr Drückreflex läßt nach wenigen Tagen bereits nach, und sie laufen bald mit ihren Müttern.

Junghasen werden nur einmal täglich wenige Minuten in der Nacht gesäugt und liegen einzeln ab. Nach 10 Tagen nehmen sie schon pflanzliche Nahrung auf.

Rehkitze liegen drei volle Wochen ab, werden von ihren Müttern in dieser Zeit kaum mehr als eine halbe Stunde pro Tag zum Säugen aufgesucht. Erst nach dieser Zeit sind Geiß und Kitz wirklich aufeinander geprägt und kennen sich.

Jungtiere bei und nach der Geburt

Ordnung	Familie						
	Art	blind*(Tage)	sehend	nackt	behaart	Nest-lieger	Nest-flüchter
Hasenartige	**Hasen**						
	Feldhase		●		●		●
	Schneehase		●		●		●
	Wildkaninchen	● (10)		●		●	
Nagetiere	**Hörnchen**						
	Murmeltier	● (22–25)		●		●	
	Eichhörnchen	● (30–32)		●		●	
	Biber						
	Biber		●		●	●	
	Nutrias						
	Nutria		●		●	●	
	Wühler						
	Bisam	● (9–11)		●		●	
Raubtiere	**Hundeartige**						
	Fuchs	● (12–14)			●	●	
	Marderhund	● (ca.10)			●*	●	
	Goldschakal	● (10–14)			●	●	
	Wolf	● (9–12)			●	●	
	Kleinbären						
	Waschbär	● (18–23)			●	●	
	Großbären						
	Braunbär	● (ca.30)		●		●	
	Marderartige						
Echte Marder	Baummarder	● (34–38)		●		●	
	Steinmarder	● (34–38)		●		●	
	Fischotter	● (15–35)			●*	●	
	Dachs	● (15–35)			●*	●	
Stinkmarder	Iltis	● (ca.30)		●		●	
	Nerz	● (34–42)		●		●	
	Mink	● (34–42)		●		●	
	Mauswiesel	● (30–32)		●		●	
	Hermelin	● (34–42)		●		●	

* Diese Arten sind bei der Geburt nur schwach behaart.

Jungtiere bei und nach der Geburt

Ordnung	Familie						
	Art	blind*(Tage)	sehend	nackt	behaart	Nest-lieger	Nest-flüchter
Raubtiere	**Katzenartige**						
	Luchs	● (14–17)			●*	●	
	Wildkatze	● (10–12)			●	●	
Robben	**Seehunde**						
	Seehund		●		●		●
Paarhufer	**Hirsche**						Laufjunge
	Rotwild		●		●		●
	Damwild		●		●		●
	Sikawild		●		●		●
	Rehwild		●		●		●
	Elchwild		●		●		●
	Hornträger						
	Wisent		●		●		●
	Gamswild		●		●		●
	Steinwild		●		●		●
	Muffelwild		●		●		●
	Schweine						
	Schwarzwild		●		●	●	

* Diese Arten sind bei der Geburt nur schwach behaart.

!! Merke !!

- Alle Raubtiere, alle Nager und die Kaninchen sind Nesthocker und werden blind geboren.
- Seehunde und Hasen sind Nestflüchter.
- Alle Schalenwildarten haben Laufjunge, Frischlinge sind jedoch in den ersten 10 Lebenstagen Nestlieger.
- Nestflüchter und Laufjunge werden immer sehend geboren.
- Alles Schalenwild, alle Hundeartigen, alle Katzen und von den Marderartigen Fischotter und Dachs werden behaart geboren.

Klasse der Vögel *(Aves)* – Merkmale

O. Seetaucher *(Gaviiformes)*:

Volle Schwimmhäute zwischen den Vorderzehen.

- A. Prachttaucher, *Gavia artica*
- A. Eistaucher, *Gavia immer*
- A. Sterntaucher, *Gavia stellata*

O. Lappentaucher *(Podicipediformes)*:

Spaltschwimmfüße: Vorderzehen mit großen, an den Wurzeln verbundenen Schwimmlappen versehen, Schwanz reduziert.

- A. Haubentaucher, *Pidiceps cristatus**
- A. Rothalstaucher, *Podiceps griseigena*
- A. Schwarzhalstaucher, *Podiceps nigricollis*
- A. Zwergtaucher, *Podiceps ruficollis*

O. Gänsevögel *(Anseriformes)*:

Vorwiegend Wasservögel mit breiten Schwimmhäuten zwischen den drei Vorderzehen; Schnabel weichhäutig, an der Spitze harte Hornplatte – der Nagel. Ober- und Unterschnabel mit Hornlamellen besetzt, die zusammen mit der Zunge den Seihapparat zur Nahrungsaufnahme bilden. Bei den Sägern ist die äußere Lamellenreihe durch Hornzähne ersetzt, die zum Festhalten der Beute dienen. Die Begattung findet auf dem Wasser statt.

U.F. **Schwäne und Gänse** *(Anserinae)*

Schwäne
- A. Höckerschwan, *Cygnus olor**
- A. Singschwan, *Cygnus cygnus*
- A. Zwergschwan, *Cygnus bewickii*

Graue Gänse
- A. Graugans, *Anser anser**
- A. Saatgans, *Anser fabilis**
- A. Zwerggans, *Anser erythropus**
- A. Bleßgans, *Anser albifrons**
- A. Kurzschnabelgans, *Anser brachyrhynchus**

Bunte Gänse
- A. Nonnengans, *Branta leucopsis**
- A. Ringelgans, *Branta bernicla**
- A. Kanadagans, *Branta canadensis**

U.F. **Enten** *(Anarinae)*

Schwimmenten
- A. Stockente, *Anas platyrhynchos**
- A. Löffelente, *Anas clypeata**
- A. Spießente, *Anas scuta**
- A. Pfeifente, *Anas penelope**
- A. Schnatterente, *Anas strepera**
- A. Krickente, *Anas crecca**
- A. Knäckente, *Anas querquedula**

U.F. **Enten**
(Anarinae)

Tauchenten
- A. Kolbenente, *Netta rufina* *
- A. Tafelente, *Aythya ferina* *
- A. Moorente, *Aythya nyroca* *
- A. Reiherente, *Aythya fuligula* *
- A. Bergente, *Aythya marila* *
- A. Schellente, *Bucephala clangula* *

Meerenten
- A. Eiderente, *Somateria mollissima* *
- A. Eisente, *Clangula hyemalis* *
- A. Trauerente, *Melanitta nigra* *
- A. Samtente, *Melanitta fusca* *

Halbenten
- A. Brandente, *Tadorna tadorna* *

Säger
- A. Gänsesäger, *Mergus merganser* *
- A. Mittelsäger, *Mergus serrator* *
- A. Zwergsäger, *Mergus albellus* *

O. **Stelzvögel** *(Ciconiiformes):*

Langer spitzer Schnabel, lange Beine mit gut entwickelter Hinterzehe.

F. **Reiher** *(Ardeidae)*

Reiher
- A. Graureiher, *Ardea cinerea* *
- A. Purpurreiher, *Ardea purpurea*

Dommeln
- A. Große Rohrdommel, *Botaurus stellaris*
- A. Kleine Rohrdommel, *Ixobrychus minutus*

F. **Störche** *(Cicniidae)*
- A. Weißstorch, *Ciconia ciconia*
- A. Schwarzstorch, *Ciconia nigra*

O. **Greifvögel** *Falconiformes):*

Gekrümmter Oberschnabel, starke Fänge, Jugendkleid weicht meist vom Alterskleid erheblich ab. Männchen stets kleiner als Weibchen.

F. **Greife** *(Accipitridae)*

U.F. **Wespenbussarde**
(Perninae)
- A. Wespenbussard, *Pernis apivorus* *

U.F. **Milane** *(Milvinae)*
- A. Roter Milan, *Milvus milvus* *
- A. Schwarzer Milan, *Milvus migrans* *

U.F. **Bussardartige**
(Buteoninae)

Habichte
(Accipiter)
- A. Habicht, *Accipiter gentilis* *
- A. Sperber, *Accipiter nisus* *

Bussarde
(Buteo)
- A. Mäusebussard, *Buteo buteo* *
- A. Rauhfußbussard, *Buteo lagopus* *

F. **Greife** *(Accipitridae)*

Adler *(Aqulila)*
- A. Schelladler, *Aquila clanga* *
- A. Schreiadler, *Aqulila pomarina* *
- A. Steinadler, *Aquila chrysaetos* *
- A. Seeadler, *Haliaeetus albicilla* *

U.F. **Altweltgeier** *(Aegypiinae)*
- A. Gänsegeier, *Gypus fulvus* *
- A. Bartgeier, *Gypaetus barbartus* *

U.F. **Weihen** *(Circinae)*
- A. Rohrweihe, *Circus aeruginosus* *
- A. Kornweihe, *Circus cyaneus* *
- **A.** Wiesenweihe, *Circus pygargus* *

U.F. **Schlangenadler** *(Circaetine)*
- A. Schlangenadler, *Circaetus gallius* *

U.F. **Fischadler** *(Pandioninae)*
- A. Fischadler, *Pandion haliaetus* *

F. **Falken** *(Falconidae)*
- A. Baumfalke, *Falco subbuteo* *
- A. Wanderfalke, *Falco peregrinus* *
- A. Merlin, *Falco columbarius* *
- A. Rotfußfalke, *Falco vespertinus* *
- A. Turmfalke, *Falco tinnunculus* *

O. **Hühnervögel** *(Galliformes):*

Mehr oder minder plumpe Bodenvögel mit kräftigen Laufbeinen zum Scharren. Hinterzehe höher als Vorderzehen. Kräftiger Hackschnabel. Muskelmagen mit Reibeplatten und Mahlsteinchen (Gritt). Nur Staub-, keine Wasserbäder.

F. **Fasanenvögel** *(Phasianidae)*

U.F. **Rauhfußhühner** *(Tetraoninae)*
- A. Auerhuhn, *Tetrao urogallis* *
- A. Birkhuhn, *Lyrurus tetrix* *
- A. Haselhuhn, *Tetrastes bonasia* *
- A. Alpenschneehuhn, *Lagopus lagopus* *

U.F. **Glattfußhühner** *(Perdicinae)*
- A. Rebhuhn, *Perdix perdix* *
- A. Wachtel, *Coturnix coturnix* *
- A. Steinhuhn, *Alectoris graeca*

U.F. **Fasane** *(Phasianinae)*
- A. Jagdfasan (Phazianus kaum mehr reinblütige Rassen) *

O. **Tauben** *(Columbiformes):*

Schnabel an der Wurzel weichhäutig, kappenartige, feste Spitzen. Klatschender Flügelschlag beim Abstreichen.

F. **Tauben** *(Columbidae)*
- A. Ringeltaube, *Columba palumbus* *
- A. Hohltaube, *Columba oenas* *
- A. Turteltaube, *Streptopelia turtur* *
- A. Türkentaube, *Streptopelia decaocto* *

O. Kranichvögel *(Gruiformes)*

Langbeinige Vögel, ähnlich den Störchen, jedoch kürzere Schnäbel. Rallen von hühnerähnlicher Gestalt.

F. **Kraniche** *(Gruidae)*	A. Kranich, *Grus grus*
F. **Rallen** *(Rallidae)*	A. Bleßhuhn, *Fulica atra**
	A. Teichhuhn, *Gallinula chloropus*
	A. Wasserralle, *Rallus aquaticus*
	A. Wachtelkönig, *Crex cres*
	A. Tüpfelsumpfhuhn, *Porzana porzana*
	A. Kleines Sumpfhuhn, *Porzana parva*
	A. Zwergsumpfhuhn, *Porzana pusilla*
F. **Trappen** *(Otididae)*	A. Großtrappe, *Otis tarda**

O. Watvögel und Möwenvögel *(Charadriiformes)*

Zur Ordnung gehören viele Familien, die teils nur wenige gemeinsame Merkmale aufweisen.

U.O. Regenpfeiferartige:

Lange Renn- oder Stelzbeine, Lebensraum offenes Gelände.

F. **Regenpfeifer** *(Charadriidae)*	A. Kiebitz, *Vanellus vanellus*
F. **Schnepfenvögel** *(Scolapacidae)*	A. Großer Brachvogel, *Numenius arquata*
	A. Uferschnepfe, *Limosa limosa*
	A. Pfuhlschnepfe, *Limosa lapponica*
	A. alle Wasserläufer, *Tringa spec.*
	A. Waldschnepfe, *Scolopax rusticola**
	A. Bekassine, *Gallinago gallinago*
	A. Doppelschnepfe, *Gallinago media*
	A. Zwergschnepfe, *Lymnocryptes minimus*
	A. Alpenstrandläufer, *Calidris alpina*
	A. Kampfläufer, *Philomachus pugnax*
F. **Säbelschnäbler** *(Recurvirostridae)*	A. Säbelschnäbler, *Recurvirostra avosetta*
F. **Wassertreter** *(Phalaropodidae)*	A. Thorshühnchen, *Phalaropus fulicarius*
	A. Odinshühnchen, *Phalaropus lobatus*

U.O. Möwenartige:

F. **Möwen** *(Laridae)*	A. Mantelmöwe, *Larus marinus**
	A. Heringsmöwe, *Larus fuscus**
	A. Silbermöwe, *Larus argentatus**
	A. Sturmmöwe, *Larus canus**
	A. Lachmöwe, *Larus ridibundus**
	A. Zwergmöwe, *Larus minutus**
	A. Dreizehenmöwe, *Rissa tradactyla**

F. **Seeschwalben** *(Sternidae)*   A. alle Seeschwalben, *Chlidonias niger,*
Sterna spez.

F. **Raubmöwen**   A. Spatelraubmöve, *Stercorarius pomarinus*
(Stercorariidae

F. **Alken** *(Alcidae)*   A. Trottellumme, *Uria aalge*
A. Tordalk, *Alka torda*

O. **Eulen** *(Strigiformes):*

Gekrümmte, relativ kleine Schnäbel; starke Zehen; nach vorne gerichtete Augen; weiches, lockeres Gefieder (geräuschloser Flug).

F. **Schleiereulen** *(Tytonidae)*   A. Schleiereule, *Tyto alba*

F. **Kauzeulen** *(Strigidae)*   A. Uhu, *Bubo bubo*
Ohreulen   A. Waldohreule, *Asio otus*
A. Sumpfohreule, *Asio flammeus*

A. Sperlingskauz, *Glaucidium passerinum*
A. Steinkauz, *Athene noctua*
Käuze
A. Waldkauz, *Strix aluco*
A. Rauhfußkauz, *Aegolius funereus*

O. **Sperlingsvögel** *(Passeriformes):*

Kennzeichnend ist das Sperren des Schnabels der Nesthocker. Überfamilie: Singvögel *(Muscicapidae).*

F. **Drosselartige Vögel**
(Turdidae)

U.F. **Drosseln**   A. Misteldrossel, *Turdus viscivorus*
(Turdinae)   A. Wacholderdrossel, *Turdus pilaris*
A. Singdrossel, *Turdus philomelos*
A. Rotdrossel, *Turdus iliacus*
A. Ringdrossel, *Turdus torquatus*
A. Amsel, *Turdus merula*

F. **Rabenvögel** *(Corvidae)*   A. Saatkrähe, *Corvus frugilegus*
A. Rabenkrähe, *Corvus corone corone* * *
A. Nebelkrähe, *Corvus corone cornix* * *
A. Kolkrabe, *Corvus corax* *
A. Elster, *Pica pica* * *
A. Eichelhäher, *Garrulus glandarius* * *
A. Tannenhäher, *Nucifraga caryocatactes*
A. Dohle, *Corvus monedula*
A. Alpendohle, *Pyrrhocorax graculus*
A. Alpenkrähe, *Pyrrhocorax pyrrhocorax*

Mit einem * bezeichnete Arten unterliegen überall dem Jagdrecht,
die mit * * bezeichnete nur in einigen Bundesländern.

O. = Ordnung, U.O. = Unterordnung, F. = Familie, U.F. = Unterfamilie, A. = Art.

Lebensräume des Federwildes

Art	Lebensraum (Habitat)
Auerwild	Geschlossene, beerkrautreiche, nicht zu dunkle, gut strukturierte Wälder, möglichst mit zahlreichen Verjüngungsinseln.
Birkwild	Im Flachland Moorflächen mit Beerkraut, Wollgras, Birken (Knospenäsung, Ruhewarten); Heideflächen mit kleinbäuerlicher Landwirtschaft (Hafer, Buchweizen). Waldlose Hochlagen der Mittelgebirge (z.B. Rhön). Waldgrenze (Kampfzone) und Alm-/Latschenregion des Hochgebirges.
Haselwild	Niederwälder (Hauberge) und Sukzessionsflächen der Mittelgebirge. Im Hochgebirge von den Tallagen bis nahe an die Waldgrenze, sofern ausreichende Laubholzstreifen (z.B. Birke, Hasel, Erle, Weide).
Schneehuhn	Oberhalb der Waldgrenze auf alpinen Matten und rasendurchsetzte Felsbereiche. Im Winter tiefer als im Sommer.
Fasan	Gut strukturierte Feldlandschaften mit Wiese und Wasser einschließlich kleiner Waldungen. Verschwindet mit steigender Parzellengröße.
Rebhuhn	Offene Feldlandschaften mit ausreichend Grenzlinien und Hecken.
Großtrappe	Bewohner der extensiven Agrarsteppen ohne viel Hecken und Gehölze (Sichtbehinderung). Große Verluste durch Überlandleitungen.
Stockente	Alle mit Wasser ausgestattete Lebensräume, von der Großstadt bis in die Almregion, auch Kleingewässer innerhalb von Wäldern.
Waldschnepfe	Misch- und Laubwälder mit feuchten Böden (Wurmen), auch kleinere Feldgehölze. Vor allem auf dem Durchzug in allen Höhenlagen.

Anatomische Besonderheiten der Vögel

!! Merke !!

Im Gegensatz zu den Säugern haben Vögel ein Gabelbein (Schulterbein), das durch Gelenke mit den Oberarmbeinen (Flügeln) verbunden ist. Das Brustbein zeigt einen breiten Kamm, an dem die starken Brustmuskeln sitzen. Die gesamte Rückenpartie wird durch breite Knochenleisten (Schulterblatt, Darm-Sitz- und Schambein abgedeckt. An den Mittelhandknochen sitzen nur noch drei verkümmerte Finger. Drei Zehen stehen nach vorne und sind bei wasserbewohnenden Arten teilweise mit Schwimmhäuten verbunden oder weisen Schwimmlappen auf. Eine Zehe steht nach hinten, ist bei einem Teil der Arten höher angesetzt und verkümmert.

Merkmale der Vögel allgemein

Knochen mit Luftkammern zur Gewichtsreduktion, weit nach hinten reichendes Brustbein mit breitem Kamm. Vordergliedmaßen als Flügel mit Daumen und 2 Fingern. Von der Lunge ausgehende, bis in die Bauchhöhle reichende Luftsäcke als Atemhilfe während des Fluges. Lungen mit durchgehenden Adern und Kapillaren. Zwerchfell fehlt.

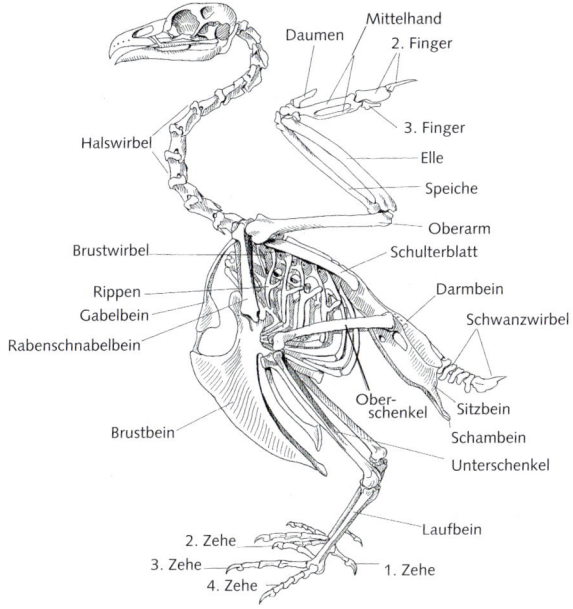

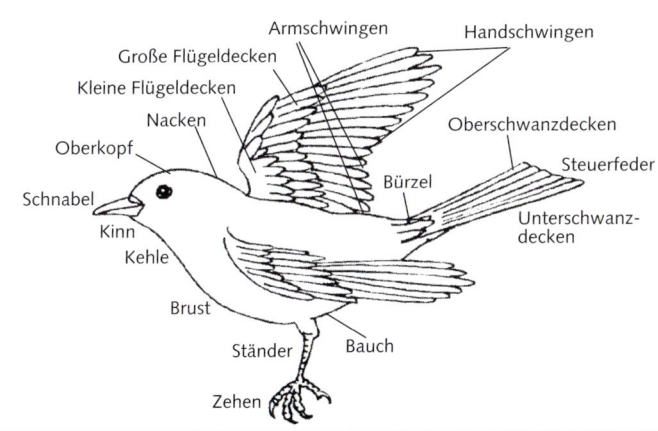

Aufbau eines Vogelflügels

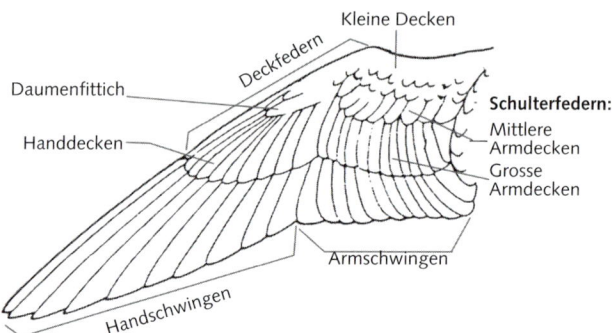

Unterschieden wird zwischen Groß- und Kleingefieder. Zu ersterem gehören die Schwingen (Flügel) und Steuerfedern (Schwanz). Manche Arten – etwa Auer- und Birkwild – zeigen einen starken Geschlechtsdimorphismus, während bei anderen Arten – etwa den Wildtauben – die Geschlechter äußerlich nicht zu unterscheiden sind.

Einige Arten – etwa die Stockenten – wechseln zwischen Brutgefieder (Balzgefieder, Prachtgefieder) und Ruhegefieder (Schlichtgefieder); ersteres dient dazu bei Partnern Aufmerksamkeit zu erregen, zweiteres zur Tarnung während der Brut und eingeschränkten Flugfähigkeit. Andere Arten – etwa Fasane – zeigen ganzjährig dieselbe Färbung.

Art und Bedeutung von Federn

- **Art der Federn:** Beim Schlupf sind zunächst Dunen mit weichen Strahlen vorhanden. Später sitzen die Dunen zwischen den Konturfedern (Luftposter, Kälteschutz; z.B. Gänsedunen). Konturfedern haben geschlossene Fahnen (Wind- und Wasserschutz, Tragflächen) und umhüllen den Vogelkörper.

- **Aufbau:** Federn bestehen aus Hornsubstanz, mit einem luftgefüllten Kiel als Basis. Rechts und links des Kiels sitzen die Fahnen, die sich aus feinen Ästen zusammensetzen, an denen wiederum feinste Strahlen sitzen; sie halten die Fahnen zusammen.

- **Bedeutung:** Neben dem Schutz vor Kälte, Nässe und mechanischen Verletzungen dienen Federn zur Kennzeichnung der Geschlechter (z.B. Fasan Hahn/Henne) und als Kommunikationsmittel (z.B. Fächer beim Auerhahn, Schwanzfedern der Bekassine).

Wann mausert unser Federwild?

- *Hühnervögel, Tauben und Schnepfen* mausern nur einmal im Jahr (Vollmauser) über einen längeren Zeitraum hinweg. Sie werfen ihre Handschwingen nicht zusammen ab, wodurch ihnen die Flugfähigkeit erhalten bleibt.
- *Enten* mausern das Kleingefieder zweimal und zwar im Sommer vom Brut- ins Ruhekleid und anschließend wieder ins Brut- oder Prachtkleid. Das Großgefieder (Handschwingen und Steuerfedern) werden nur einmal und zwar im Sommer gewechselt. Da die Handschwingen gleichzeitig abgeworfen werden, geht - je nach Art - für 3-5 Wochen die Flugfähigkeit verloren. Männchen verlieren ihre Flugfähigkeit zuerst, die Weibchen erst nach dem Schlüpfen der Jungen.
- *Gänse* - die ganzjährig dasselbe Kleid tragen - mausern nur einmal, ebenfalls unter gleichzeitigem Abwurf der Handschwingen.
- *Greifvögel* mausern ebenfalls nur einmal, und zwar die Weibchen unter Verlust oder zumindest starker Einschränkung der Flugfähigkeit während des Brütens, die Männchen bei Erhalt der Flugfähigkeit später (Männchen versorgen Weibchen und Junge mit Nahrung).

Bei den Stockenten wird der Geschlechtsdimorphismus im Prachtgefieder besonders deutlich, doch während der Mauser ähneln sich die beiden Geschlechter.

Aufnahme und Verdauung von Nahrung

Bei den meisten Arten weist die Speiseröhre eine sackartige Erweiterung (Kropf) auf, die zum Sammeln, zum Transport und zum Vorverdauen der Nahrung dient. Muskelmägen und einfaches Darmsystem mit zwei Blinddärmen (Säuger haben nur einen). Nur eine Körperöffnung für Harn, Kot, Sperma und Eier; Harnblase fehlt. Rabenvögel, Greifvögel und Eulen stoßen unverdauliche tierische Reste durch den Schnabel als Gewölle aus. Schneller Nahrungsdurchlauf. Keine äußeren Geschlechtsorgane, ausgenommen Enten und Gänse, bei denen die Männchen einen Penis haben; Sperma wird auf der Kloake abgesetzt.

Gestüber/Losung des Federwildes – Merkmale

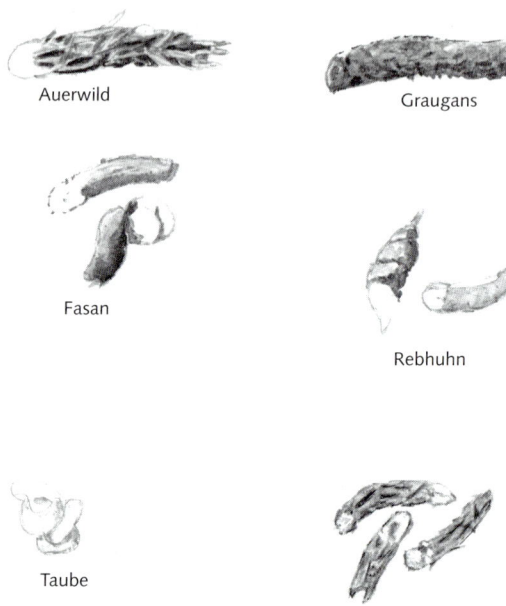

Auerwild

Graugans

Fasan

Rebhuhn

Taube

Birkwild

Auerwild: Braun, fast immer Nadelfragmente zu sehen und Gritt. **Birkwild:** Wie Auerwild, aber deutlich kleiner. **Fasan:** Grau, walzenförmig, oft auch gestaucht und weißer Überzug. **Rebhuhn:** Kleiner als von Fasan, häufig gewunden. **Taube:** Grau, meist gestaucht. **Graugans:** Braungrün, walzenförmig, meist Pflanzenfasern erkennbar, gelegentlich auch breiig.

Von wem stammt das Gewölle?

- **Funktion:** Gewölle setzen sich aus unverdaulichen Resten von Beutetieren (Federn, Knochen, Haare, Chitinteile, Muschel- und Eierschalen, Fischschuppen) zusammen. Sie werden im Magen zusammengeballt und als walzenförmige Klumpen mit einem Schleimüberzug durch die Speiseröhre und den Schnabel ausgeschieden.

- **Produzenten:** Alle Vögel mit überwiegend carnivorischer Nahrung (z.B. Greifvögel, Eulen, Reiher, Störche, Möwen, Rabenvögel, Würger).

- **Merkmale:** Greifvögel, Reiher und Störche sind durch ihre Magensäfte in der Lage Knochen zu verdauen, daher finden sich in ihren Gewöllen kaum Knochenteile. Eulen hingegen scheiden fast alle Knochen guterhalten aus.

- **Fundorte:** Unter Horsten (z.B. Habicht), Schlafbäumen (z.B. Waldohreulen im Winter) und Ansitzwarten (z.B. Würger).

Gewölle des Federwildes

Waldkauz

Steinkauz

Rabenkrähe

Mäusebussard

Graureiher

Lachmöve

Waldkauz: Walzenförmig, Knochen von Kleinnagern erkennbar.
Mäusebussard: Keine Knochenreste, viele graue Mäusehaare.
Steinkauz: Meist spitz zulaufend, Knochen und häufig Flügeldecken von Käfern.
Graureiher: Große, eiförmige Ballen, selten Fischschuppen, dafür Überreste von Mäusen, Insekten, Amphibien.
Rabenkrähe: An den Enden meist ausgefranste Walzen, Haare häufig mit Pflanzenteilen, z.B. Spelzen, Obstkerne.
Lachmöve: Form variabel, häufig mit Chitinteilen, Muschelsplittern usw.

Geläufe und Fährten

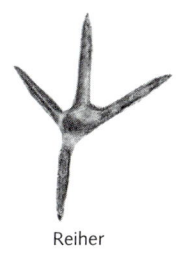

Reiher

Auerhahn

Birkwild

Fasan

Rebhuhn

Wildgans

Wildente

Elster

Krähe

Reiher: Lange hintere Zehe (Standsicherheit). **Auerhahn:** Im Winter Zehen durch »Balzstifte« (die nichts mit der Balz zu tun haben) stark verdickt. **Birkwild:** Wie Auerwild aber deutlich kleiner. **Fasan:** Zehen dünner als beim Birkwild, seitlich stehende Hinterzehe abgedrückt; beim Spurbild Tritte hintereinander (Laufvogel). **Rebhuhn:** Wie Fasan, jedoch nur etwa halbe Größe. **Wildgans:** Ganz kurze, seitlich stehende Hinterzehe; markant sind die Schwimmhäute zwischen den Vorderzehen. **Wildente:** Wie Gans, jedoch deutlich kleiner. **Krähe:** Lange Hinterzehe, beim Spurbild Tritte breit folgend (Schreiten) oder nebeneinander (Hüpfen). **Elster:** Wie Krähe, jedoch deutlich kleiner.

Paarung – Brut – Aufzucht – Verhalten beim Federwild

Art	Balz (Kalender Monat)	Paare polygam	Paare Saison-ehe	Paare Daue-rehe	Nestbau ♀	Nestbau ♀♂	Standort Gelege Boden	Standort Gelege Hecke	Standort Gelege Baum	Eier Anzahl	Brüter ♀	Brüter ♀♂	Brut-zeit Tage	Schlupfzeit (Kalender Monat)	Aufzucht ♂	Aufzucht ♀♂	Verhalten Nestflüchter	Verhalten Nesthocker
Fasan	4.–6.	●			●		●			10–14	●		23–25	5.–6.	●		●	
Rebhuhn	3.–5.		●		●		●			8–18	●		23–25	6.–7.		●	●	
Steinhuhn	3.–6.		●		●		●			9–14	●		24–26	6.–7.		●	●	
Schneehuhn	4.–6.		●		●		●			6–10	●		20–23	6.–7.		●	●	
Haselhuhn	3.–6.		●		●		●			7–10	●	●(grau)	21–25	5.–6.		●(grau)	●	
Birkhuhn	4.–6.	●			●		●			6–12	●		25–28	6.–7.	●		●	
Auerhuhn	3.–5.	●			●		●			6–10	●		26–28	5.–6.	●		●	
Waldschnepfe	3.–8.	●			●		●			(3)–4	●		22–24	4.–8.	●		●	
Stockente	3.–4.[1)]		●		●		●		●(grau)	8–12	●		21–26	4.–6.	●		●	
Bläßhuhn	4.		●		●		●			5–9		●	21–23	5.		●[2)]	●	
Graugans	2.–4.			●	●		●			4–9	●		27–29	4.–5.		●	●	
Ringeltaube	3.–7.		●		●			●		2		●	14–18	4.–8.		●		●
Graureiher	4.–5.	●(grau)	●			●			●	4–5		●	25–28	5.–6.		●		●
Kolkrabe	1.–2.			●		●			●[5)]	3–5	●		20–21	4.–5.		●		●
Raben-/Nebelkrähe	2.–3.			●		●			●	2–6	●		18–20	4.–6.		●		●
Saatkrähe	2.–3.[3)]			●		●			●	2–6	●		16–18	4.–6.		●		●
Elster	2.–4.			●(grau)		●			●	3–9	●		17–18	4.–5.		●		●

Paarung – Brut – Aufzucht – Verhalten beim Federwild

Art	Balz (Kal. Monat)	Paare: Dauerehe	Paare: Saisonehe	Paare: polygam	Nestbau: ♀	Nestbau: ♀♂	Standort: Boden	Standort: Hecke	Standort: Baum	Eier (Anzahl)	Brüter: ♀	Brüter: ♀♂	Brutzeit (Tage)	Schlupfzeit (Kal. Monat)	Aufzucht: ♀	Aufzucht: ♀♂	Verhalten: Nesthocker	Verhalten: Nestflüchter
Steinadler	1.–3.	●				●			●[5]	2–(3)	●		43–45	5.–6.		●	●	
Fischadler	2.–4.		●			●			●	3(1–4)	●		34–40	5.–6.		●	●	
Mäusebussard	2.–4.	◐	●			●			●	2–4	●		32–36	4.–6.		●	●	
Wespenbussard	4.–5.		●			●			●	2		●	30–35	5.–8.		●	●	
Schwarzer Milan	3.–4.	◐	●			●[4]			●	2–3	●		26–38	4.–5.		●	●	
Roter Milan	2.–4.	◐	●			●[4]			●	2–3	●		31–32	4.–5.		●	●	
Rohrweihe	3.–4.	◐	●	◐	●		●			3–7	●		31–36	5.–6.		●	●	
Sperber	3.–4.		●			●			●	4–6	●		37–40	5.–6.		●	●	
Habicht	3.–4.		●	◐		●			●	3–5	●		35–38	5.–6.		●	●	
Turmfalke	1.–3.		●			ohne			●[5]	5–7	●		27–32	2.–4.		●	●	
Wanderfalke	2.–3.	●				ohne	◐		●[5]	3–4		●	28–32	3.–5.		●[3]	●	
Uhu	1.–3.	●				ohne	◐		●[5]	2–3	●		34–36	4.–5.		●	●	
Waldkauz	1.–4.	●				ohne			●	2–6	●		28–29	3.–5.		●	●	
Waldohreule	1.–4.		●			ohne		◐		4–5	●		27–28	3.–5.		●	●	
Steinkauz	3.–6.	●				ohne			●[5]	3–5	●		22–30	5.–7.		●	●	
Schleiereule	2.–6.	●				ohne			●[5]	4–7	●		30–34	3.–8.		●	●	

● = Regel   ◐ = Ausnahme

1) Gelegentlich einjährige ♀ als Aufzuchthelfer. 2) Gelegentlich Adoption 3) Paarbildung schon im Herbst 4) Meist werden alte Krähennester bezogen und ausgebaut. 5) Baum, Fels, Gemäuer.

Gruppenbalz / Einzelbalz

Gruppenbalz mehrerer Männchen, bei der sich die Weibchen zumindest anfangs nur als Zuschauer beteiligen:

Arten ohne dauerhafte Partnerbindung wie z. B. Hühnervögel (ohne Reb- und Haselhuhn), Wildenten und vor allem Arten ohne ausgeprägtes Revierverhalten.

Einzelbalz, bei der sich Männchen einzeln um die Gunst der Weibchen bemühen:

Arten mit ausgeprägtem Revierverhalten und mit zumindest saisonaler Partnerbindung wie z. B. die Reb- und Haselhuhn, Wildtauben, Greifvögel, Eulen, Rabenvögel.

Birkhähne sind typische Vertreter der Gruppenbalz. Auf guten Balzplätzen können sich 20 und mehr Hähne treffen; sie werden von den Hennen aufgesucht und ausgewählt.

Dauerehe – Saisonehe – Polygamie

- **Grundsätzlich:** Arten mit Einzelbalz oder mit ausgeprägter Brutplatztreue neigen zur Saison- oder Dauerehe. Arten mit Gruppenbalz neigen zur Polygamie. Zur festen Ehe neigen ferner eher langlebige Arten, zur Polygamie eher kurzlebige.
- **Hühnervögel:** Fasan, Birkhuhn und Auerhuhn sind polygam, alle anderen leben in Saisonehe, teilweise in Dauerehe.
- **Tauben:** Alle bei uns vorkommenden Arten leben in Saison- oder Dauerehe.
- **Taucher, Kormoran, Reiher, Möven:** Alle Arten leben monogam.
- **Schnepfen:** Alle Arten sind polygam.
- **Rabenvögel:** Alle Arten sind monogam.
- **Entenvögel:** Enten leben polygam, Gänse monogam.
- *Greifvögel und Eulen:* Arten, die im Winter im Brutrevier bleiben, pflegen meist Dauerehen. Arten, die ziehen, pflegen Saison- oder Dauerehen.

Ringeltauber sind Vertreter der Einzelbalz. Auch sie blähen – wie etwa die Birkhähne – ihre Krägen auf und versuchen damit ihren Körperumfang zu vergrößern, wollen damit aber in erster Linie der Taube imponieren, die sie aufsuchen.

Wer baut wo und wie ein Nest?

- **Hühnervögel** sind ausnahmslos Bodenbrüter, bei denen die Hennen Nestmulden scharren, die kaum ausgepolstert werden.
- **Enten** sind überwiegend Bodenbrüter, *Gänse* ausschließlich. Beide scharren Nestmulden und polstern diese aus. *Schwäne* und *Graugänse* bauen Nester im Flachwasserbereich.
- **Rallen (z. B. Bläßrallen)** bauen erhöhte Nester aus Pflanzenmaterial in Ufernähe, teils zusätzlich auch reine Ruhe- und Schlafnester.
- **Lappentaucher** bauen meist Schwimmnester aus grünem Pflanzenmaterial, gelegentlich auch auf festem Grund im Wasser.
- **Kormorane und Reiher** bauen Baumnester in Kolonien.
- **Schnepfen** sind ausnahmslos Bodenbrüter, die Nestmulden scharren und dürftig mit Laub u. ä. auspolstern.
- **Tauben** bauen sehr dürftige, kaum gepolsterte Reisignester, durch die man oft die Eier schimmern sieht.
- **Rabenvögel** bauen meist Baumnester aus Reisig, die ausgepolstert werden. Elstern überdachen ihre Nester.
- **Falken und Eulen** übernehmen die Nester anderer Vögel oder legen ihre Eier auf Mauer-/Felsabsätze oder in Höhlen.
- **Weihen** sind Bodenbrüter, die ein Nest bauen.
- **Alle übrigen Greifvögel** bauen Horste, die sie aber teilweise mehrere Jahre hindurch beziehen. Einige Arten bauen auch prinzipiell mehrere Horste, von denen aber fast immer nur einer bezogen wird.
- **Habicht** und **Sperber** begrünen ihre Horste mit frischen Zweigen.
- **Milane** verwenden zum Horstbau häufig Kunststofffetzen u. ä.

Wann werden die Eier gelegt – wann schlüpfen die Jungen?

- **Legeabstand:** 1–2 Tage, wobei die Abstände anfangs eher gering und gleichmäßig sind und am Ende unregelmäßig länger werden.
- **Synchrones Schlüpfen:** Bei Arten, die starke Gelege tätigen, etwa Hühnervögel oder Enten, schlüpfen die Jungen synchron, das heißt – unabhängig vom Legedatum – innerhalb weniger Stunden.
- **Asynchrones Schlüpfen:** Bei Greifvögeln und Eulen, die relativ kleine Gelege tätigen, schlüpfen die Jungen asynchron. Junge aus spät gelegten Eiern dienen bei einigen Arten nur als Reserve; sind das oder die erstgeschlüpfte(n) Junge(n) kräftig, werden spätgeborene Geschwister vernichtet (Kainismus).
- **Brutbeginn:** Arten mit synchronem Schlüpfen beginnen mit dem Brüten meist erst, wenn das Gelege vollzählig ist. Arten mit asynchronem Schlüpfen beginnen mit dem Brüten bereits nach Ablage des 1. Eis.

Eier : Typische Merkmale

- Eier der meisten **Bodenbrüter** sind i. d. R. gepunktet (Tarnmuster) – ausgenommen die der Enten und Gänse.
- **Enten-** und **Gänseeier** sind einfarbig hell, werden aber beim Verlassen des Geleges abgedeckt oder (z. B. Eiderente) mit Kot überspritzt.
- Eier von **Baumbrütern** sind i. d. R. einfarbig ohne Muster, bei einigen Greifvögeln jedoch auch leicht gepunktet.
- Eier der **Höhlenbrüter** sind i. d. R. weiß.
- Eier der **Eulen** sind weiß und zusätzlich fast rund.

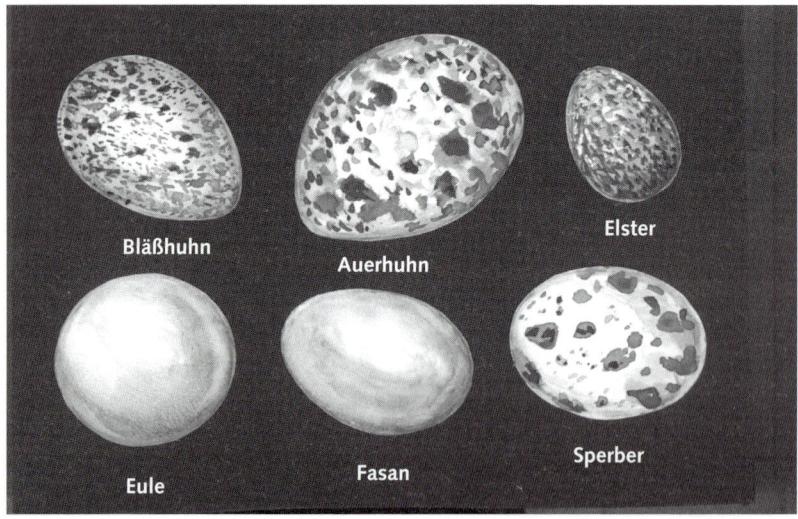

Enten sind (einige wenige Ausnahmen) typische Bodenbrüter und ihre Jungen sind immer Nestflüchter (auch die in Baumhöhlen geborenen Schellenten).

Wer brütet?

Ausgenommen Tauben, Bläßhuhn, Wanderfalke und Graureiher brüten immer nur die Weibchen, es gibt jedoch individuelle Ausnahmen, etwa beim Haselhuhn, wo sich einzelne Männchen kurzzeitig auf die Eier setzen.

Bei nur saisonaler Paarbildung, bleiben die Männchen während des Brutgeschäftes noch in der Nähe ihrer Weibchen (Bewacher), um bei Gelegeverlust erneut zu kopulieren.

Wie kommen die Jungen zur Welt?

- **Nestflüchter** (Bodenbrüter) schlüpfen sehend und befiedert, Schwungfedern (Fluchtfähigkeit!) sind am weitesten entwickelt.
- **Nesthocker** (Hecken-, Baum- und Höhlenbrüter) kommen meist nackt zur Welt und öffnen die Augen erst nach einigen Tagen.

Wer ist Nestflüchter wer Nesthocker?

- **Alle Bodenbrüter** sind **Nestflüchter** – alle Baumbrüter sind **Nesthocker** – ausgenommen die drei bei uns brütenden Weihen! Sie bauen ihre Nester (Horste) zwar am Boden, die Jungen sind aber dennoch Nesthocker.
- **Busch-, Baum- und Felsenbrüter** sind Nesthocker – ausgenommen Stockente*, Schellente und Gänsesäger.
- **Eulen und alle Singvögel** werden blind geboren und öffnen erst nach 6–12 Tagen (je nach Art) die Augen.

* Stockenten brüten aber in der Regel am Boden und nur ausnahmsweise auf Bäumen.

Wer führt die Jungen?

- Bei den **Hühnervögeln** (ausgenommen Rebhuhn), den **Schnepfen** und bei den **Enten** führen nur die Weibchen die Jungen.
- Bei der **Bläßralle**, allen **Wildgänsen** (Bodenbrüter) und allen **Baum-** oder **Mauerbrütern** führen **beide Eltern**.
- Bei den **Greifvögeln und Eulen** versorgen die Männchen die brütenden Weibchen und später die Jungen mit Nahrung.

Bei den in Einehe lebenden Rebhühnern führen beide Elternteile die Küken. Der Fasanenhahn als ausgesprochener »Pascha« kümmert sich hingegen nie um seine Nachkommen.

Rohrweihen durchbrechen die Regel: Sie sind Bodenbrüter und ihre Jungen dennoch Nesthocker. Doch vorsichtshalber brüten sie dort, wo Haarraubwild nur schwer Zugang hat. Beide Eltern kümmern sich um die Aufzucht.

Gänsegeier

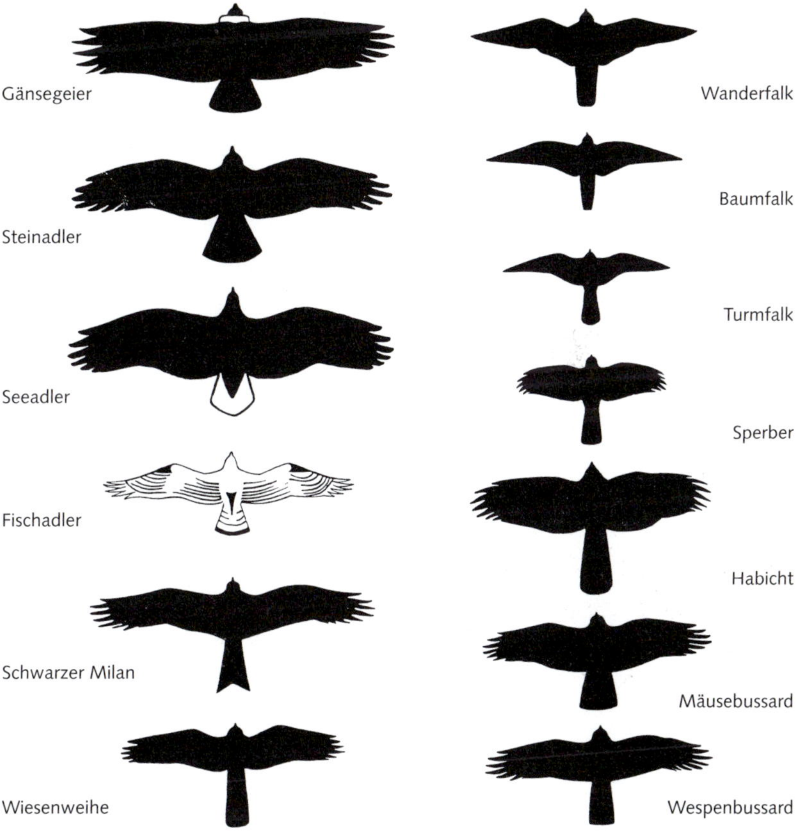

Wanderfalk

Steinadler

Baumfalk

Seeadler

Turmfalk

Fischadler

Sperber

Schwarzer Milan

Habicht

Wiesenweihe

Mäusebussard

Wespenbussard

!! Merke !!

Geier:	sehr lange, breite Schwingen, weit ausgespreizte Handschwingen, kurzer Stoß, Segelflieger.
Adler:	breite, lange Schwingen, meist ausgespreizte Handschwingen, großer, breiter Stoß, Segelflieger.
Habicht:	kurze, runde Schwingen (Pirschflug im engen Holz), dadurch besonders wendig.
Sperber:	wie Habicht.
Bussarde:	breite Schwingen, breiter Stoß, Segelflieger und Rüttler.
Weihen:	lange Schwingen, langer, schmaler, hinten abgerundeter Stoß, langsame Gaukler.
Milan:	lange Schwingen, langer gekerbter oder gegabelter Stoß, Segelflieger.
Falken:	spitze Schwingen, langer Stoß, rascher Verfolgungsflug über freiem Gelände.

Merkmale Greifvögel

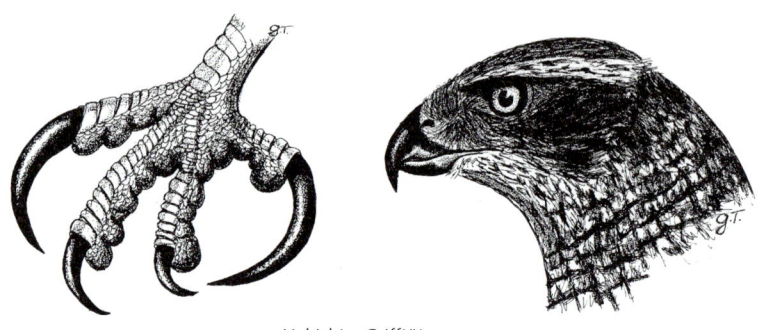

Habicht – Grifftöter

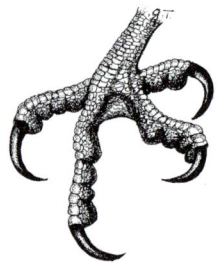

Wanderfalke – Bißtöter

Grifftöter: Dazu gehören alle Habichtartigen; sie töten ihre Beute mit den Fängen und zerlegen sie mit dem scharfkantigen Schnabel.

Bißtöter: Dazu gehören alle Falken; sie halten ihre Beutetiere mit den Fängen nur fest, töten sie aber durch Genickbiß; dazu haben sie im Unterschnabel eine spitze Ausformung, den sogenannten Falkenzahn und im Oberschnabel eine entsprechende Einkerbung.

Dunkle Augen: Alle Falken und die Geier (die im eigentlichen Sinne keine Greifvögel sind).

Graue/braune Iris, dunkle Pupille: Mäuse- und Rauhfußbussard, Milan, Kornweihe, die meisten Adler.

Gelbe Iris, dunkle Pupille: Habicht und Sperber, Wespenbussard, adulte Rohr- und Wiesenweihe.

Schnabel und Ständer - Werkzeuge der Vögel

Familie/Art	Schnabel	Ständer/Zehen
Enten	Relativ lange, breite Seihschnäbel, mit Lammellen besetzt, durch die aufgenommenes Wasser ausgedrückt und Nahrung zurückgehalten wird.	Kurze Ständer, Schwimmhäute zwischen den Zehen als Antrieb beim Schwimmen und Tauchen und als Auflage auf Weichböden.
Gänse	Wie Enten, Lamellen jedoch zu Hornzähnen umgebildet (Planzenfresser).	Wie bei den Enten.
Lappentaucher	Kurze bis mittellange »Dolchschnäbel«.	Kurze Ständer, Zehen mit Schwimmlappen.
Reiher, Störche, Kraniche	Mittellange bis sehr lange, schmale »Dolchschnäbel«.	Meist sehr lange Beine mit langen Zehen und kurzen, stumpfen Krallen.
Schnepfen	Lange, dünne Schnäbel, teilweise gebogen und vorne mit Tastorgan zum Finden der Nahrung im Boden.	Mittellange bis lange Ständer.
Hühnervögel Glattfußhühner, (Feldhühner und Fasane)	Kurze Pickschnäbel, Oberschnäbel vorgezogen.	Mittellange Ständer mit kräftigen Zehen und kurzen, stumpfen Krallen zum Scharren.
Rauhfußhühner	Wie Glattfußhühner.	Zehen mit Hornstiften (Balzstifte), die jährlich erneuert werden und einen Schneeschuheffekt haben.
Rallen	Relativ kurze bis mittellange, dünne Pickschnäbel.	Mittellange Ständer mit langen Zehen zum Laufen auf Weichböden, Schwimmblättern u.ä.
Greifvögel Habichtartige	Kurze, kräftige, (dreieckige) Schneideschnäbel, Oberschnäbel hakenartig nach unten gezogen, Ränder glatt, Schnabelbasis mit Wachshaut überzogen.	Mittellange Ständer mit kräftigen Zehen und langen, spitzen Krallen (Dolchen) zum Halten und Töten der Beute (Grifftöter) Fischadler mit Wendezehe ausgestattet.
Falken	Oberschnabel mit Falkenzahn, Unterschnabel mit entsprechender Einkerbung (Bißtöter).	Zehen weniger kräftig als bei den Habichtartigen, Krallen kürzer (Griffhalter).
Eulen	Kurze, gekrümmte Schnäbel mit scharfen Kanten (Bißtöter).	Ständer relativ kurz, Zehen mit langen, scharfen Krallen.
Tauben	Schnäbel ähnlich wie bei den Hühnern (Pickschnäbel), Wurzel jedoch verdickt und weich.	Mittellange Ständer, Hinterzehe lang und tief angesetzt zum Festhalten auf Zweigen.
Rabenvögel	Kräftige, relativ lange Hackschnäbel, Oberschnäbel etwas vorgezogen (Hacktöter).	Mittellange Ständer und relativ kurze Zehen mit langen Krallen.

Ansprechen von Wasservögeln nach der Kontur

Bläßhuhn

Teichhuhn

Lappentaucher

Seetaucher

Kormoran

Säger

Schwimmente

Tauchente

Bläßhuhn: Kopf vorgeneigt, runder Rücken, hinten abfallend »Hühnerschnabel«. **Teichhuhn:** Kopf vorgeneigt, kurzer »Hühnerschnabel«; Bürzel hoch. **Lappentaucher:** Aufrechte Haltung; Federohren; spitzer »Dolchschnabel«. **Seetaucher:** Hinten abgeflacht, jedoch nicht so tief im Wasser liegend wie Säger; »Dolchschnabel«. **Kormoran:** Schmaler, leicht hochgehaltener Kopf, langer Hakenschnabel; tief im Wasser liegend. **Säger:** Hals leicht zurückgelegt, Schopf am Hinterkopf, schmaler »Hakenschnabel«. **Schwimmenten:** Breiter Schnabel, flach im Wasser liegend, Bürzel überm Wasser. **Tauchenten:** Kurzer, breiter Schnabel, tiefer im Wasser als Schwimmenten, hinten stark abgeflacht.

Altersmerkmale beim Federwild

Wildart	Merkmale
Fasan	Junge Hähne sollen kurze, alte sehr lange Sporne haben (hat sich als unbrauchbar erwiesen, besonders alte Hähne haben oft sehr kurze oder fast gar keine Sporne).
Rebhuhn	Die beiden äußeren Handschwingen sind bis Mitte des 2. Lebensjahres zugespitzt, danach abgerundet;
Auerhahn	Junge Hähne haben blaugraue Schnäbel, die Oberschnäbel sind glatt und wenig gekrümmt, ältere Hähne haben eher gelbgrüne Schnäbel mit deutlichen Längsfurchen und hakenartig gebogener Spitze; Stoßfedern (Schaufeln) sind bei älteren Hähnen breiter und oben gerade (Unterscheidung zwischen Jährling und älter).
Ringeltaube	Etwa mit 2 Monaten erscheinen die ersten weißen Federchen am Hals; die meisten Herbsttauben haben demnach schon einen weißen Halsring.

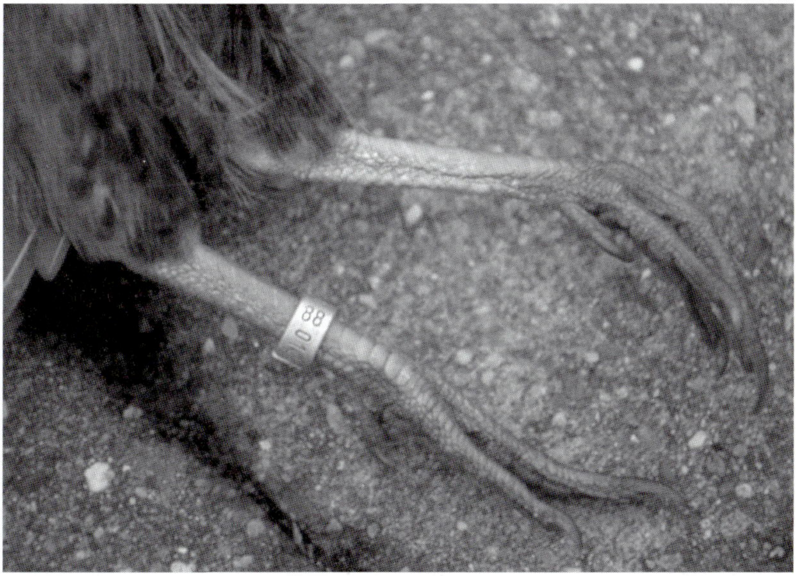

Ständer eines 9 Jahre alten Fasanenhahnes, der als Jungfasan beringt wurde. Von einem Sporn ist inzwischen nichts mehr zu sehen. Der Merksatz »Junger Hahn = kurzer, stumpfer Sporn – alter Hahn = langer spitzer Sporn« ist Unfug!

Möglichkeiten der landwirtschaftlichen Reviergestaltung

Art der Maßnahme	Zeitrahmen	Nutzen	Kosten für:
Zwischenfrucht	Sommer bis März.	Deckung und Äsung.	Saatgut (Wahl besonders wildfreundlicher Sorten).
Belassen von Stoppel (Erste Stoppel entsteht auf Wintergerste, letzte auf Mais.)	Sommer bis März.	Winterdeckung für Hühner, Äsung durch Auflaufgetreide und Wildkräuter für alle Niederwildarten.	Erschwerniszuschlag für Frühjahrsbearbeitung, event. Entschädigung für Ausfall von Gründung oder Grünfutter.
Belassen von Ernteteilen (z. B. Kartoffeln, Sonnenblumen oder Mais)	Herbst und Winter.	Deckung und Äsung für Nieder- und Schalenwild.	Aktueller Marktpreis der jeweiligen Frucht.
Extensive Randstreifen (Keine Insektizide, Herbizide und Handelsdünger).	Saat bis Ernte.	Wildkräuter und Insekten als Nahrung für Hasen, Hühner und Fasane, insbesondere für deren Küken.	Zuschuß über Förderprogramme der Länder (»Ackerrandstreifenprogramme«).
Mischsaat in extensiven Randstreifen	Saat bis Ernte.	Deckung, Brutgelegenheit, Äsung, Unterbrechung der Saatreihen.	Ersatz für Ertragsminderung und Mehraufwand bei Saat.
Mais-Untersaat	Sommer bis März.	Herbst-/Winteräsung insbesondere für Niederwild.	Saatgut (z. B. Weidelgräser).
Wildäcker, einjährige	Je nach Fruchtartenwahl Äsung und Deckung für verschiedene Wildarten; geringster Nutzen in der Notzeit!		Pflug, Egge, Saatgut, Aussaat, Düngung (teuerste Form der Äsungsbeschaffung).
Wildacker, mehrjährig	Wie oben, wobei attraktive Pflanzen meist im ersten Jahr selektiert werden.		Wie oben, Kosten jedoch auf 2 oder 3 Jahre verteilt.

Vernetzter Hegestreifen im Feldrevier

Kombination mit Hecke oder Graben, nicht an stark genutztem Weg!	Hegestreifen, extensiv		Bewirtschaftete Parzelle: Lange, gerade Reihen, Dünger, Herbizid, Pestizid
	Gesamtfläche unregelmäßig bestockt, Platz für Wildkräuter	Rand möglichst dicht	

Wenige große Wildäcker machen wenig Sinn, viele kleinere (Vernetzung) schon.

Die wichtigsten Wildackerpflanzen[1]

Fruchtart	Wildart[2]			Saat			
	Schalenwild	Federwild	Hase/Kanin.	Monat	kg/ha	Tiefe in cm	Reihen-abstand[3]
Getreide:							
Hafer	■		▪	3–5	100–150	2–4	15–18 cm
Waldstaudenroggen	■		▪	4–8	90–120	1–2	Breitsaat
Mais	■	■		5	15– 35	4–6	60–80 cm
Kolbenhirse		▪		5	12– 16	1–2	Breitsaat
Kreuzblütler:							
Steckrüben	▪		▪	4–5	3– 5 pilliert	1–2	40–50 cm
Sommerraps	■		▪	3–4	2–10	Oberflä.	Breitsaat
Winterraps	■	▪	▪	7–9	2–10	Oberflä.	Breitsaat
Markstammkohl	■	▪	■	3–4	2,5–3	Oberflä.	Breitsaat
Rübsen	▪	▪	▪	5–9	8–10	Oberflä.	Breitsaat
Ölrettich		▪	▪	7–8	18–25	1–2	Breitsaat
Senf		▪	▪	8–9	18–20	1–2	Breitsaat
Sonstige:							
Buchweizen	■	■	▪	5–8	50–90	2–3	Breitsaat
Sonnenblumen	▪	■	■	5–7	20–30	3–4	Breitsaat
Topinambur	■	■		4–5	10–15 (dt)	6–10	60 cm
Leguminosen:							
Zottelwicken	■	▪	■	3–9	50–60	3–5	Breitsaat
Süßlupinen	■	▪	■	3–7	150–200	3–5	Breitsaat
Mischungen:							
Wickroggen[4]	■		■	4–5	50/50	4–6	Breitsaat
Landsberger Gem.	■		■	4–9	15–30	1	Breitsaat

■ große Bedeutung, ▪ geringere Bedeutung

[1] Hier wurden nur die wichtigsten und hinsichtlich ihres Anbaus unkomplizierten Wildackerpflanzen aufgenommen. Darüber hinaus sind auch noch weitere landwirtschaftliche Nutzpflanzen für das Wild attraktiv.
[2] Die Beliebtheit der Pflanzen bei den einzelnen Wildarten sind lokal unterschiedlich ausgeprägt.
[3] Ungleichmäßige, nicht zu dichte und lückige Saat ist für Niederwild vorteilhafter als gleichmäßige und dichte Saat. Reihen sind eher ungünstig.
[4] Zottelwicken und Roggen.

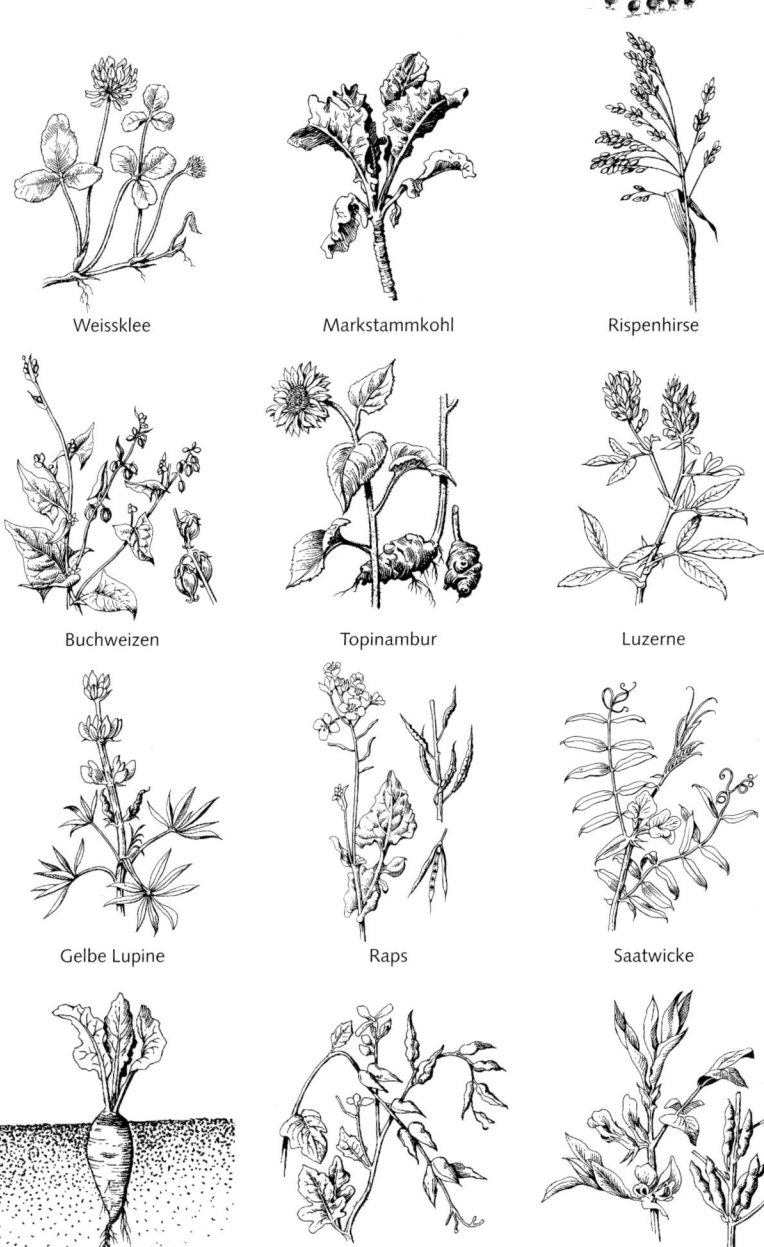

Weissklee

Markstammkohl

Rispenhirse

Buchweizen

Topinambur

Luzerne

Gelbe Lupine

Raps

Saatwicke

Stoppelrübe

Ölrettich

Ackerbohne

Äsungspflanzen zur Saat auf Lagerplätzen und Kulturflächen

Pflanzenart	Licht-bedürfnis	Feuchtigkeit	Boden-verhältnisse	Saatm. kg/ha	Bemerkung
Buch-weizen	Sonne	Trocken/ frisch.	Auch ärmste Sand- und Moorböden.	80	Einjährig, nicht frosthart, kein Dünger.
Hafer	Sonne	Frisch/feucht, auch hohe Niederschläge.	Anspruchslos.	140	Einjährig, Lagen bis1500 m, Kleeuntersaat.
Luzerne	Sonne	Trocken.	Kalkreich, warm, tiefgründig.	30	Grundwasser tiefer als 1,5 m, Boden-bearbeitung.
Rotklee	Sonne	Frische Böden, hohe Luft-feuchtigkeit.	Mittlere bis schwerere Böden.	20	Nur auf opti-malen Stand-orten anbauen.
Sedamix	Sonne bis Halb-schatten.	Frisch/feucht.	Anspruchslos.	18	Ideal mit Zusatz von Winteräsung ca. 20 kg/ha Roggen.
Sommer-raps	Sonne bis Halb-schatten.	Frisch/feucht, hohe Luft-feuchtigkeit.	Meidet Sand- und Moor-böden.	5	Schließt Roh-böden auf, braucht aber keinen Dünger.
Sonnen-blumen	Sonne	Trocken/frisch.	Auch rohe Waldböden.	25	Bodenbearbei-tung, Kalk- und Kaligaben.
Waldstauden-roggen	Sonne bis Halb-schatten.	Frisch (feucht bis zeitweise) trocken.	Meidet reine Sande.	70	Zweijährig, stark verbißresistent, Kleeuntersaat.
Weißklee	Sonne bis Halb-schatten.	Frisch bis zeitweise trocken.	Anspruchslos.	10	Gutes Durch-setzungs-vermögen, Kriechtriebe.

Wildackerkalender

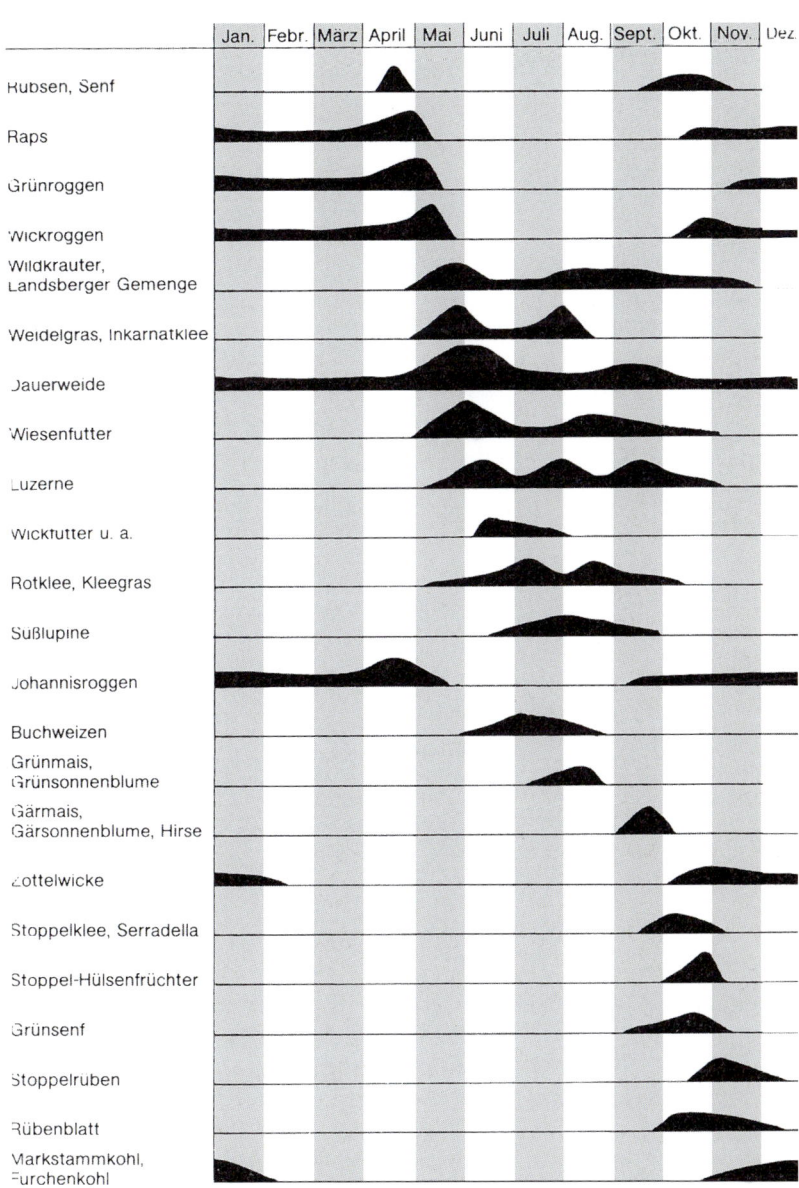

	Jan.	Febr.	März	April	Mai	Juni	Juli	Aug.	Sept.	Okt.	Nov.	Dez.
Rübsen, Senf												
Raps												
Grünroggen												
Wickroggen												
Wildkräuter, Landsberger Gemenge												
Weidelgras, Inkarnatklee												
Dauerweide												
Wiesenfutter												
Luzerne												
Wickfutter u. a.												
Rotklee, Kleegras												
Süßlupine												
Johannisroggen												
Buchweizen												
Grünmais, Grünsonnenblume												
Gärmais, Gärsonnenblume, Hirse												
Zottelwicke												
Stoppelklee, Serradella												
Stoppel-Hülsenfrüchte												
Grünsenf												
Stoppelrüben												
Rübenblatt												
Markstammkohl, Furchenkohl												

Erhalt, Pflege und Anlage von Hecken – worauf kommt es an?

!! Merke !!

- Strukturierung in jeder Form fördert den Artenreichtum.

- Viele kurze Hecken sind besser als wenige lange.

- Doppelhecken sind artenreicher als einfache.

- Winkel und Verzweigungen erhöhen Artenreichtum.

- Ohne Saumstreifen (Altgrasstreifen) sinkt der Wert jeder Hecke.

- Hecken entlang von stark frequentierten Wegen bringen wenig.

- Kombination der Hecke mit Gräben, Totholz, Steinhaufen u. ä. erhöht den Artenreichtum erheblich.

- In ungepflegten (ausgewachsenen und unten lichten) Hecken sinkt der Artenreichtum.

- Hecken zumindest alle 10 Jahre abschnittsweise (viele kurze Abschnitte) auf den Stock setzen. In einigen Bundesländern gibt es für diese Arbeit Zuschüsse.

| Saumzone mit bewegten Randlinien (buchtig) dadurch wechselnde Kleinklima | Mantelzone mit Sträuchern und einzelnen Kleinbäumen | Mantelzone mit Bäumen, stehendem Totholz und Unterwuchs, bei größeren Gehölzen auch kleinen besonnten Freiräumen. Anwachsendes Starkholz nicht fällen sondern absterben lassen | Mantelzone mit Sträuchern und Sonderbiotopen wie Lessesteinhaufen, Reisighaufen, etc. | Saumzone aus Stauden und Altgrasteifen, möglichst nährstoffarm, auch kleine, vegetationslose Stellen |

In 100 m Doppelknick leben genauso viele Vögel wie in 590 m Einzelknick und zudem 50% mehr Arten.

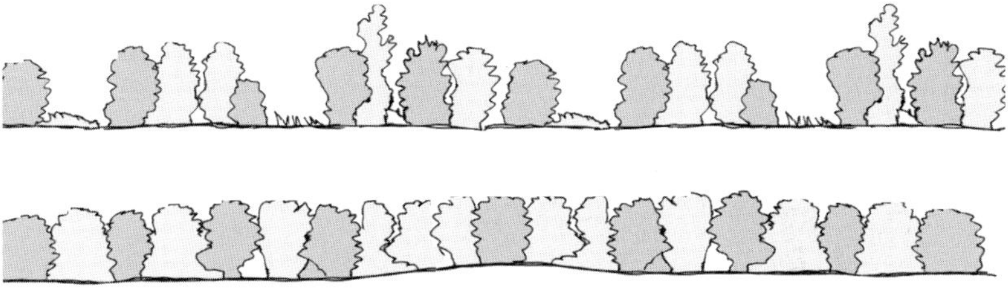

Unterbrochene Hecken weisen wesentlich mehr Brutvögel auf als durchgehende Hecken.

Knickverzweigungen werden von fast doppelt sovielen Vögeln bewohnt wie unverzweigte Einzelknicks.

Bäume und Sträucher für Biotophege und Landschaftsgestaltung[1]

Art	Besonders auffällig durch – oder bevorzugt als								
	Blüte	Duft	Frucht	Färbung	Stacheln, Dornen	Ufer-schutz	Uferbe-gleitung	Verbiß-masse	Solitär-gehölz
Aspe				●				● [2] [4]	●
Bergahorn				●					●
Berberitze, Gemeine			●		●				
Besenginster	●							●	
Birke			●				●		●
Brombeere					●			●	
Eberesche	●	●	●						
Efeu			●					●	
Eiche, Rot-			●	●					●
Eiche, Stiel-			●						●
Erle, Schwarz-			●			●	● [3] [4]		
Erle, Weiß-			●			●	● [3] [4]		
Faulbaum			●				●		
Feldahorn				●					
Hartriegel, Roter			●						
Hasel	●		●					●	
Heckenkirsche, Rote			●						
Himbeere			●		●			●	
Holunder, Roter	●		●						
Holunder, Schwarzer	●	●	●						

Bäume und Sträucher für Biotophege und Landschaftsgestaltung[1]

Art	Blüte	Duft	Frucht	Färbung	Stacheln, Dornen	Ufer-schutz	Uferbe-gleitung	Verbiß-masse	Solitär-gehölz
Liguster	●	●	●					●	
Linde		●	●						●
Pappel, Balsam-								●[4]	●
Pfaffenhütchen			●					●	
Robinie					●			●[4]	
Sanddorn			●		●				
Schlehe			●		●			●[4]	
Schneeball, Gemeiner	●		●						
Schneeball, Wolliger	●		●						
Schneebeere			●						
Trauben-kirsche	●	●							●
Vogelkirsche	●								
Weiden, Baum-							●		●
Weiden, Strauch-							●	●	
Weißdorn	●		●		●			●	
Wildrosen	●		●		●			●	

[1] Aufgeführt sind keineswegs alle, sondern nur die wichtigsten Gehölzarten
[2] Die meisten hier aufgeführten Gehölze werden verbissen, doch nur wenige liefern auch viel Verbißmasse.
[3] Die Wurzeln der Erlen legen ein Gitternetz über das Ufer und graben sich unter die Gewässersohle, andere »Bachbegleiter« wie Weiden oder Pappeln tun das nicht.
[4] Arten mit starker Wurzelbrut.

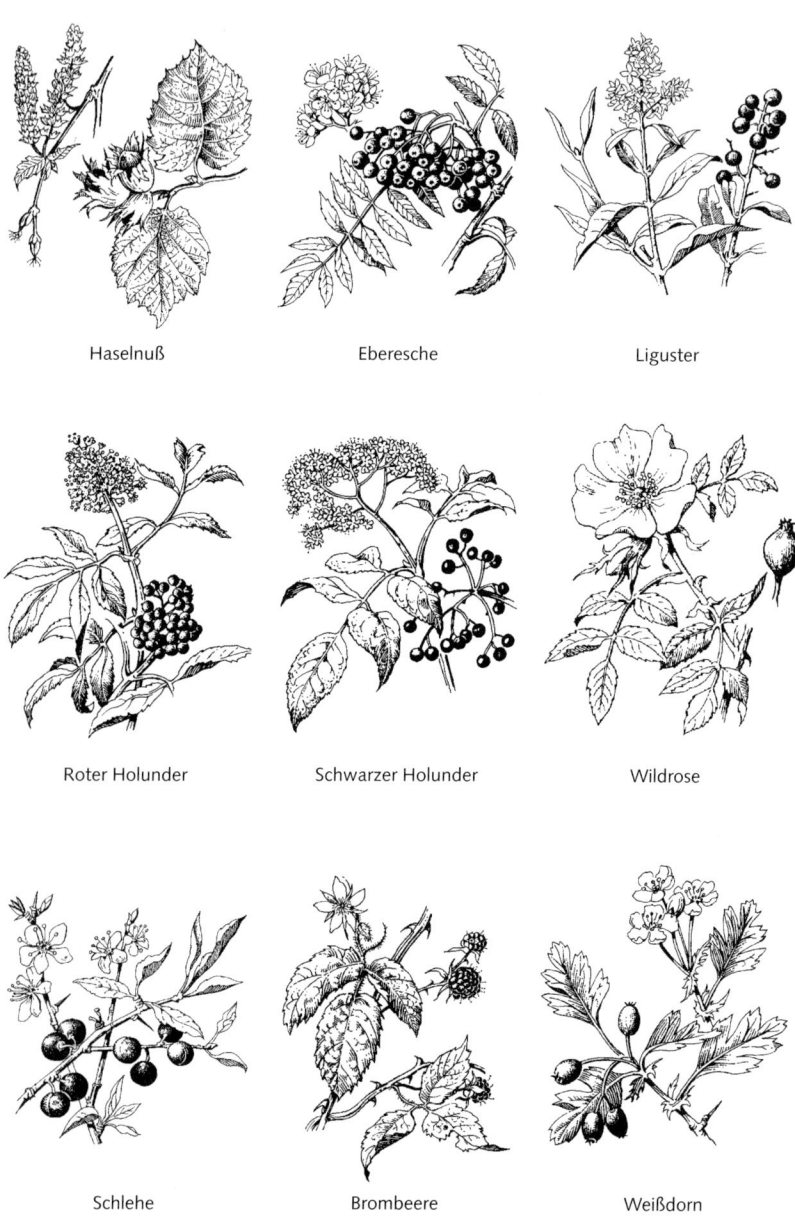

Haselnuß

Eberesche

Liguster

Roter Holunder

Schwarzer Holunder

Wildrose

Schlehe

Brombeere

Weißdorn

Anlage, Erhalt und Pflege von Stillgewässern – worauf kommt es an?

Parameter	positiv	negativ
Uferlinie	Möglichst buchtenreich.	Gerade Linien.
Gewässerprofil	Unterschiedliche Sohlwinkel.	Steilufer oder nur flach.
Bewuchs im Wasser	Im Wasser möglichst Selbstbegrünung, Röhricht als Abschirmung und Sicht-schutz, Seggenblüten als Unterschlupf.	Kahle Ufer, die Wasserfläche »versiegelnder« Bewuchs.
Bewuchs am Ufer	Über die Wasserfläche hängende Äste, insbesondere von Erlen und Weiden, mehrreihiger Weidensaum (sperrige Äste) zur Abwehr von Besuchern; auf trockenen, kiesigen Ufern Brombeere.	Ufer ganz oder über größere Abschnitte Gehölzfrei; Pappeln, Nadelholz.
Umfeld	Geordneter Zugang (Besucher-steuerung), eventuell Beobachtungs-steg (Badebetrieb durch Baumleichen verhindern); Fläche möglichst ver-sumpft, eventuell Stichgräben.	Grünflächen (Lagerplätze), trocken begehbare Uferzonen; Pfade; Parkplätze.
Angelbetrieb	Ideal ohne Angelbetrieb, falls unum-gänglich nur in Teilbereichen (Schonbereiche mit Bewuchs oder Baumleichen blockieren); Nutzung als Vorstreckgewässer besser wie als Angelgewässer.	Angelbetrieb im gesamten Ufer bereich und/oder mit Booten; Nutzung durch Verein noch schlechter als durch Einzelpäch-ter (weniger Störung, weniger Schäden an Vegetation).
Erholungs-betrieb	Ideal, wenn ohne Bade- und Wasser-sport; bei größeren Gewässern Zonierung. Badebetrieb stört weniger als Wassersport.	Wilder Badebetrieb, verteilt am Ufer. Wassersport in der Reihen-folge: Motorboote, Surfer, Schlauchboote (Schwimmblatt-zone, Schilfränder), Segler.
Jagd	Wenige Gesellschaftsjagden, möglichst gleichzeitig mit den Nachbarrevieren. Keine Jagd mehr nach Frosteintritt.	Regelmäßiges Aufsuchen und Beschießen, vor allem als Einzeljäger. Bejagung, wenn Gewässer bereits von nicht bejagbaren Arten als Rast-gewässer benutzt wird.

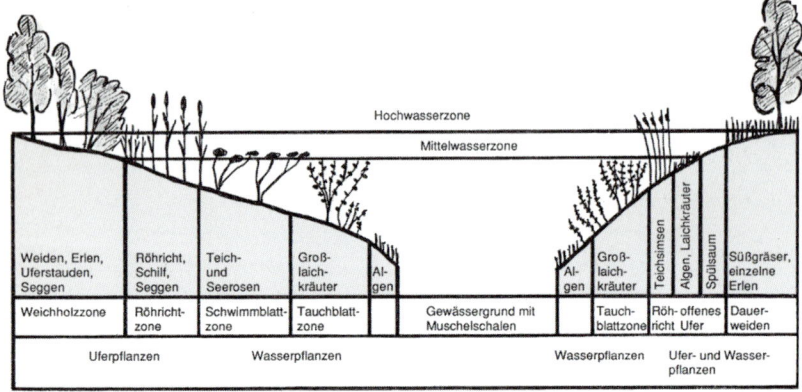

Weiden, Erlen, Uferstauden, Seggen	Röhricht, Schilf, Seggen	Teich- und Seerosen	Groß-laich-kräuter	Al-gen	Gewässergrund mit Muschelschalen	Al-gen	Groß-laich-kräuter	Teichsimsen	Algen, Laichkräuter	Spülsaum	Süßgräser, einzelne Erlen
Weichholzzone	Röhricht-zone	Schwimmblatt-zone	Tauchblatt-zone				Tauch-blattzone	Röh-richt	offenes Ufer	Dauer-weiden
Uferpflanzen		Wasserpflanzen					Wasserpflanzen		Ufer- und Wasser-pflanzen	

Hochwasserzone
Mittelwasserzone

Wasserwildgerechte Bäche – worauf kommt es an?

- Unterbrochener Uferbewuchs (Wechsel von Licht und Schatten).
- Zwischen Gewässer und Begleitwege möglichst Gehölze (Sichtschutz, Windschutz, mechanische Sperre).
- An der Uferlinie nur Erlen (Wurzeln schützen Ufer) und Weiden (überhängende Äste), keine Pappeln (brechen mit Wurzelteller aus) oder andere Gehölze.
- Gehölze immer wieder abschnittsweise verjüngen; Kopfweiden alle 2 Jahre zurückschneiden.
- Astwerk kann in Haufen abgelagert werden (mechanische Sperre gegen Spaziergänger, Brutdeckung für Enten).
- Gehölzfreie Uferabschnitte mit Brennessel, Brombeere oder Solidago »sperren«.

Feldgräben als Leitlinien und Lebensräume – worauf kommt es an?

- Begleitende dünger-, pestizid- und insektizidfreie Randstreifen (Förderprogramme nutzen).
- Wenn notwendig durch Sohlschwellen für Restwasser während Trockenzeiten sorgen und fortlaufende Eintiefung verhindern.
- Möglichst keine Steilufer oder zumindest abschnittsweise Abflachung (eventuell Ausbuchtungen).
- Zumindest eine Uferseite nicht mähen; Mahd (wenn unumgänglich) nur jedes 2. Jahr und dann nur abschnittsweise.
- Beschattung verhindert übermäßigen Algenwuchs (trotzdem auch sonnige Abschnitte vorsehen).
- Staudenbewuchs dient Insekten, Weichtieren und Amphibien als Leitlinie; Gehölze dienen als Leitlinien und »Relaisstationen« für Vögel und Kleinsäuger.

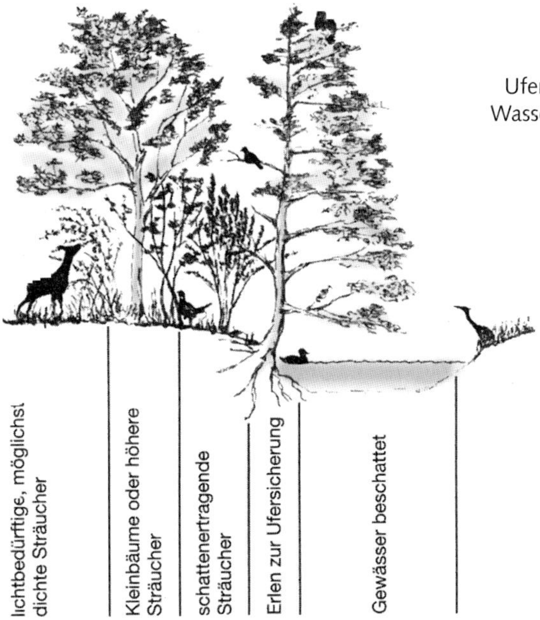

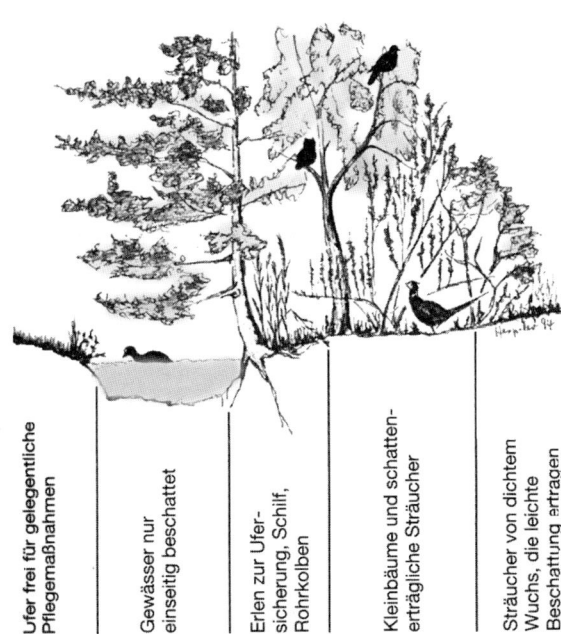

Ufergehölz, sonnseitig gelegen, Wasserfläche beschattet, geringe Verkrautung.

lichtbedürftige, möglichst dichte Sträucher

Kleinbäume oder höhere Sträucher

schattenertragende Sträucher

Erlen zur Ufersicherung

Gewässer beschattet

Ufergehölz, schattseitig gelegen, Wasserfläche besonnt, starke Verkrautung.

Ufer frei für gelegentliche Pflegemaßnahmen

Gewässer nur einseitig beschattet

Erlen zur Ufersicherung, Schilf, Rohrkolben

Kleinbäume und schattenerträgliche Sträucher

Sträucher von dichtem Wuchs, die leichte Beschattung ertragen

Maßnahmen zeitgemäßer Stockentenhege

Grundbausteine: Fließgewässer mit zumindest abschnittsweisem Uferbewuchs bis an die Wasserlinie; Stillgewässer mit naturnaher Ufervegetation und wesentlichen Abschnitten, die nicht durch Erholungsbetrieb oder Wassersport genutzt werden.

Deckung an Fließgewässern durch: überhängende Strauchweiden (schräges Stecken von Weiden-Steckhölzern auf der Mittelwasserlinie, Kappen, Anknicken von stärkeren Weidenästen); Einlegen von grobem Astwerk im Uferbereich mit Verankerung; ausreichender Uferbewuchs zur Brut (z.B. Brennesselfelder, andere Hochstauden, Rohrkolben u.a.)

Deckung an Stillgewässern durch: Förderung der Vegetation am Ufer und in der Flachwasserzone (z.B. Einbringung von Schilf, Rohrkolben u.a.); Einlage von Baumwipfeln (verhindert Befischen und Befahren der direkten Uferzone mit Surfbrettern und Booten sowie Badebetrieb).

Aufwendige und langfristige Maßnahmen an Stillgewässern: Verflachung von Uferbereichen; Beseitigung von geraden Linien; Schaffung von Inseln; Vernässung des ufernahen Bereiches (Abhaltung von Störungen).

Negativ: Möblierung von Gewässer mit Bruthütten (ziehen Krähen und andere Beutegreifer an, Temperatur in Hütten und Kannen oft zu hoch, Eier werden abgetötet, Glaubwürdigkeit der Jagd leidet); Rattenfutterkisten (schleichende Vergiftung des Hauptrattenfeindes Iltis); Futter im Wasser (Gewässerverschmutzung).

Maßnahmen zeitgemäßer Rebhuhnhege

Grundbausteine: Feldflur mit möglichst kleinen Parzellen (Grenzlinienreichtum).

Festes Deckungs-Skelett aus: Hecken (Brut- und Aufzuchtsräume); chemiefreie Altgrasstreifen (Wegraine, Böschungen usw.), Sandwege, -stellen (Hudermöglichkeit).

Temporäre Deckung und Äsung zusätzlich durch: Erhalt von Stoppelflächen, Untersaat im Mais mit anschließendem Erhalt der Maisstoppel, Brachstreifen mit Selbstbegrünung, Wintersaatflächen. Übernahme von Getreidestreifen, Gemüse u. a.

Schnelle, langfristige Deckung: Astwälle nach Art der Benjeshecken, die schnell von Gräsern und Stauden durchwachsen werden.

Winterfütterung: Schütten möglichst vermeiden, falls doch nur im freien Feld (Beutegreifer werden frühzeitig erkannt), dezentralisiertes Angebot von Kohlstreifen, Raps u. a.

Nutzung der Flächenstillegung durch: späten Mähzeitpunkt; eher niedrigen Bewuchs.

Sinnlos: wenn Feldflur überwiegend aus Großparzellen besteht, überwiegend Mais angebaut wird, die Felder im Winter schwarz liegen.

Maßnahmen zeitgemäßer Fasanenhege

Grundbausteine: Wald – Wiese – Wasser, möglichst kleine Parzellen.

Festes Deckungs-Skelett durch: ausreichende Vernetzung der Feldflur (Vernetzungskonzepte erstellen) mit Hecken, Feldgehölzen, Altgrasstreifen, Gräben (Deckung und Wasser) und sonstiger Deckung.

Temporäre Deckung zusätzlich durch: Vernetzung der Feldflur im Winterhalbjahr mit kurzfristigen Deckungsstreifen (z.B. Sonnenblumen, Mais, Senf), wobei lange und schmale Flächen immer besser sind als kurze und breite.

Äsung und Deckung durch die Landwirtschaft: Zwischenfruchtanbau im Spätsommer, ohne Umbruch im Spätherbst. Unter Verwendung fasanentauglicher Fruchtarten und Mischungen; Ausnutzung aller sinnvollen Förderprogramme (z.B. Ackerrandstreifen oder Extensivierung); Bezuschussung von schmalen Streifen entlang von Hecken und Gräben, die bestellt aber nicht bearbeitet und geerntet werden (event. Zwischensaat um Struktur zu schaffen); Sicherstellung von ausreichend dezentralisiertem – nicht durch Maschineneinsatz gefährdeten – Brutraum.

Winterfütterung durch: möglichst viel dezentralisiert angebotene natürliche Äsung; Übernahme von Mais- oder Sonnenblumenstreifen u.a. durch den Jagdpächter; Zufütterung von Getreide breitwürfig und wechselnd in der Deckung – nicht in Schütten oder per Automat (Vermeidung von Krankheitsübertragung und Konzentration von Beutegreifern)!

Nutzung der Flächenstillegung durch: richtige Wahl des Mähzeitpunktes; Brachflächen möglichst strukturreich (grenzlinienreich) gestalten; Selbstbegrünung (großes Artenspektrum) mit Umbruch in zwei- oder dreijährigen Intervallen mit neuerlicher Selbstbegrünung; streifenweise Einsaat mit fasanentauglichen Äsungs- und Deckungspflanzen (vertikale Strukturen).

Umgang mit Beutegreifern: Intensive Fuchsbejagung.

Negativ weil für Fasanenbestände schädlich: »Aufweichung« autochthoner Stämme durch Zufuhr von Fasanen aus künstlicher Aufzucht (geändertes Verhalten, wenig überlebenstauglich, Magnet für Beutegreifer, Glaubwürdigkeit der Jagd wird in Frage gestellt); Fasanenschütten und -automaten (Krankheiten werden übertragen, Beutegreifer unnötig angezogen, Störung durch Menschen).

Rationalisierung in der Landwirtschaft bedeutet...

Anfang Juli 1960: Kleine Parzellen, dadurch hohe Grenzlinienlänge. Große Vielfalt angebauter Kulturpflanzen. Hoher Anteil an Dauergrünland. Brachflächen und Altgrasbestände. Weit geringerer Dünger-, Herbizid- und Pestizideinsatz. Durch kleine (schmale) Parzellen mehr »Lichtbereiche« im Getreide. Begünstigung von Wildkräutern und Insekten.

Mitte September 1960: Langsamer Erntegang, bedingt durch Fruchtvielfalt, kleine Parzellen und geringe Technisierung.
Stoppel bleiben stehen, in ihr wachsen Wildkräuter, kein entscheidender Nahrungsengpaß im Herbst. Deckung und Nahrung im Winter.

Je kleinstrukturierter und »verlotterter« eine Landschaft, um so mehr Arten leben in ihr!

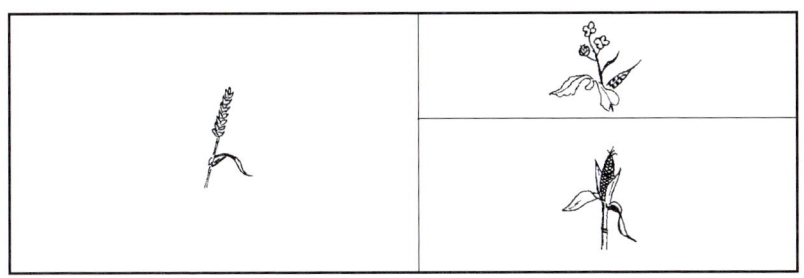

...das Ende für viele Tier- und Pflanzenarten.

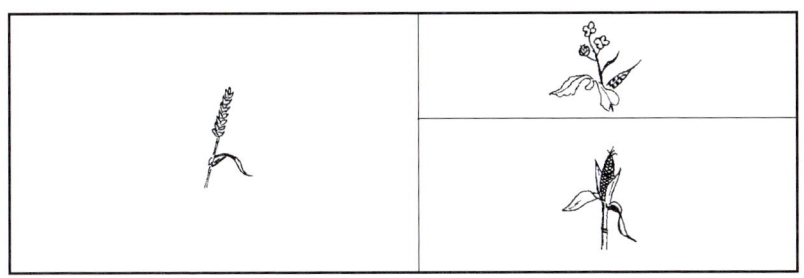

Mitte Juli heute: Nur noch wenige Parzellen, Grenzlinien drastisch geschrumpft, nur noch wenige Feuchtarten, intensive Wirtschaftsnutze.
Niederwildnahrung auf Bruchteile geschrumpft, da höchstens die »Lichtbereiche« (bis zu 3 m tiefe Randzonen) Kräuter- und Insektennahrung bieten.

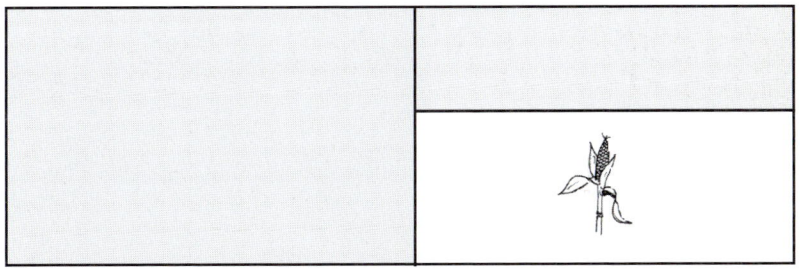

Mitte August heute: Rasanter Ernteablauf auf großer Fläche, innerhalb weniger Tage sind ganze Landschaften ohne Deckung und Nahrung für Tiere.
Umbruch sofort nach der Ernte, keine Stoppel, keine Brache.
Im günstigsten Falle Einsaat von Gründüngung, die vor Wintereinbruch unterpflügt wird.

Welches Niederwild soll in einer solch ausgeräumten, großparzelligen Landschaft noch leben?

Maßnahmen zeitgemäßer Rehwildhege

Geeignete Lebensräume: Rehe nutzen nahezu alle Räume von den Inseln im Wattenmeer bis über die Waldgrenze hinauf. Sie siedeln in Ortsrandbereichen ebenso wie in großen, geschlossenen Wäldern, dort ist ihre Siedlungsdichte jedoch geringer als in mehr offenen, reich strukturierten Landschaften.

Zusätzliche Winteräsung: Größere Wildäcker im Wald sind meist wenig hilfreich, da ohne Zäunung nur wenige attraktive Pflanzen den Winter erreichen; bei Zäunung und Freigabe im Herbst wird die Äsungsmasse meist in kürzester Zeit genutzt, das Wild wird im Wald konzentriert (verstärkte Verbißschäden, trotz erhöhtem Äsungsangebot). Äsung im Feld ist sinnvoll, sofern nicht ohnehin durch die Landwirtschaft Winteräsung (z. B. Wintergetreide, Raps) angeboten wird. Sinnvoll sind im Wald kleine, im Herbst attraktive Äsungsflächen (bis ca. 0,2 ha), die das Rehwild sichtbar und bejagbar machen.

Winterfütterung: Rehe kommen auch in rauhen Gebieten – wenn die Bestandsdichte dem Lebensraum angepaßt ist und sie selbst nicht unnötig beunruhigt werden – problemlos ohne Fütterung durch den Winter. Wenn überhaupt, dann sollte sich der Jäger auf die Vorlage von Saftfutter beschränken (im Gebirge wird durchaus auch Rauhfutter angenommen); Kraftfutter dient ausschließlich der Trophäenhege und bringt die Jagd in Mißkredit.

Salzsteine: Rehe finden die zu ihrem Wohlbefinden notwendige Salzmenge in den aufgenommenen Pflanzen und brauchen keine künstlichen Salzlecken. Diese sind aber dennoch sinnvoll, weil sie das Wild sichtbar machen. Zu bedenken ist, daß Salzaufnahme Verbißschäden provoziert!

Medikamente: Bei akzeptablen Wilddichten sind Medikamente (etwa Wurmpulver) nicht notwendig; Rehe entwickeln, wenn sie nicht schon als Kitze regelmäßig mit Medikamenten behandelt werden, körpereigene Abwehrkräfte gegen Krankheiten und Parasiten.

Jagd: Ziel sollte es sein, die gesetzliche Jagdzeit – entsprechend den revierspezifischen Verhältnissen – nicht voll auszuschöpfen, sondern möglichst intervallartig zu jagen, um Ruhezeiten zu schaffen. Zahl geht vor Wahl, wobei die Geißen nicht von den Kitzen weggeschossen und bei Wahlmöglichkeit kranke und schwächere Stücke bevorzugt erlegt werden. Weiser für die Abschußhöhe sind die Vegetation (Nahrungsgrundlage der Rehe) und die Kondition der Tiere (durchschnittliche Geißengewichte unter 15 kg sprechen für einen stark überhöhten Rehwildbestand).

»Artverbesserung«: Das Erscheinungsbild der Rehe wird in erster Linie von der Umwelt (Nahrung, Klima, Wilddichte) geprägt. Es gibt daher auch keine »guten oder schlechten Vererber« im Sinne der traditionellen Hege, die es zu schonen oder zu eliminieren gilt.

Futter- und Kirreinrichtungen

Art der Einrichtung	Zweck	Wildart
Futterstadel	Einlagerung von Rauh-, Kraft- und Saftfutter	Schalenwild
Futterraufe	Vorlage von Rauhfutter	Schalenwild
Triste	Lagerung und Vorlage von Rauhfutter	Schalenwild
Futtertrog	Vorlage von Saft- und Kraftfutter	Schalenwild
Silo (Hochsilo, Kasten-silo, Fahrsilo, Erdsilo, Silotonne)	Vergärung und Lagerung von Silagen (Grünsilage, Mischsilagen, Trester)	Schalenwild
Miete	Lagerung von Hackfrüchten	Schalenwild
Schütte	Vorlage von Getreide, Rosinen u.a.	Fasane, Rebhühner
Futterfloß	Vorlage von Getreide u.a.	Stockenten
Kirrung *(Keine bauliche Einrichtung, sondern nur Kirrplatz)*	Vorlage verschiedener - Futtermittel zum Anlocken von Schalenwild oder Wildenten	Schalenwild *(Länder-recht beachten!)* Stockenten, Ringel-tauben
Luderplatz *(Bauliche Einrichtungen wie Röhren oder versenkte Kästen nicht empfehlenswert)*	Vorlage von fleischlichen Abfällen *(Tierkörperbeseiti-gungs-Gesetz beachten!)* zum Anlocken von Raubwild.	Fuchs, Steinmarder, Waschbär *(letzterer wird auch mit Obst und Beeren angelockt, dann jedoch als Kirrung bezeichnet)*

Futtermittel/Kirrmittel

Art	Für wen?	Lagerung	Vorlage	verd. Roh-eiweiß %	Roh-faser %	Stärke-einheiten
Kraftfutter:						
Futterhafer	Schalenwild,	Futterkiste,	als Beimischung oder pur in	8,6	8,1	63,0
Gerste	Fasan,	Futtertonne,	Trögen oder in Futterbarren	6,6	3,9	71,4
Futterweizen	Rebhuhn,	Futtersäcke	oder breitwürfig am Boden	9,2	2,5	74,8
Mais (mittel)				7,6	2,2	81,0
Industrielle Mischfutter	Schalenwild		in Futterbarren			
Kastanien	Schalenwild	Bodenlagerung	meist breitwürfig am Boden,	1,7	–	63,2
Eicheln (frisch)	und Enten	mit dünner	Eicheln für Enten	0,0	–	42,9
		Abdeckung	auch im Flachwasser			
Zuckerschnitzel	Schalenwild	Säcke	in Futterbarren, meist beigemischt	0,9	5,9	54,8
Rauhfutter:						
Heu (1. Schnitt)[1]	Wiederkäuer	Stadel, Raufe,	in Raufen oder auf	9,9	19,1	41,3
Öhmd (2. Schnitt)	Hasen	Triste	Tristen oder am	7,6	24,8	35,5
Grünmehlpresslinge[2]			Boden auf Haufen			
	Wiederkäuer	Säcke, Tonnen	in Futterbarren	9,6	22,6	57,0

Art	Für wen?	Lagerung	Vorlage	verd. Roheiweiß %	Rohfaser %	Stärkeeinheiten
Saftfutter:						
Grünsilage³⁾		Fahrsilo	In SB-Silos, auf Futtertischen oder	2,7	11,4	22,5
Futterrübenblattsilage⁴⁾		Hochsilo	in Futterbarren oder auf Haufen,	1,6	2,5	8,3
Maissilage⁴⁾			Vorlage am Platz dezentralisiert.	1,4	5,9	18,5
Biertreber, siliert	Schalenwild	Hochsilo oder	In Futterbarren oder Faß auf Bock.	5,1	4,9	14,9
Apfelstrester, frisch		Silofaß		0,4	4,5	10,7
Äpfel	Hasen			0,2	2,3	10,0
Kartoffel, roh⁵⁾				1,0	0,6	16,2
Karotten		Miete	Breitwürfig	0,7	1,2	7,9
Zuckerrüben, frisch				0,5	1,3	14,8
Futterrüben, frisch				0,8	0,8	6,0
Markstammkohl	Schalenwild, Niederwild	Wildacker	Stehend am Acker oder in Pickhöhe aufgehängt für Fasane.	1,8	2,3	8,1
Winterraps	Schalenwild	Wildacker	Stehend auf dem Acker.	2,0	1,8	7,1
Topinamburknollen	Schalenwild	Wildacker oder Miete	Stehend auf dem Acker oder breitwürfig gestreut am Futterplatz.	1,0	0,9	15,8
Sonstige:						
Rosinen	Fasane	Tonnen, Säcke	In Schütten oder breitwürfig			

1) Beste Qualität bei Reutertrocknung, 2) Mittelwert, 3) Silage stark angewelkt, 4) Bei Beginn der Körnerreife siliert
5) Kartoffeln bei einem Stärkegehalt von 16 %

Gesetze zum Schutz der Natur

Gesetzgeber	Gesetz/Verordnung
Bund	Bundesnaturschutzgesetz vom 12. März 1987 Bundesartenschutzverordnung (BArtSchV) vom 18. September 1989 Vogelberingungsverordnung vom 17. März 1937
Länder	
Baden-Württemberg	Naturschutzgesetz (NatSchG) vom 29. März 1995
Bayern	Bayerisches Naturschutzgesetz (BayNatSchG) vom 18. August 1998
Berlin	Berliner Naturschutzgesetz (NatSchGB) vom 30. Januar 1979
Brandenburg	Brandenburgisches Naturschutzgesetz (BbgNatSchG) vom 25. Juni 1992
Bremen	Gesetz über Naturschutz und Landschaftspflege (BremNatSchG) vom 17. September 1979 (bei Redaktionsschluß Novellierung in Arbeit)
Hamburg	Hamburgisches Gesetz über Naturschutz und Landschaftspflege (HmbNatSchG) vom 2. Juli 1981
Hessen	Hessisches Gesetz über Naturschutz und Landschaftspflege (HeNatG) vom 19. Dezember 1994
Nordrhein-Westfalen	Landschaftsgesetz (LG) vom 15. August 1994 Verordnung zur Durchführung des Landschaftsgesetzes vom 22. Oktober 1986 Verordnung über die Zulassung von Ausnahmen von den Schutzvorschriften für besonders geschützte Tierarten vom 25. Oktober 1994
Niedersachsen	Niedersächsisches Naturschutzgesetz vom 11. April 1994
Mecklenburg-Vorpommern	Erstes Gesetz zum Naturschutz (ELNatSchG) vom 10. Januar 1992
Rheinland-Pfalz	Landespflegegesetz (LPflG) vom 5. Februar 1979
Saarland	Gesetz über den Schutz der Natur und die Pflege der Landschaft (SNG) vom 19. März 1993
Sachsen	Sächsisches Gesetz über Naturschutz und Landschaftspflege (SächsNatSchG) vom 11. Oktober 1994
Sachsen-Anhalt	Naturschutzgesetz des Landes Sachsen-Anhalt (LNatSchG) vom 11. Februar 1992
Schleswig-Holstein	Landesnaturschutzgesetz (LNatSchG) vom 16. Juni 1993 Landesverordnung zum Schutze der Wälder, Moore und Heiden vom 31. Oktober 1995 Artenschutz-Zuständigkeitsverordnung (ArtSchZustVO) vom 18. Juli 1995
Thüringen	Vorläufiges Thüringer Gesetz über Naturschutz und Landschaftspflege (VorlThürNatSchG) vom 28. Januar 1993

Arten, nach der Bundes-Artenschutzverordnung vom Aussterben bedroht

Säugetiere:

Fledermäuse (alle Arten)

Biber

Baumschläfer

Bayer. Kleinwühlmaus

Vögel:

Ohrentaucher

Rothalstaucher

Schwarzhalstaucher

Purpurreiher

Rohrdommel

Zwergdommel

Weißstorch

Singschwan

Zwergschwan

Alpen-Steinhuhn

Wachtelkönig

Kleines Sumpfhuhn

Tüpfelsumpfhuhn

Zwergsumpfhuhn

Goldregenpfeifer

Mornelregenpfeifer

Großer Brachvogel

Doppelschnepfe

Zwergschnepfe

Kampfläufer

Alpenstrandläufer

Flußuferläufer

Bruchwasserläufer

Waldwasserläufer

Teichwasserläufer

Odinshühnchen

Säbelschnäbler

Flußseeschwalbe

Trauerseeschwalbe

Küstenseeschwalbe

Brandseeschwalbe

Tordalk

Ziegenmelker

Eisvogel

Bienenfresser

Blauracke

Wiedehopf

Schwarzspecht

Grauspecht

Mittelspecht

Weißrückenspecht

Dreizehenspecht

Heidelerche

Raubwürger

Neuntöter

Rotkopfwürger

Schwarzstirnwürger

Sperbergrasmücke

Halsbandschnäpper

Zwergschnäpper

Blaukehlchen

Zaunammer

Ortolan

Drosselrohrsänger

Seggenrohrsänger

Rohrschwirl

Brachpieper

Birkenzeisig

Reptilien:

Europ. Sumpfschildkröte

Äskulapnatter

Würfelnatter

Kreuzotter

Smaragdeidechse

Mauereidechse

Amphibien:

Kammolch

Rotbauchunke

Gelbbauchunke

Geburtshelferkröte

Kreuzkröte

Wechselkröte

Knoblauchkröte

Laubfrosch

Moorfrosch

Springfrosch

Insekten:

17 Arten Libellen

11 Arten Heuschrecken

39 Arten Käfer

90 Arten Schmetterlinge

Krebse:

Edelkrebs

Weichtiere:

Flußperlmuschel

Europäische Auster

4 Arten Teichmuscheln

Rechtsformen des gesetzlichen Naturschutzes

Schutzform	Schutzobjekt	Schutzzweck	Beschränkungen
Naturschutzgebiete (§ 13 BNatSchG) Ausweisung durch die örtlich zuständige Bezirksregierung.	Gebiete, in denen ein besonderer Schutz von Natur und Landschaft in ihrer Ganzheit oder in einzelnen Teilen erforderlich ist.	• Erhaltung von Lebensgemeinschaften oder Biotopen bestimmter wildwachsender Pflanzen- oder wildlebender Tierarten, • Erhalt aus wissenschaftlichen, naturgeschichtlichen oder landeskundlichen Gründen oder • Erhalt wegen ihrer Seltenheit, besonderen Eigenart oder hervorragenden Schönheit.	Untersagt sind alle Handlungen, die zu einer Zerstörung, Beschädigung oder Veränderung des Naturschutzgebietes oder seiner Bestandteile oder einer nachhaltigen Störung führen können. Details regelt jeweils eine eigens erlassene Verordnung.
Nationalparke (§ 14 BNatSchG) Ausweisung durch das örtlich und sachlich zuständige Landesministerium.	Einheitlich zu schützende Gebiete, die großräumig und von besonderer Eigenart sind und im überwiegenden Teil die Voraussetzungen eines Naturschutzgebietes erfüllen und sich in einem vom Menschen nicht oder wenig beeinflußten Zustand befinden.	Vornehmlich die Erhaltung eines möglichst artenreichen heimischen Pflanzen- und Tierbestandes. Weiter Aufgaben, etwa Forschung, Erholung, Weiterbildung, werden in den Nationalparkgesetzen festgelegt.	Alle Beschränkungen, die üblicherweise auch für Naturschutzgebiete gelten. Weitere Beschränkungen wie Wegegebote werden in den NP-Verordnungen festgelegt.
Landschaftsschutzgebiete (§ 15 BNatSchG) Ausweisung durch die örtlich zuständige untere Naturschutzbehörde.	Besonders schützenswerte Landschaftsteile.	• Erhaltung oder Wiederherstellung der Leistungsfähigkeit des Naturhaushaltes oder der Nutzungsfähigkeit der Naturgüter, • Vielfalt, Eigenart und Schönheit des Landschaftsbildes oder • besondere Bedeutung für die Erholung.	Untersagt sind Handlungen, die den Charakter des Gebietes verändern oder dem besonderen Schutzzweck zuwiderlaufen. Details regelt jeweils eine eigens erlassene Verordnung.

Schutzform	Schutzobjekt	Schutzzweck	Beschränkungen
Naturpark (§ 16 BNatSchG) Ausweisung durch die örtlich zuständige Bezirksregierung.	Einheitlich zu entwickelnde und zu pflegende Gebiete, die großräumig sind.	• Erhalt des Landschaftscharakters insgesamt. Naturparke sollen entsprechend ihrem Erholungszweck geplant, gegliedert und erschlossen werden.	Beschränkungen nur soweit für Teilflächen ein besonderer Schutzstatus festgelegt wurde (z. B. Landschafts- oder Naturschutzgebiet).
Naturdenkmal (§ 17 BNatSchG) Ausweisung durch das Land, vertreten durch die örtlich zuständige untere Naturschutzbehörde*.	Einzelschöpfungen wie Bäume, Findlinge, Gletscher.	• Erhaltung aus wissenschaftlichen, naturgeschichtlichen oder landeskundlichen Gründen oder • wegen ihrer Seltenheit, Eigenart oder Schönheit.	Untersagt sind die Beseitigung des Naturdenkmals sowie alle Handlungen, die zu einer Zerstörung, Beschädigung, Veränderung oder nachhaltigen Störung führen können.
Geschützte Landschaftsbestandteile (§ 18 BNSchG) Ausweisung wie vorstehend.	Teile von Natur und Landschaft.	• Sicherstellung der Leistungsfähigkeit des Naturhaushalts, • Belebung, Gliederung oder Pflege des Orts- und Landschaftsbildes oder • Abwehr schädlicher Einwirkungen.	Wie bei Naturdenkmal.
Biosphärenreservat Ausweisung durch die zuständige Landesregierung.	Von der UNESCO anerkannte Gebiete, die repräsentative, vom Menschen wenig beeinflußte Landschaften darstellen.	• Schutz der Landschaft, • Dauerbeobachtung der Umwelt und ihrer antropogenen Beeinflussung, • Umweltinformation der Bevölkerung, Feststellung der Belastbarkeit der Landschaften, • Erarbeitung von Vorschlägen zum verträglichen Umgang mit der Landschaft.	Bis jetzt nicht im BNatSchG verankert; Kernzonen jedoch meist als Naturschutzgebiete ausgewiesen. Derzeit gibt es in der BRD 12 Biosphärenreservate.

* Kleine Unterschiede in den Landesnaturschutzgesetzen.

!! Merke !!

Das geltende BNatSchG sieht die »ordnungsgemäße land-, forst- und fischereiwirtschaftliche Bodennutzung« nicht als Eingriff in die Natur oder Landschaft. Somit ist i. d. R. jede Form der genannten Bodennutzung auch dann gesetzeskonform, wenn sie gegen den jeweiligen Schutzzweck gerichtet ist.

Biosphären-Reservate

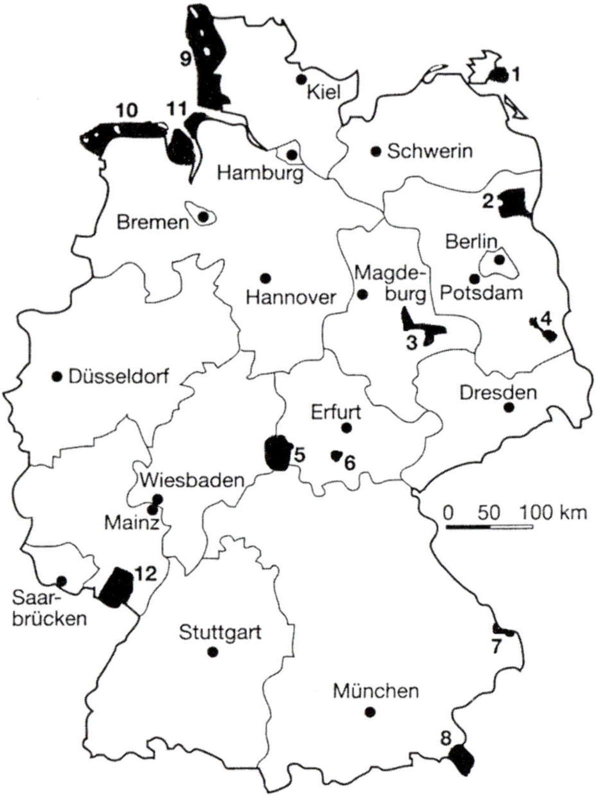
9
10
11
Kiel
Schwerin
Hamburg
Bremen
1
2
Berlin
Potsdam
Magde-
burg
Hannover
3
4
Düsseldorf
Dresden
Erfurt
5
6
Wiesbaden
Mainz
0 50 100 km
12
Saar-
brücken
Stuttgart
7
München
8

1 Südost-Rügen
2 Schorfheide-Chorin
3 Mittlere Elbe
4 Spreewald
5 Rhön
6 Vessertal
7 Bayerischer Wald
8 Berchtesgaden
9 Schleswig-Holsteinisches Wattenmeer
10 Niedersächsisches Wattenmeer
11 Hamburgisches Wattenmeer
12 Pfälzer Wald

Aus: Bundesforschungsanstalt für Naturschutz und Landschaftsökologie (BFANL), MAB

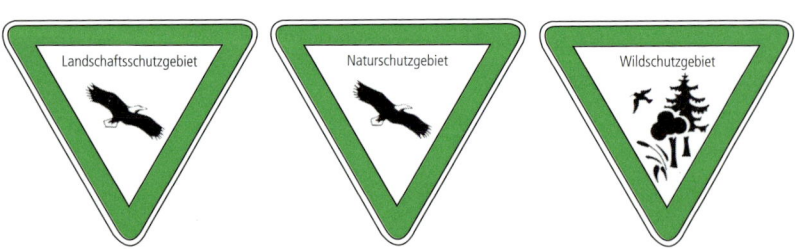

Landschaftsschutzgebiet
Naturschutzgebiet
Wildschutzgebiet

Aus: Bundesforschungsanstalt für Naturschutz und Landschaftsökologie (BFANL), MAB

Schmetterlinge sind von entsprechenden Futterpflanzen abhängig. Arten wie der Distelfalter haben damit wenig Probleme. Er gehört übrigens zu den Wanderfaltern, die jedes Jahr aus dem Mittelmeerraum zu uns einfliegen (von Nordafrika bis Island!). Ihre Nachkommen fliegen im Herbst wieder zurück.

Die wichtigsten Artenmerkmale der Insekten und Spinnen

Insekten:	Beine	Flügel	Augen[1]	Fühler	Saug-rüssel	Mund-werkz.	Fortpflanzung			
							Eier	Larv	Pupp	Imago
Libellen	6	4	2	2[2]	–	●	●	●	●	●
Käfer	6	4[3]	2	2[4]	–	●	●	●	●	●
Hautflügler	6	4[5]	2	2	–	●	●	●	●	●
Schmetterlinge	4	4	2	2	●	–	●	●	●	●
Zweiflügler	6	2[6]	1–3/2[7]	2	●	–	●	●	●	●
Spinnen	8	–	8	–	–	●	●	–	–	●
Krebstiere	10[8]	–	2[9]	4	–	●	●	–	–	●

[1] Insekten und Spinnentiere haben Fasetten- oder Komplexaugen, die aus bis zu 30.000 Einzelaugen bestehen.

[2] Die Fühler der Libellen sind verkümmert und kaum sichtbar.

[3] Die Vorderflügel der Käfer sind verhärtet und werden beim Flug starr abgestreckt (Tragflächen). Bei einigen Arten sind die Flügel verkümmert.

[4] Die Fühler der Käfer sind vorne kolbenartig verdickt.

[5] Bei manchen Hautflüglern (Wespen, Ameisen, Bienen, Hummeln) sind die Flügel völlig zurückgebildet und fehlen bei einem Geschlecht ganz.

[6] Das zweite Flügelpaar der Zweiflügler ist nur noch rudimentär als sogenannte Schwingkölbchen vorhanden.

[7] Zweiflügler (Mücken, Fliegen) haben neben ihren beiden Komplexaugen auch 1-3 Punktaugen.

[8] Krebstiere tragen 5 Paar Gliedmaßen am Kopf, drei weitere Paare sind zu Freßwerkzeugen, Fühlern oder Begattungsorganen umgebildet.

[9] Die Augen der im Wasser lebenden Krebstierchen sitzen auf Stielen.

Artenmerkmale der Amphibien und Reptilien

Arten:	Haut	Augen	Gliedmaßen	Fortpflanzung				
				Wasser	Land	Eier	Larven	Junge
Schwanz-lurche	drüsenreich ohne Schuppen[1]	Lider ver-schließbar	4 kurze Beine	●[2]		●	●[3]	●[3]
Frosch-lurche	glatt, schlüpfrig, warzig, trocken	Lider beweglich	4 Beine, hinten stärker	●[4]		●	●	
Echsen	Schuppen		4 Beine[5]		●[6]	●[7]		
Schlangen (Vipern oder Ottern und Nattern).	Schuppen	Lider starr[8]	Gliedmaßen haben sich zurück-gebildet.		●[6]	●[7]		

[1] Lurche haben zusätzlich Hautatmung. Die Haut dient ferner zur Wasserregulation und bei einigen Arten zur Tarnung (Umfärbung).

[2] Feuersalamander bringen gleich fertige Larven hervor; die Eihüllen platzen beim Legevorgang. Die Fortpflanzung des Bergsalamanders erfolgt an Land.

[3] Bergsalamander bringen lebende Junge zur Welt (Vivipare).

[4] Frösche laichen in Klumpen ab, Kröten in Schnüren; Geburtshelferkröten laichen an Land.

[5] Ausgenommen Blindschleiche.

[6] Bei Kriechtieren erfolgt die Befruchtung der Eier im Körperinneren.

[7] Bergeidechsen durchbrechen sofort die Eihülle; Blindschleiche, Kreuzotter, Hornviper und Schlingnatter bringen lebende Junge zur Welt.

[8] Lider sind als durchsichtige, unbewegliche Membrane ausgebildet. Vipern (Ottern) haben runde Pupillen; Nattern haben senkrechte geschlitzte Pupillen.

Sonstige Merkmale:

Alle Amphibien und Reptilien – sind wechselwarme Tiere, verkriechen sich über Winter im Boden und verfallen in schlafähnlichen Zustand.

Schwanzlurche – sind gute Fern- und Bewegungsseher. Wasser wird über die Haut aufgenommen.

Froschlurche – verfügen über innenliegende Ohren, Stimmbänder und Schallblasen sowie über eine Schleuderzunge. Wasser wird über die Haut aufgenommen.

Echsen – wittern mit einer gespaltenen Zunge und besitzen einen ausgeprägten Gehörsinn. Die Schwänze haben Sollbruchstellen.

Schlangen – wittern ebenfalls mit einer gespaltenen Zunge; Gehörsinn fehlt; Unterkieferhälften sind getrennt; Rachen kann erweitert werden.

Laubfrösche prahlen in sattem Grün, können aber ihre Farbe rasch in braune oder graue Töne wandeln. Es sind die einzigen heimischen Frösche, die klettern.

Auch Salamander und Molche sind Amphibien und gehören zur Ordnung der Schwanzlurche. Der Alpensalamander ist der einzige, der zur Fortpflanzung kein Wasser aufsucht und der lebende Junge bringt.

Schlangen (im Bild Ringelnattern) überwintern oft in grösserer Zahl gemeinsam. Während die Nattern ausgesprochen tagaktiv sind, jagen die Ottern vor allem in der Dämmerung und nachts, liegen jedoch am Tage gerne in der Sonne.

Nichtjagdbare Kleinsäuger

Art	Winter			Fortpflanzung		Lebensraum			
	Schlaf	Ruhe	aktiv	Würfe	Junge	Erde	Boden	Baum	Wasser
Eichhörnchen		●		2–5	3–7		●	●	
Siebenschläfer	●			1	2–7		●	●	
Gartenschläfer	●			1–2	3–6		●	●	
Haselmaus	●			1	3–4		●	●	
Feldhamster	●			2–3	4–10	●			
Rötelmaus			●	3–4	3–5	●	●	●	
Schermaus			●	3–4	2–6	●	●		●
Feldmaus			●	3–7	4–13	●	●		
Erdmaus			●	3–5	4–7	●	●		
Bisam			●	3–4	5–9	●			●
Zwergmaus			●	2–3	3–7		●	●	
Brandmaus			●	3–4	4–8	●	●		
Waldmaus			●	3	3–9	●	●		
Gelbhalsmaus			●	3–4	2–8	●	●		
Wanderratte			●	3–6	6–10	●	●		●
Hausmaus			●	3–4	4–8	●	●		
Igel	●			1–2	2–10		●		
Maulwurf			●	1	4–5	●			
Waldspitzmaus			●	3–4	4–10		●		
Hausspitzmaus			●	2–4	3–10		●		
Feldspitzmaus			●	2–4	3–10	●	●		
Gr. Hufeisennase	●			1	1			●[1]	
Kl. Hufeisnenase	●			1	1			●[1]	
Mausohr	●			1	1			●[1]	
Braunes Langohr	●			1	1			●[1]	
Zwergfledermaus	●			1	1–3			●[1]	
Breitflügel-fledermaus	●			1	2			●[1]	
Abendsegler	●			1	2			●[1]	

[1] Ruheplätze sind hohle Bäume, Höhlen, Dachböden; Jagdgebiet ist der Luftraum.

Niststandorte der Singvögel

Niststandort	Arten
Boden, niedrige Vegetation:	Lerchen, Pieper, Schafstelze.
Boden, höhere Vegetation:	Zaunkönig, Rotkehlchen, Laubsänger, Ortolan, Rohrammer.
Am Boden und wenig höher:	Nachtigall, Blaukehlchen, Braunkehlchen, Schwarzkehlchen, Zilpzalp, Fitis, Goldammer, Grauammer, Zaunammer.
In Steinhaufen u.ä.:	Steinschmätzer.
Im Röhricht:	Rohrsänger, Bartmeise.
In Hecken bis ca. 3 m:	Heckenbraunelle, Amsel, Gelbspötter, Grasmücken, Neuntöter, Girlitz, Hänfling, Gimpel.
In Bäumen:	Drosseln, Goldhähnchen, Schwanzmeise, Raubwürger, Pirol, Buchfink, Grünfink, Distelfink, Zeisig, Kreuzschnabel, Kernbeißer, Eichelhäher, Elster, Krähen, Kolkrabe.
In Mauernischen, Höhlen, auf/in Dächern:	Rauch- u. Mehlschwalben, Bachstelze, Wasseramsel, Gartenrotschwanz, Hausrotschwanz, Schnäpper, Haussperling.
In Baumhöhlen, Nistkästen:	Meisen, Kleiber, Baumläufer, Star, Feldsperling, Dohle.
In Felswänden, Steinbrüchen:	Mauerläufer.
In Sand-, Kies- oder Lehmwänden:	Uferschwalbe.

Alle Rohrsänger (im Bild Teichrohrsänger) bauen kunstvolle, an Schilfhalme geflochtene Napfnester, in denen sie vor den meisten Beutegreifern sicher sind. Das Nistmaterial wird übrigens naß eingebaut, weil es sich in diesem Zustand am besten formen läßt.

Niststandorte der Spechte, Eulen, Greife, Tauben u. a.

Niststandorte	Arten
Boden, niedrige Vegetation:	Sumpfohreule, Ziegenmelker.
Boden, höhere Vegetation:	Kornweihe, Wiesenweihe.
Im Röhricht:	Rohrweihe.
In Hecken bis 3 m:	Turteltaube, teilweise auch Ringeltaube.
Auf Bäumen:	Bussarde, Milane, See- und Fischadler, Habicht, Sperber, Ringeltaube, Türkentaube.
Mauernischen, Dachböden:	Turmfalke, Schleiereule, Mauersegler.
In Baumhöhlen:	Hohltaube, alle Käuze, Blauracke, Wiedehopf, Wendehals, alle Spechte.
In fremden Horsten:	alle Kleinfalken, Waldohreule.
In Felswänden:	Steinadler, Wanderfalke, Uhu.
Sand-, Kies-, Lehmwände:	Eisvogel, Bienenfresser.

Niststandorte der Taucher, Reiher, Watvögel, Möwen u. a.

Niststandorte	Arten
Kahler Boden:	Austernfischer, Regenpfeifer, Säbelschnäbler, alle Möwen, Flußseeschwalbe.
Schwimmnester oder im Wasser in Vegetation:	alle Lappentaucher, Trauerseeschwalbe.
Im Röhricht und am Ufer:	Purpurreiher, Rohrdommeln, Höckerschwan, Graugans, Wasserralle, Tüpfelsumpfhuhn, Teichhuhn, Bläßhuhn.
Am Boden relativ offen:	Kranich, Waldschnepfe, Flußuferläufer.
Am Boden in Vegetation:	Bekassine, Uferschnepfe, Rotschenkel.
In Wiesen und Äckern:	Wachtelkönig, Kiebitz, Brachvogel, Kampfläufer.
In Erdhöhlen:	Brandgans.
Sträucher, Kleinbäume:	Nachtreiher.
Auf Gebäuden:	Weißstorch (ursprünglich auch auf Bäumen).
Auf Bäumen:	Kormoran, Graureiher, Schwarzstorch, Gänsesäger.
In Felswänden:	Trottellummen.

Rauchschwalben sind typische Kulturfolger, die ihre Nester an dunkle Winkel von Gebäuden kleben. Wo es infolge Asphaltierung keine lehmigen Wasserlachen mehr gibt, können sie auch keine Nester mehr bauen. Die werden übrigens mehrfach benutzt.

Auch der Steinkauz lebt gerne im dörflichen Bereich, aber das von der EU in den 70er Jahren verordnete Sterben der Streuobstbestände hat ihn lokal an den Rand der Ausrottung gebracht – er nistet in hohlen Obstbäumen.

Haubentaucher bauen sich Schwimmnester; Eierräuber (Ratten) werden mit den dolchartigen Schnäbeln abgewehrt, Feinden aus der Luft entgehen sie problemlos durch Tauchen.

Alle Spechte – ausgenommen der Wendehals – sind Standvögel und Höhlenbrüter, die sich ihren Wohnraum selbst schaffen.

Bläßhühner (die gar keine Hühner sind, sondern Rallen) sind ausgesprochene Strichvögel und Teilzieher. Schon im Spätsommer verlassen sie oft schlagartig ihre Brutgewässer und ziehen in größeren Gemeinschaften umher. Im Winter weichen sie dem Eis aus.

Saatgänse hingegen sind typische Zugvögel, die im hohen Norden und Osten brüten und als »Graser« schneefreie Gebiete erreichen müssen.

Wer zieht – wer bleibt?

Singvögel

Standvögel: beide Sperlinge, Grünling, Kreuzschnäbel, Kernbeißer, Gimpel, beide Häher, Elster, beide Dohlen, alle Krähen, Kolkrabe.

Strichvögel: alle echten Meisen, Kleiber, alle Baum- und Mauerläufer, Grünling, Zeisig, Gimpel, beide Häher, Elster, Dohle, alle Krähen.

Teilzieher: Star, Buchfink, Stieglitz, Hänfling, Birkenzeisig, Kernbeißer, Goldammer, Zippammer.

Zugvögel: alle Lerchen, Schwalben, Pieper, Stelzen und Braunellen, Nachtigall, Blau-, Braun- und Schwarzkehlchen, Garten- und Hausrotschwanz, Steinschmätzer, die Drosseln mit Ausnahme Amsel, alle Schwirl, Rohrsänger, der Gelbspötter, alle Grasmücken, Laubsänger und Schnäpper, Bart- und Beutelmeise, alle Würger, Pirol, Girlitz, Karmingimpel, Ortolan, Rohrammer, Grau- und Zaunammer.

Wintergäste: Seidenschwanz, Bergfink, Berghänfling, Schneeammer.

Greifvögel – Hühner – Tauben – Eulen – Spechte – u.a.

Standvögel: Seeadler, Habicht, Sperber, Mäusebussard, Steinadler, Wanderfalke, alle Hühnervögel, ausgenommen die Wachtel, Türkentaube, alle Eulen und Käuze, ausgenommen Sumpfohreule, Eisvogel, alle Spechte.

Strichvögel: Seeadler, Habicht, Sperber, Mäusebussard, Wanderfalke, Ringel- und Türkentaube, Sumpfohreule, Eisvogel, alle Spechte außer Weißrücken-, Klein- und Dreizehenspecht.

Teilzieher: Turmfalke, Ringeltaube.

Zugvögel: Wespenbussard, Milane, Weihen, Sperber, Mäusebussard, Fischadler, Turmfalke, Baumfalke, Hohl- und Turteltaube, Kuckuck, Sumpfohreule, Ziegenmelker, Mauersegler, Blauracke, Bienenfresser, Wiedehopf, Wendehals.

Wintergäste: Rauhfußbussard, Merlin.

Taucher – Entenvögel – Reiher – Watvögel – Möwen u.a.

Standvögel: Graureiher, Brandente, Stock- und Tafelente, Wasserralle, Bläßhuhn.

Strichvögel: die Lappentaucher, Kormoran, Höckerschwan, Stock-, Tafel-, Reiher- und Eiderente, Gänsesäger, Wasserralle, Bläßhuhn, Kiebitz, Waldschnepfe.

Teilzieher: Höckerschwan, Graugans, Grünfüßiges Teichhuhn, Waldschnepfe.

Zugvögel: die Lappentaucher, alle Reiher (außer Graureiher), Dommeln und Störche, Graugans, Schnatter-, Krick-, Knäck-, Löffel-, Kolben-, Tafel-, Mohr- und Schellente, Kranich, Tüpfelsumpfhuhn, Wachtelkönig, Kiebitz, die Regenpfeifer, Bekassine, Waldschnepfe, Brachvogel, Uferschnepfe, Pfuhlschnepfe, Rotschenkel, alle Strandläufer, Kampfläufer und Säbelschnäbler.

Wintergäste: alle Seetaucher, Singschwan, alle Wildgänse (außer Grau- und Kanadagans), Pfeif-, Spieß-, Berg-, Eis-, Samt- und Trauerente, Mittel- und Zwergsäger.

Durchzügler: Grünschenkel, die Wasserläufer, die Uferläufer, der Triel.

Die Jagdarten (Fallbeispiele)

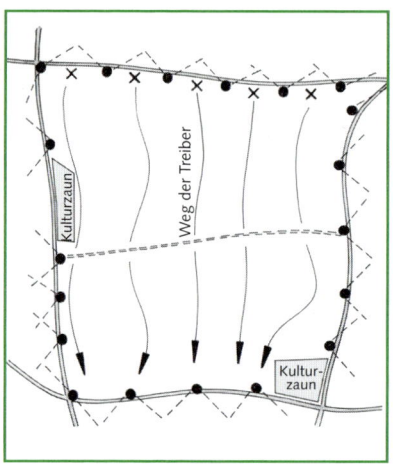

Standtreiben im Wald
(Schützen stehen und schießen nach außen,
Treiber und evtl. Hunde
gehen durch)

| ● = Schützen ✕ = Treiber |

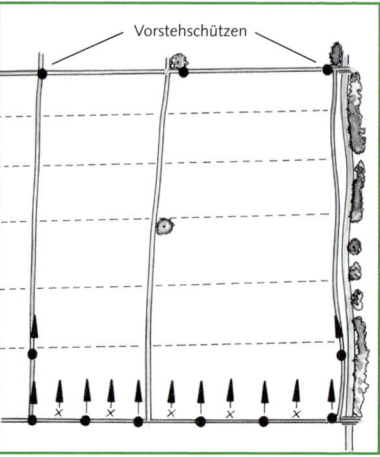

Böhmische Streife
(Schützen und Treiber rücken gleichmäßig vor,
Hunde bleiben am Riemen; einge Schützen
werden vorgestellt)

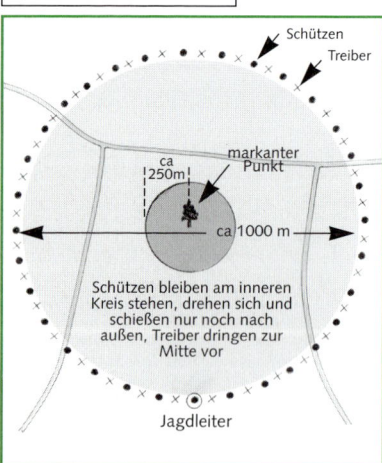

Kesseltreiben
(Übersichtliches Gelände, große Zahl Jäger
und Treiber, Durchmesser bis zu 1 km)

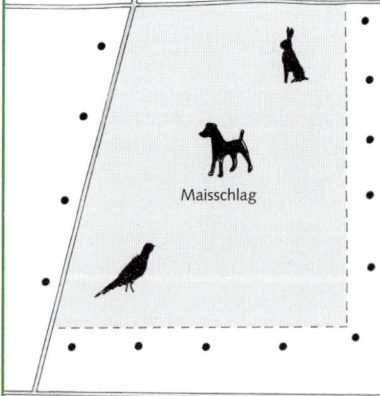

Stöbern im Feld (oder im Wald)
(Schützen umstellen eine unübersichtliche
Feldparzelle oder Dickung im Wald, Hunde
arbeiten selbständig)

Die Jagdarten (Fallbeispiele)

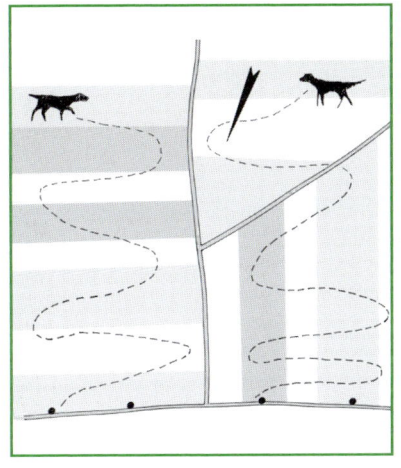

Suche im Feld
(1–2 Vorstehhunde, 1–4 Jäger. Hunde suchen
weiträumig, stehen vor u. lassen Jäger aufrücken)

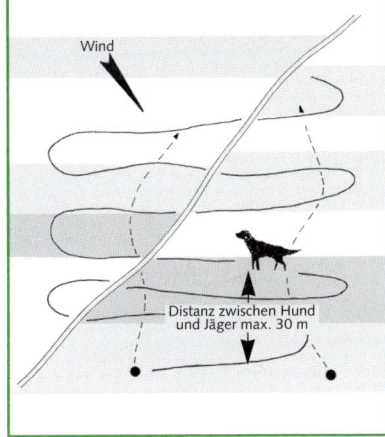

Buschieren
(Hund muß »unter der Flinte« suchen,
1–2 Jäger folgen; Jagdart im bebuschten
Gelände)

● = Schützen   ✕ = Treiber

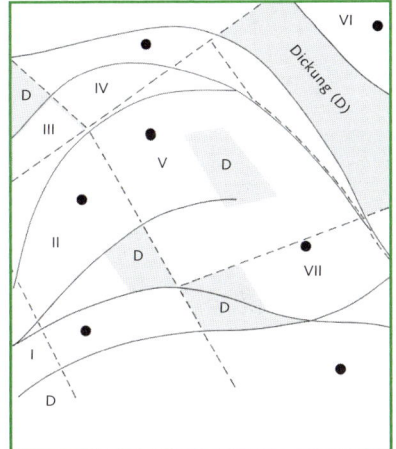

Hochwild-Drückjagd
(Schützen weiträumig verteilt, nicht an Wegen
und Dickungsrändern, Hundeführer und
Hunde arbeiten in Gruppen)

Brackieren
(1–2 Jäger, 1 Hund; der Hund »sticht« den Hasen in der Sasse und verfolgt ihn ausdauernd
und spurlaut, bis dieser zurückkehrt)

Möglichkeiten der Wildbestandserfassung

Wildart	Methode
Rotwild	Zählung des Fütterungsbestandes; Ergebnisse erwiesen sich aber bei späteren Rückrechnungen durchwegs als viel zu niedrig, weil selbst im Hochgebirge nicht alles Wild an den Fütterungen steht. Besser ist die Rückrechnung des erlegten Wildes plus Fallwild eines bestimmten Geburtsjahrganges auf den Zuwachs.
Damwild	Regelmäßige Zählung des in Rudeln ziehenden Wildes, was aber besonders in den Waldrevieren nicht vollständig gelingt. Vorsorglich sollte bei der Abschußfestsetzung eine Dunkelziffer zugeschlagen werden; der Trend bei den Zählergebnissen ergibt dann im Abgleich mit den Strecken ein etwas genaueres Bild. Ferner Rückrechnungen wie beim Rotwild.
Rehwild	Zählung nicht möglich, Schätzung (meist grobe Unterschätzung) schwierig. Weiser für die richtige Abschußhöhe sind die Vegetation und die Wildbretgewichte. Geißen sollten <u>im Schnitt</u> zumindest 15 kg aufgebrochen wiegen, mehrjährige Böcke mindestens 17 kg.
Gamswild	In Waldrevieren ist eine annähernd zutreffende Bestandsermittlung selten möglich. Gratgams werden regelmäßig gezählt, was aber schwierig ist, weil die Gams abhängig von Tageszeit, Jahreszeit und Wetterlage großräumig wechseln. Maßgebend für die Abschußhöhe ist der langjährige Bestandstrend in Abgleich mit den Zielvorgaben (Reduktion oder Beibehaltung).
Schwarzwild	Bestandserfassung in freier Wildbahn nicht möglich und auch nicht notwendig. Zuwachs unterliegt hohen Schwankungen und ist abhängig unter anderem von vorausgegangener Mast und Witterung. Kleinere Bestandseinbrüche werden durch hohe Reproduktion innerhalb ein, zwei Jahre wieder ausgeglichen.
Feldhase	Im Wald nicht möglich, im Feld mittels Scheinwerfertaxation. Die letzte Taxation sollte erst unmittelbar vor der geplanten Jagd stattfinden, da durch die Kokzidiose im Spätsommer und Herbst innerhalb kurzer Zeit starke Einbrüche bei den Junghasen möglich sind.
Rebhuhn	Verhören der rufenden Hähne am Abend und damit Feststellung der vorhandenen Paare. Beobachtung und Registrierung der Gesperre bis zu Beginn der Jagdzeit. Probesuche mit dem Hund vor Aufgang der Jagd.
Fasan	Zählung der Hähne und Hennen im Frühjahr auf den Feldern. Beobachtung und Registrierung der Gesperre bis zur Jagdzeit.
Auerwild	Im Winter Suche nach Schlafbäumen. Aufsuchen der Balzplätze und Erfassung der Hähne.
Birkwild	Aufsuchen der Balzplätze und Erfassung der Hähne sowie akustische Registrierung (Birkwild ist über beträchtliche Strecken zu hören).

Quantitative Nutzung von Wildtieren

Wildart	*jagdliche Nutzungsgröße*
Rotwild	Zuwachs bis 85 % der am 1. April vorhandenen Alttiere.
Damwild	Zuwachs bis 70 % der am 1. April vorhandenen Alt- und Schmaltiere.
Rehwild	Bei angepaßten Wildbeständen etwa ein Drittel des (meist unbekannten) Bestandes und zwar $^1/_3$ Geißen/Schmalrehe, $^1/_3$ Böcke (davon $^1/_2$ Jährlinge) und $^1/_3$ Kitze. Bei Reduktion Bockanteil zurücknehmen, Geißenanteil erhöhen. Grundsätzlich interessiert nicht die Zahl vorhandener Rehe, sondern deren Einfluß auf die Vegetation (Rehe dürfen nicht durch Entmischung der Flora ihren eigenen Lebensraum entwerten).
Gamswild	Zuwachs in den Mittelgebirgen (z.B. Elbsandsteingebirge) bis 80 % der ab dreijährigen Geißen, im Hochgebirge deutlich geringer und von Jahr zu Jahr schwankend, kaum über 70 %. Der Abschuß darf aber im Hochgebirge den Zuwachs wegen der unvermeidlichen, teils starken Winterverluste nicht voll nutzen, es sei denn, man will reduzieren. Ein guter Weiser für die richtige Wilddichte sind die Wildbretgewichte. Böcke unter 25 kg aufgebrochen deuten auf einen zu hohen Bestand hin.
Schwarzwild	Genutzt werden können bedenkenlos alle vorkommenden Frischlinge plus maximal 20 % mehrjährige Sauen.
Feldhase	Unter günstigsten Voraussetzungen kann etwa das Doppelte des Frühjahrbestandes erlegt werden, mehrheitlich wird jedoch nicht mehr als die Zahl des Frühjahrsbestandes genutzt werden können. Wenn bei der ersten Gesellschaftsjagd bis Mittag mehr als $^1/_3$ der Strecke aus Althasen besteht (kenntlich am nicht mehr vorhandenen Stroh'schen Zeichen), sollte die Jagd eingestellt werden.
Wild-kaninchen	Je stärker die Nutzung, um so geringer die Gefahr der Myxomatose. Daher sollte auch nach einem Seuchengang, sobald sich wieder ein stabiler Grundbesatz gebildet hat, vorsichtige Bejagung einsetzen. Je höher die Besatzdichte, um so gravierender die Einbrüche!
Rebhuhn	Genutzt werden kann maximal die Hälfte der im Herbst vorhandenen Hühner. Bejagt werden sollten sie jedoch nur, wenn die Mehrzahl der Ketten aus sechs und mehr Hühnern besteht. Bei einer Herbstdichte unter 30 Hühner/100 ha sollte auf Freigabe bei Gesellschaftsjagden verzichtet werden.
Fasan	In guten Jahren und unter den heutigen Gegebenheiten können – sofern überhaupt ein den Lebensraum wirklich ausnutzender Besatz vorhanden ist und je nach Geschlechterverhältnis – etwa 80–100 % des Frühjahrbesatzes als Hähne erlegt werden. Hennen sollten grundsätzlich tabu sein.
Ringeltaube	Kann so intensiv als möglich genutzt werden; zumindest in optimalen Lebensräumen gelingt eine Reduktion durch die Jagd kaum.
Stockente	Intensive Nutzung möglich, da ab November überwiegend Durchzügler erlegt werden. Wer »seinen« Stammbesatz schonen will, darf im September noch nicht jagen. Wer nur »ernten« will, was im eigenen Revier groß wurde, muß im Oktober die Jagd einstellen.

Jagdbeute: Was wird verwertet?

Wildart	Wildbret	Decke - Balg - Schwarte	Trophäe
Rotwild, Damwild, Sikawild, Rehwild	Aufbruch: Leber, Herz, Nieren, Lunge, Milz, ferner das Hirn. Das gesamte Wildbret.	Decke ohne Haare gegerbt als Wildleder, mit Haaren als Vorleger oder Wandbehang.	Alle: Geweihe Rotwild: Grandeln Rothirsch: Bart.
Gamswild	Wie vor	Wie vor	Krucke und Bart.
Muffelwild	Wie vor	Wie vor	Schnecke
Schwarzwild	Wie vor (Trichinenbeschau).	Schwarte mit Borsten gegerbt als Vorleger.	Keilerwaffen, Kammborsten als Bart.
Hase	Ragout; Braten: Rücken, Keulen.	Haare zu Velour-Filz für Hüte.	Blume, Vibrissen.
Murmeltier	Wildbret als Braten oder Ragout; Fett als Heilmittel (Murmelöl).	Balg mit Haaren gegerbt als Vorleger oder Wandbehang.	Nagezähne oder Ganzpräparat.
Fuchs, Marder	Heute nicht mehr üblich.	Winterbalg gegerbt als Pelzwerk.	Fangzähne oder Ganzpräparat.
Dachs	Heute nicht mehr üblich.	Schwarte mit Haaren gegerbt als Vorleger.	Haare als Bart oder als Rohware für Pinsel.
Rauhfuß-hühner	Braten, Ragout.		Ganzpräparat
Rebhuhn, Fasan	Braten, Ragout, Suppe, Pasteten.		
Waldschnepfe	Wie vor		Malerfeder, Bart (sitzt am Bürzel).
Wildgänse	Braten, Ragout, Suppe, Pasteten.	Daunen zur Füllung von Kissen.	
Wildenten	Wie vor	Wie vor	Erpellocken vom Stockerpel.
Möwen	Eier		
Ringel- und Türkentaube	Wildbret: Braten, Suppen, Pasteten.		

Womit wird gekirrt und geludert?

Wildart	Die gebräuchlichsten Kirrmittel
Rotwild, Damwild	Äpfel, Trester, Silagen, Rüben, Rübenblatt
Rehwild	Äpfel, Trester, Kartoffeln, Rüben, Rübenblatt, Mais
Schwarzwild*	Mais, Kartoffel, Rüben
Wildenten	Getreide, Kartoffeln, Eicheln
Ringeltauben	Getreide
Fasane	Getreide, Rosinen
Fuchs**	Wildaufbrüche, Zerwirkabfälle
Marder**	Dörrobst aller Art, Rosinen, getrocknete Beeren, Eier
Waschbär**	Wie Fuchs und Marder

* Lebensmittelreste dürfen nur nach Erhitzung verfüttert werden. Einige Bundesländer verbieten das Kirren mit Lebensmittelresten in ihren LJG grundsätzlich.

** Das Anludern mit Schlachtabfällen aller Art ist durch das Tierkörperbeseitigungsgesetz verboten.

Die meisten Länder definieren inzwischen die Kirrung. Wenn in solchen kleinen, mit einem Deckel versehenen Kistchen gekirrt wird, kommen andere Wildarten nicht ans Futter, und der Jäger erkennt sofort, wenn die Kirrung angenommen ist.

Nicht überall ist die Kirrung von Enten im Wasser erlaubt, da hilft auch das Kirrfloß nichts.

Beschränkungen der Kirrjagd in den Bundesländern

Bundesland[1]	Schalenwild	Federwild[2]
Baden-Württemberg LJG § 20 LJGDVO § 3 (3)	Das Anlocken von Wild mit geringen Futtermengen zur Erleichterung der Bejagung (Kirrung) ist während der Jagdzeit ab 1. September erlaubt. Eine mißbräuchliche (und damit verbotene) Kirrung von Schalenwild liegt vor, wenn mehr als 20 Liter Futtermittel ausgebracht werden.	In der Jagdzeit ab 1. September grundsätzlich erlaubt. Bei der Kirrung von Wildenten ist die Futtermenge so zu bemessen, daß davon nicht in großer Zahl Wildenten angelockt werden.
Bayern	Keine Beschränkung	Keine Beschränkung.
Brandenburg DVO § 10 (1–6)	Kirrung nur für Schwarzwild und nur mit Getreide einschließlich Mais, Eicheln, Bucheckern und Kartoffeln. Futter muß in den Boden eingebracht oder abgedeckt werden. Flächenausdehnung der Kirrung darf 50 m² nicht überschreiten. Verwendung von Fütterungseinrichtungen sind unzulässig. In Notzeiten ist der Abschuß im Umkreis von 200 m von der Kirrung verboten.	»Fütterung« von Niederwild ist unter Benutzung von Fütterungseinrichtungen zulässig, die eine Futteraufnahme durch Schalenwild ausschließt.
Berlin	Keine Beschränkung.	Keine Beschränkung.
Bremen Art. 31 (1)	Vom 1. Mai bis 15. Oktober nur Schwarzwild, Füchse und Waschbären.	Nur vom 16. Oktober bis 30. April.
Hamburg	Keine Beschränkung nach dem Jagdrecht, wohl aber betriebsintern innerhalb der Landesforstverwaltung.	Keine Beschränkung.
Hessen LJG § 30, Erlaß v. 13.11.1996	Nur für Schwarzwild mit Genehmigung der unteren Jagdbehörde.	Keine Beschränkung.
Mecklenburg-Vorpommern LJG § 23 (1)	Nur gelegentliches Ankirren von Schwarzwild in den Tageseinständen erlaubt.	Keine Beschränkung.
Niedersachsen LJG Art. 26 (4), Art. 37 (1)	Eine Kirrung ist eine nicht ständige (gelegentliche) Fütterung mit geringen Mengen artgerechten Futters für Schwarzwild, Füchse oder Waschbären. Sie ist während des ganzen Jahres zulässig.	Nur in der Zeit vom 16. Oktober bis 30. April gestattet.

Beschränkungen der Kirrjagd in den Bundesländern

Bundesland[1)	Schalenwild	Federwild[2)
Nordrhein-Westfalen VO über die Bejagung, Fütterung und Kirrung von Wild	Kirrung nur für Schwarzwild und nur mit Getreide oder Mais; Futter muß in Boden eingebracht oder so angeboten werden, daß es von anderem Schalenwild nicht aufgenommen werden kann; Menge muß so bemessen sein, daß das Futter innerhalb einer Nacht aufgenommen werden kann.	Kirrmittel dürfen nicht in Gewässer oder in Uferbereiche eingebracht werden.
Rheinland-Pfalz § 28 LJG (2)	Die Kirrung von Schwarzwild mit Getreide, Kartoffeln und Äpfeln in geringen Mengen (max. 3 kg) ist zulässig, wenn anderes Schalenwild kein Futter aufnehmen kann.	Keine Beschränkung.
Saarland LJG § 25 (3)	Die Kirrung von Schwarzwild in geringen Mengen mit Getreide, Kartoffel und Äpfel ist zulässig. Für die Kirrung anderer Schalenwildarten muß Erlaubnis der Jagdbehörde eingeholt werden.	Nicht eindeutig geregelt.
Sachsen	Keine Beschränkung.	Keine Beschränkung.
Sachsen-Anhalt LJG § 34 (3) 5)	Kirrung nur bei Schwarzwild erlaubt, nur gelegentliches Ausbringen von Futtermitteln und nur in geringen Mengen. Küchenabfälle, Backwaren und Südfrüchte sind verboten.	Kirrung für Enten und Tauben erlaubt.
Schleswig-Holstein LJG § 21 (1)	Nur vom 1. November bis 30. April, ausgenommen »das gelegentliche Ankirren von Schwarzwild in den Tageseinständen«.	Keine Beschränkung.
Thüringen LJG § 29 DV § 7	Kirrung bei Schalenwild grundsätzlich erlaubt, jedoch keine feste Fütterungseinrichtungen, nur geringe Futtermengen (Hochwild bis 10 kg) und nur heimische Agrarprodukte (keine Südfrüchte, Backwaren, Küchenabfälle; tierische Abfälle nur für Fuchs [3).	Kirrung von Wildtauben erlaubt.

[1) In einige Ländern lagen bei Redaktionsschluß neue Fütterungsverordnungen als Entwurf vor, sind aber noch nicht in Kraft getreten.

[2) Insbesondere beim Ankirren von Enten im Wasser oder Uferbereich sind neben jagdrechtlichen auch wasserrechtlichen Vorschriften zu beachten.

[3) Schlachtabfälle, Nachgeburten oder Kadaver von Haustieren dürfen nur nach Erhitzung verwendet werden, hierzu ist eine Ausnahmegenehmigung nach § 8 TierKBG erforderlich. Zuständig ist die untere Verwaltungsbehörde.

Beschränkung der Fütterung in den Bundesländern

Bundesland	Beschränkung der Futtermittel	Beschränkung des Fütterungszeitraumes
Baden-Württemberg	Nicht artgerechte oder nicht der natürlichen Äsung entsprechende Futtermittel oder für wiederkäuendes Schalenwild energiereiche Futtermittel nur in geringen Mengen. Verboten sind: nichtheimische Früchte, Back- und Süßwaren, Küchenabfälle, bearbeitete Lebensmittel oder Schlachtabfälle.	Schalenwild nur in der Zeit vom 1. Dez. bis 31. März.
Bayern	Keine Beschränkung.	Keine Beschränkung
Berlin	Keine Beschränkung.	Nur in Notzeiten, diese wird von der Jagdbehörde festgelegt.
Brandenburg	Keine Beschränkung.	Nur innerhalb einer von der unteren Jagdbehörde festgelegten Notzeit.
Bremen	Keine Beschränkung.	Vom 16. Okt. bis 30. Apr.
Hessen	Schalenwild darf nur mit Rauhfutter gefüttert werden.	Keine Beschränkung.
Mecklenburg-Vorpommern	Nur artgerechte Futtermittel.	Vom 1. Jan. bis 28. Febr.
Niedersachsen	Keine Beschränkung.	Keine Beschränkung.
Nordrhein-Westfalen	Keine Rehwildfütterung unterhalb 350 Meter NN; Fütterung von Schalenwild außerSchwarzwild nur mit Heu, Grassilage oder Rüben.	Keine Beschränkung.
Rheinland-Pfalz	Nur Heu, Grassilage und Rüben.	Vom 16. Jan. bis 30. Apr.
Saarland	Die Fütterung von Schalenwild ist verboten, Ausnahmen durch die Jagdbehörde sind möglich.	
Sachsen	Keine Beschränkung.	Nur in Notzeiten erlaubt.*
Sachsen-Anhalt	Verboten sind: Küchenabfälle, Backwaren und Südfrüchte.	Nur in Notzeiten erlaubt.*
Schleswig-Holstein	Keine Beschränkung.	Vom 1. Dez. bis 28. Febr.
Thüringen	Keine Beschränkung.	Keine Beschränkung.

* Der Begriff Notzeit wird nicht definiert.

Reviereinrichtungen als Bejagungshilfen

Kanzel

Freistehend oder angelehnt;
offen, überdacht oder
geschlossen; niedrige
Ausführung als Drückjagdstand.

Ansitzleiter

Angelehnt,
zwischen 2 Bäume gehängt
oder freistehend;
Außen- oder Innenaufstieg.

Schirm/Bodensitz

Stationär: offen oder
überdacht.
Mobil: offen.

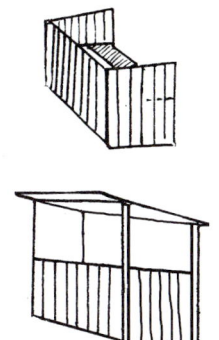

Luderhütte

Stationär oder mobil,
immer geschlosen
oder als Erdhütte.

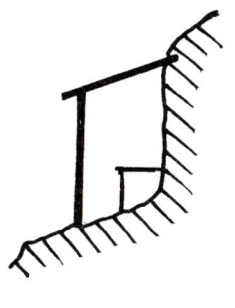

Kunstbau

Holzröhren,
Fertigteile, Betonrohre,
Kunststoffrohre.

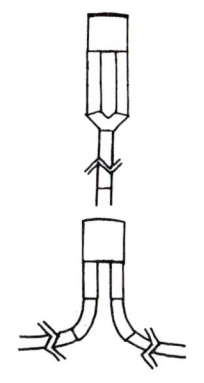

Wozu braucht der Jäger Reviereinrichtungen?

- Reviereinrichtungen helfen, die Höhe des Wildbestandes besser einzuschätzen, leichter zu jagen und vermitteln Kenntnisse über Wildtiere.
- Die Abschußerfüllung wäre ohne Reviereinrichtungen unter den heutigen Gegebenheiten meist nicht mehr möglich.
- Hochsitze dienen überdies der Sicherheit und vermindern die Gefährdung von an der Jagdausübung unbeteiligten Personen (Übersicht, Schußwinkel).

Voraussetzung für die Errichtung von Jagdeinrichtungen:

- Bei land- und forstwirtschaftlich genutzten Grundstücken ist das Einverständnis des Grundeigentümers (GE) oder Nutzungsberechtigten (NB) erforderlich; diese muß erteilt werden, wenn die Duldung der Jagdeinrichtung (JE) zumutbar ist und er eine angemessene Entschädigung erhält.
- Wird die Einwilligung zur Errichtung einer JE vom GE oder NB verweigert, kann der Jagdausübungsberechtigte (JAB) auf Erteilung der Genehmigung klagen.
- In einigen Bundesländern kann die Genehmigung auch von der unteren Jagdbehörde erteilt werden.

Was geschieht nach Ablauf der Pachtzeit?

- Der JAB darf nach Ablauf des Pachtvertrages die von ihm errichteten Anlagen innerhalb 6 Monate entfernen. Ein Anspruch auf Übernahme durch den Pachtnachfolger besteht nicht. Die JE müssen entfernt werden, wenn dies der Verpächter verlangt.
- In Baden-Württemberg muß der Pächter eines GJB JE seinem Pachtnachfolger gegen angemessene Entschädigung überlassen, wenn dieser es verlangt.

Die Unfallverhütungsvorschrift (UVV) zu baulichen Jagdeinrichtungen

§ 5 (1) Erhöht gebaute Jagdeinrichtungen, ihre Zugänge sowie Stege müssen aus kräftigem Material hergestellt sein. Holz darf nur verwendet werden, sofern es gesund ist. Aufgenagelte Sprossen sind nur an geneigt stehenden Leitern zulässig. Belaghölzer müssen so verlegt und befestigt sein, daß sie gegen Verschieben, Kippen und Kanten gesichert sind.
(2) Bauliche Jagdeinrichtungen müssen stets, insbesondere im Frühjahr, überprüft und in einwandfreiem Zustand erhalten werden. Mangelhafte Teile sind unverzüglich auszubessern. Nicht mehr benötigte Einrichtungen sind abzubauen.

Kanzeln gibt es in offener und in geschlossener Version, aber mancherorts auch viel zu viele!

Im Rehwildrevier genügen meist einfache Ansitzleitern, die man auch überdachen kann, entweder freistehend oder angelehnt.

Drückjagdkanzeln haben nur eine geringe Höhe und sollen leicht verstellbar sein, da sich die Schützenstände durch forstliche Maßnahmen laufend ändern.

Vor allem im Bergland, wo man Gegenhänge und Mulden einsehen kann, sind Bodensitze beliebt; auch sie lassen sich bei Bedarf (hohe Niederschläge) überdachen.

Der Jäger mit der Motorsäge*

Wer darf im Wald (z. B. Hochsitzbau) nicht mit der Motorsäge arbeiten (UVV Forsten § 2)?

- Jugendliche unter 18 Jahren dürfen mit gefährlichen Waldarbeiten (etwa Fällung von Hochsitzstangen) nur beauftragt werden, soweit dies dem Ausbildungsziel dient (z. B. Berufsjäger-Azubi, Jungjäger, Forstwirt-Azubi). Sie müssen dabei von Fachkundigen angeleitet und beaufsichtigt werden.

- Jugendliche unter 16 Jahren dürfen grundsätzlich nicht mit der Motorsäge arbeiten.

Welche Kleidungsstücke sind beim Arbeiten mit der Motorsäge zumindest vorgeschrieben?

- Schutzhelm mit Gehör- und schwarzem Gesichtsschutz; Prüfzeichen und Herstellungsdatum auf der Unterseite des Helmschirms.

- Arbeitshose mit Schnittschutzeinlagen.

- Arbeitshandschuhe

- Sicherheitsschuhe mit Knöchelschutz, Schnittschutzeinlage, Zehenschutzkappe und 6 mm Profilsohle.

Was ist bei Wartung und Umgang mit der Motorsäge zu beachten (UVV Forsten § 3)?

- Sicherheitseinrichtungen der Säge regelmäßig warten und defekte Teile sofort austauschen (z. B. Kettenbremse).

- Maschine nie bei laufendem Motor betanken und beim Tanken nicht rauchen.

- Bei Reinigungs-, Wartungs- und Instandsetzungsarbeiten Antrieb abstellen; Ausnahme Vergasereinstellung.

Worauf ist beim Arbeiten besonders zu achten (UVV Forsten § 4)?

- Säge zum Anwerfen unbedingt auf den Boden stellen; mit einer Hand festhalten, mit der anderen ziehen.

- Darauf achten, daß sich niemand im Gefahrenbereich der Sägeschiene aufhält.

- Immer auf sicheren Stand achten (besonders wichtig beim Ausasten auf dem Hochsitz oder einer Leiter mit der Leichtmotorsäge!).

- Nicht mit der Schienenspitze sägen; die Säge kann blitzartig hochschlagen.

---

* Aufgeführt werden nur die wichtigsten, den Jäger betreffenden Bestimmungen und Grundsätze.

Wer mit der Motorsäge arbeitet muß Schutzkleidung tragen; beim Start muß die Säge fest auf dem Boden stehen.

Beim Besteigen des Hochsitzes ruht das Gewehr entladen fest auf dem Rücken des Jägers.

Auch vor dem Überwinden von Hindernissen (Zäune, Gräben usw.) muß das Gewehr entladen werden.

Wer sich im Treiben bewegt (Treiber, Hundeführer) muß Warnkleidung tragen! Landwirtschaftliche Hänger, die als Transportfahrzeuge dienen, dürfen nur über eine Leiter bestiegen werden.

Worauf achtet der Jäger vor dem Schuß?

Schuß auf stehendes Wild bei Pirsch und Ansitz:
- Darf das ins Auge gefaßte Stück beschossen werden – ist es freigegeben und nicht führend?
- Ist die Waffe wirklich schußbereit (geladen, entsichert, Kappen vom Zielfernrohr)?
- Gefährdung des Umlandes prüfen: Kugelfang hinten und seitlich, Untergrund (Abpraller).
- Eigenen Stand exakt einprägen (sofern nicht vom Hochsitz aus geschossen wird).
- Standort des Wildes einprägen (an Hand von Geländemarken).
- Werden eventuell benachbart stehende Stücke gefährdet (Splitter)?
- Ist die Flugbahn frei von Hindernissen (herabhängende Zweige, Grashalme)?
- Auf Stellung des Wildes achten (möglichst nur breitstehend beschießen).

Wenn doch nicht geschossen wird:
- Repetierer: sichern, entstechen. Kipplaufwaffe: sichern, abkippen, entstechen.

Zusätzlich bei Schuß auf flüchtiges Wild:
- Ist die Entfernung verantwortbar (Schrotschuß maximal 35 m, Kugelschuß 60 m)?
- Können Treiber oder Hundeführer im Schußbereich sein?
- Wird ein Hund gefährdet (Mindestdistanz zwischen Wild und Hund beim Schrotschuß 10 m)?
- Besteht die Gefahr des Durchziehens?

Voll getroffenes Federwild geht über Kopf.

Geflügeltes Wild läßt die getroffene Schwinge hängen.

Geständertes Wild läßt den getroffenen Ständer hängen.

Bei Lungentreffer »himmelt« das Wild steil nach oben.

Tiefblatt:
meist Herzspitze getroffen, tiefe Flucht.

Hochblatt:
Wild steilt hoch und flüchtet.

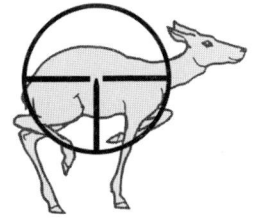

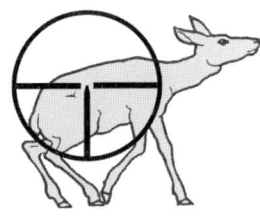

Leberschuß: Stück macht einen »Buckel«
und geht eher langsam ab.

Nierenschuß: Wild zieht hinten ein und
geht unbeholfen ab.

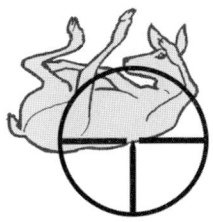

Weidwundschuß: Stück schlägt hinten
aus und geht verkrampft ab.

Krellschuß: Wild bricht schlagartig
zusammen und flüchtet nach kurzer
Zeit wie gesund.

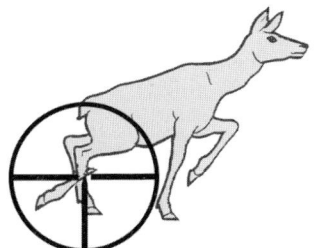

Hinterlauf getroffen, Wild knickt ein,
unsichere Flucht.

Vorderlaufschuß: Wild knickt ein, Lauf
schlenkert, unsichere Flucht.

Krankes Wild/Nachsuchen

Allgemein:

- Wann immer die Möglichkeit besteht, wird auf krankes Wild nachgeschossen, dies gilt insbesondere für gekrelltes Wild (bricht schlagartig im Feuer zusammen und wird nach wenigen Minuten wieder hoch).
- Die Position des Wildes (breit stehend, schräg oder spitz stehend) spielt, wenn es krank ist, keine Rolle!
- Es wird so lange geschossen, bis das Wild verendet.
- Schalenwild soll, wenn es nicht in Sichtweite im Feuer zusammenbricht, grundsätzlich in Ruhe gelassen werden (mindestens 3 Stunden), ehe mit einem brauchbaren Hund - in der Regel am Riemen - die Nachsuche begonnen wird.
- Fangschüsse auf vom Hund gestelltes Wild gibt grundsätzlich nur der Hundeführer ab! Ausnahmen können vereinbart werden.

Hochwild:

- Gesucht wird grundsätzlich vom Anschuß weg am Riemen. Ausnahmen gibt es im Hochgebirge, insbesondere bei krankem Gamswild.
- Geschnallt wird der Hund erst am letzten noch warmen Wundbett, sofern sich eine Hatz nicht durch nahe, vielbefahrene Straßen o. ä. verbietet. In diesem Fall muß noch weiter am Riemen gesucht werden.
- Ausnahme: Bei Äser- und Laufschüssen wird unter Umständen der Hund sofort geschnallt, vorausgesetzt er hat entsprechende Erfahrung.
- Beim Hochwild stellen sich stärkere Stücke i. d. R. früher als leichte. Der Hund soll <u>nicht</u> niederziehen.

Rehwild:

- Im Prinzip wie bei Hochwild.
- Bei laufkrankem Rehbock kann es besser sein, nicht zu hetzen und dafür an den nächsten Tagen im Einstandsbereich anzusitzen oder diesen zu umstellen und dann erst zu suchen.
- Rehwild stellt sich selten; der Hund muß daher niederziehen.

Hasen:

- Möglichst sofort, auf der noch warmen Spur, bei freier Suche mit einem spursicheren Verlorenbringer. Gelegentlich (etwa bei Ansitzhasen im Waldrevier) auch mit einem Dackel oder anderem Hund am Riemen. Da Hasen beim Laufen keine Bodenverwundungen verursachen und mit einzelnen Schrottreffern kaum schweißen, ist der Hund weitgehend auf die warme, noch in der Luft hängende Wittrung angewiesen.
- Kommt ein offensichtlich krankgeschossener Hase bei sofortiger Nachsuche nicht zur Strecke und ist sein etwaiger Aufenthalt bekannt, wird später die Fläche nochmals mit dem Verlorenbringer abgesucht.

Federwild:

- Fällt krankgeschossenes Federwild bei Gesellschaftsjagden innerhalb des Treibens oder Nachbartreibens ein und ist dieses umstellt, wird meist gleich nachgesucht.
- Federwild, das nach dem Schuß noch weiterstreicht, muß im Auge behalten werden, um zu sehen, wo es einfällt. Es wird – wenn der Ort des Einfallens nicht genau lokalisiert werden kann – am besten zunächst in Ruhe gelassen und erst etwa nach Stundenfrist oder auch am Folgetag mit dem Verlorenbringer gesucht.
- Bei Gesellschaftsjagden läßt man krankgeschossene Enten am besten zunächst in Ruhe und sucht sie später oder am anderen Tag unter Beteiligung von 2 oder 3 Schützen. Während oder unmittelbar nach der Jagd tut der Hund sich infolge der im Schilf hängenden Witterung schwer. Kranke Enten bleiben – wenn sie nicht sofort verfolgt werden – meist dort, wo sie nach dem Schuß niedergehen.

Fuchs:

- Im Feld bei Gesellschaftsjagden beschossene Füchse werden i. d. R. sofort mit einem spursicheren, raubwildscharfen Hund frei gesucht.
- Im Wald ist es sinnvoll etwas zu warten und vor Beginn der Nachsuche am nächsten Bau einen Schützen zu postieren.

Vorstehhunde (im Bild Kleiner Münsterländer) werden vielseitig eingesetzt, wobei es heute mehr Wasser- als Vorsteharbeit gibt.

Schweißhunde werden nur zur Nachsuche von Schalenwild verwendet. Ihre Leistung auf der Wundfährte resultiert nicht aus der besseren Nase, sondern aus ihrem Spezialistentum.

Wie wird erlegtes Wild versorgt?

Wildart	Methode/Arbeitsschritte

Schalenwild:

Standard (wird aber lokal auch erst in der Wildkammer durchgeführt):
- Drosselschnitt, Luftröhre (Drossel) und Speiseröhre (Schlund) abschärfen, letzteren schaben und verknoten.

Bei allen Varianten:
- Hinterläufe spreizen, Messer zwischen den Keulen ansetzen, Bauchdecke durchtrennen und Klinge zwischen Zeige- und Mittelfinger bis zum Brustbein schieben.
- Kleines Gescheide (Dünn- und Dickdarm) und Großes Gescheide (Pansen/Weidsack) vom Gekröse lösen, mit den Händen zwischen Pansen/Magen und Zwerchfell fahren und Gescheide (Magen mit anhängender Leber und Milz) herausziehen; Leber abtrennen, eventuell Gallenblase lösen und beiseite legen.
- Schloß (Beckenknochen) öffnen, Weiddarm (Mastdarm) und Blase herausziehen und abschärfen.
- Die beiden links und rechts im Becken liegenden Brandadern öffnen (Längsschnitt).
- Kurzwildbret (Hoden) und Brunftrute (Penis) entfernen (Achtung: Muß in einigen Ländern am Wildkörper bleiben!).

Variante (hauptsächlich im Alpenraum):
- Kreisschnitt um Weidloch (After); Weiddarm und Blase nach innen ziehen und mit Messer lösen.

Variante:
- Brustbein öffnen und Rippen (Wände) mit einem Holz spreizen. Wichtig bei warmem Wetter bei Schwarzwild, das nicht unverzüglich in die Wildkammer geliefert wird. Ansonsten zunehmend in der Wildkammer bei allen Schalenwildarten üblich.

Variante (bei Schwarzwild in der heißen Jahreszeit, wenn Stück nicht sofort gekühlt werden kann):
- Blätter durch einen Schnitt vom Brustkorb soweit trennen, daß sie sich abspreizen lassen, um ein Verhitzen des Wildbrets zu verhindern.

Grundsätzlich:
- Stark zerschossene und/oder verunreinigte Teile wie Blätter, Rippen und/oder Bauchdecke sofort herausschneiden und entsorgen.
- Mit Speiseröhren- oder Magen-/Darminhalt verschmutzte Brust- und/oder Bauchhöhle gut mit Wasser ausspritzen. Stück anschließend ausspannen, gut austropfen lassen und mindestens auf + 7°C. kühlen.

> **!! Merke !!**
>
> Schwarzwild, Gamswild, Steinwild, Muffelwild, Hase und Kaninchen haben eine auf der Leber sitzende Gallenblase, die sofort entfernt werden muß!

Hasen/ Kaninchen:

Auf Gesellschaftsjagden:
- Sofort nach dem Schuß Blase ausdrücken (wie früher üblich).
- Nach dem Treiben mit Messer Bauchhöhle öffnen, Kreisschnitt um Zwerchfell und kompletten Inhalt der Bauch- und Brusthöhle entfernen.

Federwild:
Alle Arten außer Schnepfe

Sofort nach dem Schuß im Bereich des Kropfes und vor der Kloake rupfen; Kropf entfernen; Bauchdecke mit Längsschnitt öffnen; Bauch- und Brusthöhle komplett räumen.

Waldschnepfe

Vereinzelt wird noch der gesamte Inhalt von Bauch- und Brusthöhle als sogenannter Schnepfendreck verwertet, früher unter Einbeziehung des Darminhaltes. Heute ist jedoch Ausnehmen wie beim übrigen Federwild Standard, wobei der Schlund nicht entfernt zu werden braucht.

Schnittführung beim
Aufbrechen ————

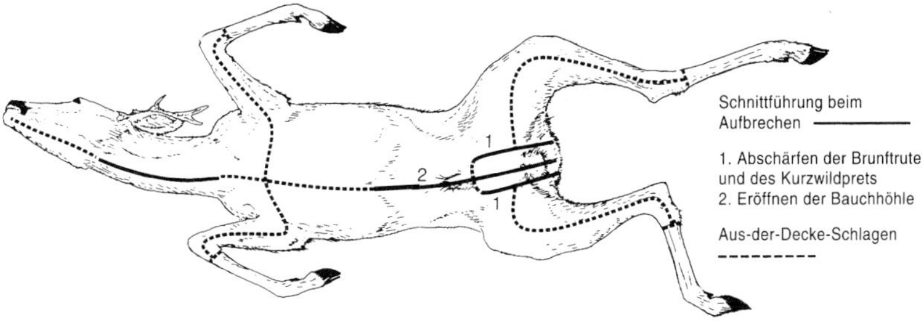

1. Abschärfen der Brunftrute
und des Kurzwildprets
2. Eröffnen der Bauchhöhle

Aus-der-Decke-Schlagen

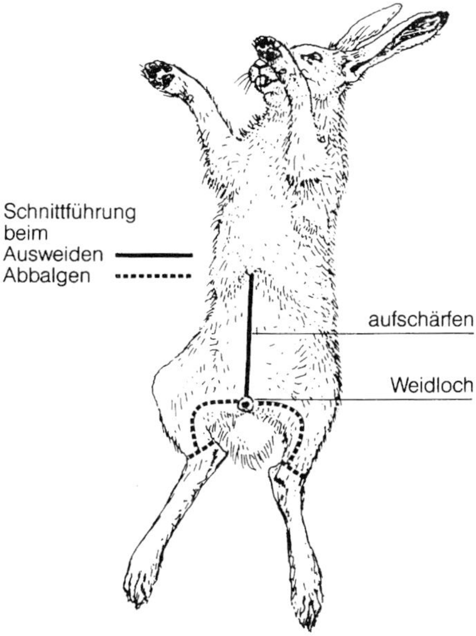

Schnittführung
beim
Ausweiden ————
Abbalgen ··········

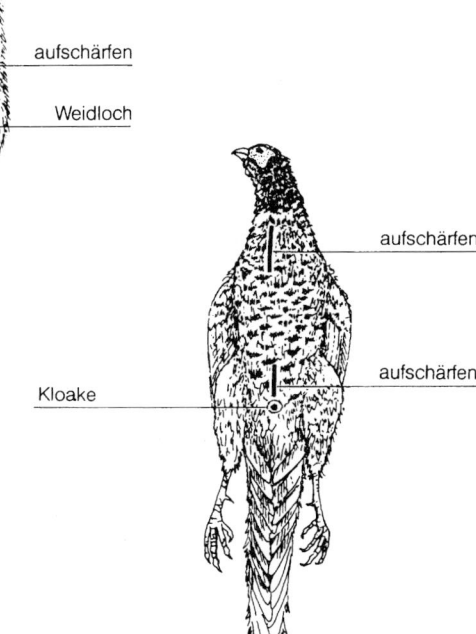

aufschärfen

Weidloch

aufschärfen

aufschärfen

Kloake

Zerlegschlüssel für Schalenwild

Wildbretteile (Decken und Schwarten) gelten heute als unverwertbar und finden daher beim Wert keine Berücksichtigung.		Gewicht in %	Wert in %	Umrechnungsschlüssel
Rücken	Bratenstücke	ca. 17	29	1,50
2 Schlegel		ca. 33	46	1,50
2 Blätter	Kochwildbret	ca. 17	18	1,05
Bauch, Rippen, Hals		ca. 16	7	0,44
Decke, Läufe	Abfall	ca. 17	0	0,00

Beim Kleinverkauf (einzelne Wildbretteile wie Rücken, Keule usw.) wird zunächst der Gesamtwert des Stückes einschließlich der Decke/Schwarte festgestellt, dann das Teil gewogen und der Kilopreis mit dem Umrechnungsschlüssel multipliziert.

Beispiel: Preis für Rehwild in der Decke 11,50 DM/kg; 1 Keule wiegt 2,3 kg; Preis für die Keule = 11,50 x 1,5 = 17,25 x 2,3 = **39,68 DM**

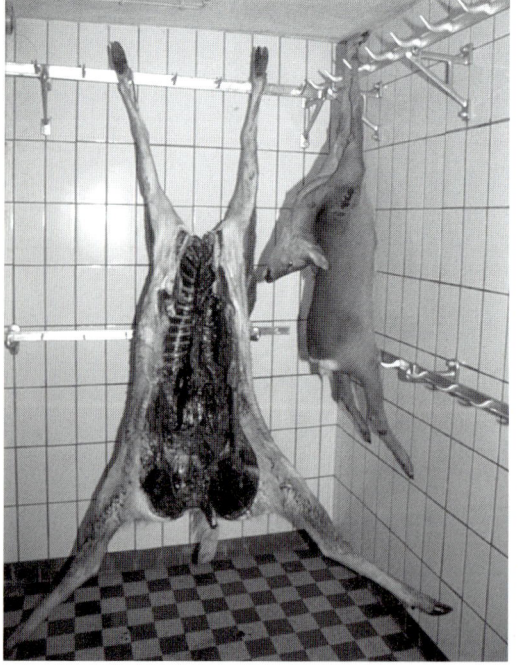

Will der Jäger ein Stück Wild selbst verwerten, ist es ihm freigestellt, wo er es zerwirkt. Er kann dies sogar im Revier tun, an einem Baum hängend oder auf dem Hüttentisch.
Wildbret, das abgegeben werden soll – auch kostenlos an Freunde – darf hingegen nur in einem Raum zerwirkt werden, der den Auflagen der Fleischhygieneverordnung entspricht. Wände und Boden müssen gefliest sein.

Welches Wild muß zur Fleischbeschau?

Grundsätzlich:

Gesundes Wild muß nur zur Fleischbeschau, wenn es an den Großhandel oder in großen Mengen an weit entfernt gelegene be- oder verarbeitende Betriebe (Gastronomie, Metzgerei, Kantine u. ä.) abgegeben wird. Krankes (verdächtiges) Wild muß immer zur Fleischbeschau.

Feststellung vor dem Schuß am lebenden Wild:

a) Normales Verhalten und Befinden (gesund).	Nur bei Abgabe an Großhandel.
b) Abnormales Verhalten, schlechte Verfassung (kümmernd, krank).	Grundsätzlich immer.

Feststellung am erlegten Wild, beim Aufbrechen:

a) Keine bedenklichen Merkmale (normal, gesund).	Nur bei Abgabe an Großhandel.
b) Bedenkliche Merkmale (krankhafteVeränderungen, auffällige Abweichungen vom Normalzustand).	Grundsätzlich immer.
c) Verspätet aufgefundenes und versorgtes Wild (aufgebläht, beginnende Verfärbung/ Verhitzung).	Grundsätzlich immer.

Zur Trichinenbeschau muß:

Grundsätzlich alles Schwarzwild, ferner alles fleischfressende Wild einschließlich Nutria, unabhängig vom Verbraucher oder Käufer. Die Pflicht zur Trichinenbeschau kann jedoch – schriftlich – an den Käufer übertragen werden.

Die wichtigsten Wildkrankheiten

Viruserkrankungen

Krankheit	Wildart	Krankheitszeichen
Tollwut* ○○○ ●●●	Hauptüberträger Fuchs, ferner alle Säuger, vor allem Raubwild und Schalenwild.	Anormales Verhalten, Lähmungen, Hängen des Unterkiefers, Aggressivität.
Schweinepest* ○○○	Schwarzwild, Hausschweine.	Bewegungsstörungen, Verlust der Scheu, Durst; Blutungen in Lymphknoten, Lunge, Magen, Darm, blutige Darmentzündung, Lungenentzündung.
Aujeszkysche Krankheit* ○	Schwarzwild, Haarraubwild.	Bewegungsstörungen, Schwäche, Juckreiz, Speichelfluß, Selbstverstümmelung.
Myxomatose ○○○	Wild- und Hauskaninchen.	Gallertartige Auftreibung der Unterhaut, vor allem an Kopf, Löffeln und Weidloch.
Geflügelpest* ○○○	Fasan, Rebhuhn (besonders in Volieren).	Schlagartig eintretende Verluste, Schleimhautblutungen, gesträubtes Gefieder.
Vogelpocken** ○○	Tauben, alle Hühnervögel.	Schnabelmißbildung, Wucherungen an Schnabel und Ständern.

Bakterielle Erkrankungen

Krankheit	Wildart	Krankheitszeichen
Pseudotuberkulose; ○○○ ●	Hase, Kaninchen.	Kleine käsige Herde in Lunge, Leber und Milz.
Tularämie** ○ ●●	Fasan, Rebhuhn.	Starke Schwellung der Lymphknoten.
Pasteurellose Geflügelcholera* ○○	Hase, Kaninchen, Fasan, Rebhuhn.	Entzündung von Lunge, Brustfell, Herzbeutel, Verklebung zwischen den Organen, schleimige Magen- und Darmentzündung.
Salmonellose ○○, ●	Zahllose Säuger und Vögel (Mensch).	Darmentzündung, Durchfall.

Bakterielle Erkrankungen		
Krankheit	*Wildart*	*Krankheitszeichen*
Brucellose* ○, ●	Säuger	Im Tragsack oder in den Hoden gelbkäsige Herde, Abmagerung; Verwerfen bei Rind und Schwein.
Ornithose** ○, ●	Vögel (Mensch).	Gesträubtes Gefieder, verklebte Nasenlöcher, Durchfall, Lungenentzündung.

Parasiten			
Krankheit	*Wildart (Wirt)*	*Zwischenwirt*	*Krankheitszeichen*
Rotwurm ○○	Hühnervögel, Enten, Gänse, Schnepfen, Greifvögel.	Kein Zwischenwirt, aber Regenwürmer und Schnecken als Sammelwirte.	In der Luftröhre blutrote Rundwürmer; Niesen, Kopfschütteln.
Lungenwürmer ○–○○○	Schalenwild, Hase u.a.	Schnecken, Regenwürmer, Ameisen.	In Lungengewebe und Bronchien weißlich-braune Färbung des Gewebes, Brutknoten; Bronchitis.
Magenwürmer ○○–○○○	Schalenwild, Hase u.a.	Meist kein Zwischenwirt (z.T. Mistkäfer).	In Magen und Darm Entzündung des Gewebes und blasse Farbe (Blutarmut), Schwellung der Schleimhaut, schleimige oder wäßrige Losung.
Haarwürmer ○–○○	Hühnervögel, Enten, Rotwild, Haarraubwild.	Meist kein Zwischenwirt.	Im Kropf, Dünndarm, Blinddarm Entzündung des Gewebes; blasse Farbe, auch der Lunge (Blutarmut); Würmer wegen ihrer Feinheit schwer erkennbar.
Großer Leberegel ○○	Wiederkäuer, Schwarzwild, Hase.	Zwergschlamm-schnecke.	Verdickte, weißliche Gallengänge in der Leber, darinnen die in Schleim gehüllten Egel.
Kleiner Leberegel ○○	Wiederkäuer, Hase, Kaninchen.	Schnecken und Ameisen.	Ähnlich wie oben.

Parasiten			
Krankheit	*Wildart (Wirt)*	*Zwischenwirt*	*Krankheitszeichen*
Kokzidien ○○○	Hase, Kaninchen, Fasan, Wiederkäuer.	Kein Zwischenwirt.	Dünndarm, bei Vögeln Blinddarm glasig, verdickt; durch die blutarme Darmwand scheinen weiße Herde; bei Kaninchen Knötchen auf der Leber.
Bandwürmer ○○, ●	Säuger, Vögel (Mensch).	Säuger, Vögel (Mensch).	Im Dünndarm schmarotzend; reife, mit Eiern befrachtete Glieder in der Losung, teilweise winzig klein.
Bandwurmfinnen ○○, ●●	Säuger, Vögel (Mensch).	Säuger, Vögel (Mensch).	Finnen im Bauch, in Organen, Muskulatur und Gehirn.
Räudemilben ○–○○○	Gemse, Fuchs, Reh, Schwarzwild.	Kein Zwischenwirt.	Verschorfung der Haut mit Haarausfall und und Juckreiz; Bohrgänge in der Haut.
Rachenbremsen ○	Hauptsächlich Rehwild.	Kein Zwischenwirt.	Larven im Nasen- und Rachenraum; Husten, Niesen, Kopfschütteln.
Dasselfliege ○	Hauptsächlich Rotwild, auch andere Hirschartige.	Kein Zwischenwirt.	Larven in der Unterhaut am Rücken; Beulen gut erkennbar; in der Decke Schlupflöcher der Larven.
Trichinen ○, ●	Säuger (Mensch).	Kein Zwischenwirt.	Würmer im Dünndarm; eingekapselte Larven in der Muskulatur.

○ = geringe ⎫
○○ = mäßige ⎬ Bedeutung für das Wild
○○○ = große ⎭

● = geringe ⎫
●● = mäßige ⎬ Bedeutung für den Menschen
●●● = große ⎭

(stets abhängig vom Befallsgrad)

* Anzeigenpflichtig nach dem Tierseuchengesetz
** Meldepflichtig nach der Verordnung über meldepflichtige Tierkrankheiten

Dasselfliegenkreislauf

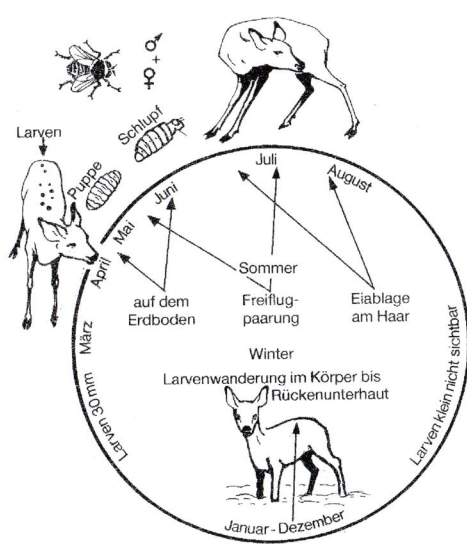

Eiablage im Fell, Larven bohren sich durch die Haut und kriechen im Frühsommer zur Verpuppung wieder heraus.

Larven
Schlupf
Puppe
Juli
August
Juni
Mai
April
Sommer
März
auf dem Erdboden
Freiflugpaarung
Eiablage am Haar
Larven 30 mm
Larven klein nicht sichtbar
Winter
Larvenwanderung im Körper bis Rückenunterhaut
Januar - Dezember

Rachenbremsenkreislauf

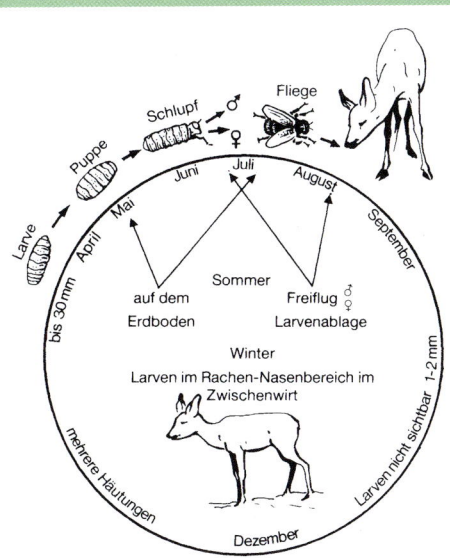

Rachenbremse spritzt die bereits fertigen Larven in die Nasenöffnung. Von dort wandern diese in den Rachen. Nach der Verpuppungsreife werden sie ausgehustet.

Schlupf
Fliege
Puppe
Juli
Larve
Juni
August
Mai
April
September
bis 30 mm
Sommer
auf dem Erdboden
Freiflug
Larvenablage
Larven 1-2 mm
Larven nicht sichtbar
Winter
Larven im Rachen-Nasenbereich im Zwischenwirt
mehrere Häutungen
Dezember

Lungenwurmkreislauf

Larven gelangen mit der Äsung in den Wirt und wandern vom Dünndarm aus über die Lymphbahn und das Herz zur Lunge, wo sie sich zu geschlechtsreifen Würmern entwickeln.

Neue Larvengeneration wandert von den Bronchien über Luftröhre, Magen und Darm nach außen oder werden ausgehustet.

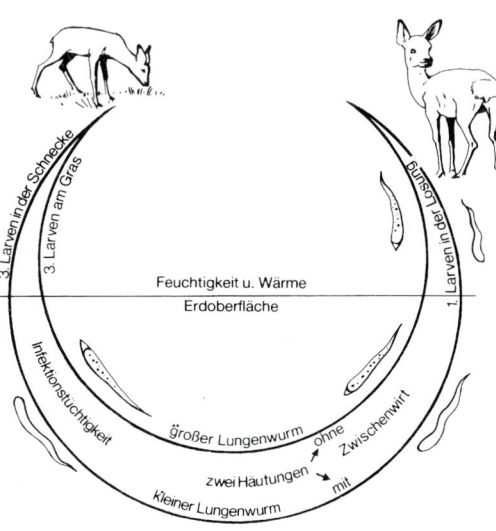

3. Larven in der Schnecke
3. Larven am Gras
Infektionstüchtigkeit
Feuchtigkeit u. Wärme
Erdoberfläche
1. Larven in der Losung
großer Lungenwurm — ohne — Zwischenwirt
zwei Häutungen — mit
Kleiner Lungenwurm

Magenwurmkreislauf

Larven werden mit der Äsung aufgenommen und entwickeln sich im Magen oder Darm zu geschlechtsreifen Würmern.

Eier gelangen aus dem Magen oder Darm mit der Losung ins Freie, dort Entwicklung zu Larven.

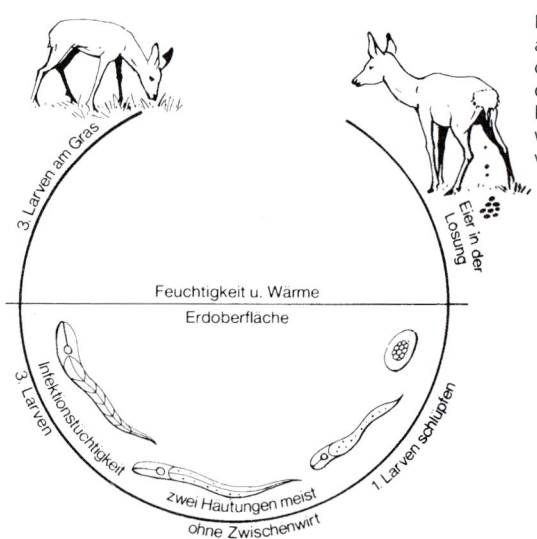

3. Larven am Gras
Infektionstüchtigkeit
3. Larven
Feuchtigkeit u. Wärme
Erdoberfläche
Eier in der Losung
1. Larven schlüpfen
zwei Häutungen meist
ohne Zwischenwirt

Leberegelkreislauf

Schwanzlarven werden mit der Nahrung aufgenommen, durchbohren die Darmwand und gelangen via Bauchhöhle in die Leber, wo sie sich zu geschlechtsreifen Egeln entwickeln.

Eier wandern von der Leber über den Darm ins Freie.

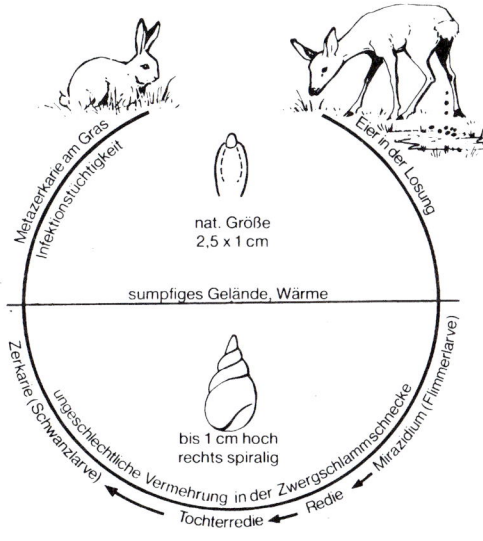

Metazerkarie am Gras
Infektionstüchtigkeit

nat. Größe
2,5 x 1 cm

Eier in der Losung

sumpfiges Gelände, Wärme

Zerkarie (Schwanzlarve)

ungeschlechtliche Vermehrung in der Zwergschlammschnecke

bis 1 cm hoch
rechts spiralig

Mirazidium (Flimmerlarve)

Redie

Tochterredie

Welche Wildkrankheiten sind anzeigepflichtig?

Nach dem Bundesjagdgesetz:
Alle Wildkrankheiten, die in größerer Zahl oder auf größerer Fläche auftreten (seuchenhaft) müssen der zuständigen Behörde oder dem Veterinäramt angezeigt werden (z.B. Myxomatose).

Nach dem Tierseuchengesetz:
Anzeigepflichtig ist der »Besitzer« eines erkrankten Tieres, also nach Aneignung des Wildes der Jagdausübungsberechtigte. In der Regel erfolgt die Anzeige jedoch durch den untersuchenden Veterinär. Die Anzeigepflicht bezieht sich auf Einzeltiere, seuchenhaftes Auftreten der nachfolgend genannten Krankheiten ist nicht erforderlich: Tollwut, Schweinepest, Aujeszkysche Krankheit, Maul- und Klauenseuche, Milzbrand, Rauschbrand, ansteckende Schweinelähmung, Geflügelpest und Newcastel-Krankheit.

Die verschiedenen Gesteine

Erstarrungsgesteine (Magnit)

1. **Tiefengestein** (Plutonit): Granit
2. **Ergu ßgestein** (Vulkanit): Basalt
3. **Auswurfgestein** wie Vulkanit, jedoch Gasblasen eingeschlossen (z.B. Bims, Tuffe).

Ablagerungsgesteine (Sedimente)

1. **Trümmersedimente** Sande, Schluffe, Lehme oder Tone.
   Transport durch Wasser: Sande, Sandstein; an der Schichtung zu erkennen.
   Transport durch Wind: Flugsand, Lößböden.
   Transport durch Gletscher: Lehmböden, Geschiebelehm, Geschiebemergel der Grundmoränen, Geschiebesande der Endmoränen.

2. **Chemisches Sediment** Transport leichtlöslicher Salze aus verwittertem Erstarrungsgestein in See und Meer. Ausfällen der Salze durch Eindampfung, Entstehung von Gips, Anhydrit, Kalkstein und anderen Salzen.

3. **Biogenes Sediment** Kreide und Muschelkalk aus abgestorbenen Meerestieren. Torfe aus abgestorbenen Pflanzen.

Die verschiedenen Bodenhorizonte

A-Horizont Weitgehend organisches Material. Teile überwiegend locker gelagert, dunkle Färbung, stark durchwurzelt.

B-Horizont Überwiegend anorganisches Material (Sand, Ton, Steine). Braun, rotbraun oder grau gefärbt, enthält nur wenige Wurzeln.

C-Horizont Besteht nur aus dem anorganischen Ausgangsmaterial des Bodens (Gestein, Sande, Ton). Wird nur von den Wurzeln einiger Baumarten durchdrungen.

Einfaches Erkennen von Bodenarten

Bodenart	Konsistenz	Formbarkeit	Schmutzwirkung
Sand (S)	hartkörnig, rieselnd	nicht formbar	nicht schmutzend
Schluff (U)	mehlig, bröckelnd	wenig formbar	noch nicht schmutzend
Lehm (L)*	bröckelnd oder schmierend	wenig formbar	leicht schmutzend
Ton (T)	schmierend, klebend	formbar	schmutzend

* Lehmböden werden je nach Bestandteilen als sandiger (sL), schluffiger (uL) oder toniger Lehm (tL) unterteilt.

Einteilung der mineralischen Bodenbestandteile nach Korngröße

Bezeichnung		Durchmesser in mm
Feinboden	Ton	< 0,002
	Feinschluff	> 0,002–0,006
	Mittelschluff	> 0,006–0,020
	Grobschluff	> 0,020–0,063
	Feinsand	> 0,063–0,200
	Mittelsand	> 0,200–0,630
	Grobsand	> 0,630–2,000
Grobboden	Feinkies	2,0–6,3
	Mittelkies	6,3–20,0
	Grobkies	20,0–63,0
	Geröll	63,0–200,0
	Blöcke	200 und größer

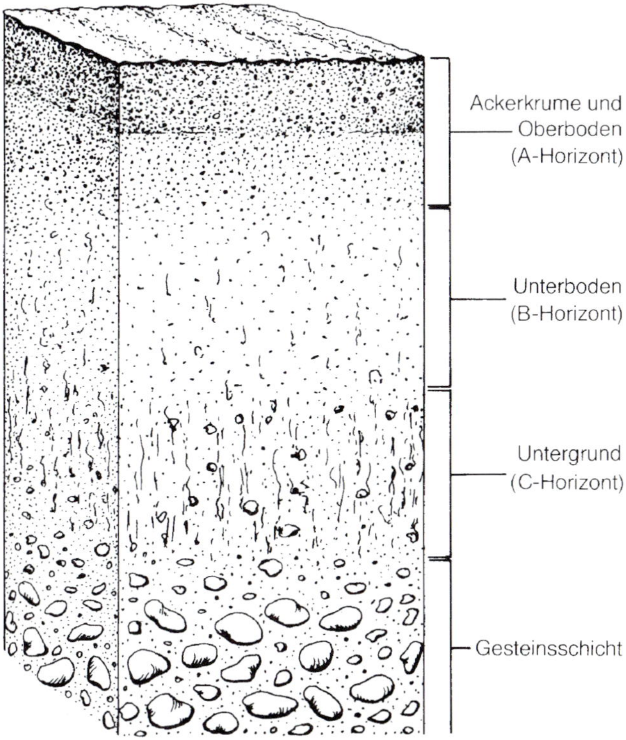

Ackerkrume und Oberboden (A-Horizont)

Unterboden (B-Horizont)

Untergrund (C-Horizont)

Gesteinsschicht

Die wichtigsten Bodentypen

Bodentyp	Ausgangs-gestein	typische Eigenschaften
Entstanden bei gestörter oder gehemmter Entwicklung:		
Ranker	Silikatgestein	Sauer, geringe Wasserbindung, ertragsarm, meist direkt auf Gestein aufliegend.
Kalkschwarzerde	Kalkstein	Entsteht meist aus Löß, humos, gute Wasserführung, bestes Gefüge.
Pararendzina	Mergel	Meist auf Kalkgestein; flachgründig, aber humusreich mit guter Krümelstruktur.
Entstanden durch Verlehmung:		
Braunerde	Silikat	Sauer, wenig humos.
Kalkstein-braunlehm	Kalk	Tonreich, kalkarm.
Tonboden (Pelosol)	Ton	Kalkarm, hoher Nährstoffgehalt, kalt, oft staunaß, schrumpft bei Trockenheit stark.
Entstanden durch Tondurchschlämmung:		
Parabraunerde	Silikat	Neigt zur Verschlämmung, gestörte Wasserführung.
Entstanden durch Auslaugung:		
Bleicherde (Podsol)	Sande	Sauer, Rohhumusauflage, nährstoffarm, geringe Wasserspeicherung, meist über Sand.
Entstanden durch wechselnde Staunässe:		
Pseudogley	Mergel	Staunaß, leicht verschlämmend, bei Trockenheit Wassermangel, schlecht zu bearbeiten.
Entstanden durch Grundwassereinfluß und Überflutung:		
Gley		Typisch für Tallagen, hoher Grundwasserstand, schlechte Befahrbarkeit.
Aueboden	Ablagerungen	Periodisch staunaß, meist Grünland oder Wald.
Marschböden	Ablagerungen	Kalkarm, verdichtet, entstanden aus Meeresablagerungen, meist nur Grünland.
Moorboden	organisch	Torfhorizont über 30 cm und mehr als 30 % organische Substanz, erosionsgefährdet.

Der pH-Wert – sauer oder alkalisch?

PH-Wert	unter 4	4–4,5	4,6–5,5	5,6–6,5	6,6–7,5	7,6–8,5	über 8,5
Bezeichnung	sehr stark sauer	stark sauer	sauer	schwach sauer	neutral	schwach alkalisch	alkalisch
Kalkbedarf	—	sehr hoch	hoch	mittel	niedrig	kein	—
Natürliches Vorkommen	junges Moor	altes Moor	Heide–Podsol	Braun-erde	Para–braun-erde	Kalk-böden	Salz-böden

Die Wachstumsfaktoren der Pflanzen

Faktor	*Wirkung*
Licht	Energiebildung, Längenwachstum, Blütenbildung (Kurztags- und Langtagspflanzen).
Luft	Kohlendioxid als Grundstoff energiereicher organischer Substanz, Sauerstoff für die Atmung.
Wasser	Pflanzen bestehen bis zu 98 % aus Wasser. Dieses löst die Nährsalze, dient als Grundstoff für organische Verbindungen und ist Transportmittel.
Temperatur	Temperatur beeinflußt alle Lebensvorgänge in der Pflanze; diese enden beim Übergang des Wassers vom flüssigen in festen Zustand. Durch im Wasser gelöste Stoffe kann dieser Punkt herabgesetzt werden. Die obere Temperaturgrenze liegt dort, wo Eiweiße zu gerinnen beginnen. Die Samen der verschiedenen Pflanzen haben unterschiedliche Keimhemmungen und benötigen zu deren Überwindung bestimmte tiefe oder hohe Temperaturen (z. B. Frostkeimer).
Nährstoffe	Hauptnährstoffe: Kohlenstoff (C), Sauerstoff (O), Wasserstoff (H), Stickstoff (N), Phosphor (P), Kalium (K), Kalzium (Ca), Magnesium (Mg) und Schwefel (S). Spurenelemente: Eisen (F), Mangan (Mn), Kupfer (Cu), Zink (Zn), Molybdän (Mo) und Bor (B).

Verwendung der wichtigsten landwirtschaftlichen Maschinen

Geräte   *Verwendung/Funktion*

Bodenbearbeitung:

Pflüge   Wenden und Lockern des Bodens, jedoch kaum Durchmischung, Einarbeitung von Ernterückständen oder Gründung.

Grubber   Zinkengerät zum Lockern der obersten Bodenschicht nach dem Pflug, schafft jedoch kaum Durchmischung.

Fräsen   Verkrümelung der obersten Bodenschicht bei guter Durchmischung durch rotierende, kreiselnde oder rüttelnde Zinken.

Eggen   Zinken-, Wälz- und Scheibeneggen: Herrichten des Saatbeetes, Einarbeitung von Pflanzenresten und Dünger. Walzen- oder Zinkengeräte zum Zerkleinern der obersten Bodenschicht, Herrichtung des Saatbeetes, Einarbeitung des Saatgutes.

Walzen   Glatt-, Ringel-, Crosskillwalzen: Vor allem zum Walzen von Grünland im Frühjahr oder zum Anwalzen feinen Saatgutes.

Saat und Pflege:

Drillmaschinen   Saat in festgelegtem Reihenabstand und Abstand in der Reihe oder breitwürfig (dann auch mit Düngerstreuer).

Düngerstreuer   Kasten-, Schleuder-, Auslegestreuer: Breitwurf von körnigen oder pulverförmigen Handelsdüngern oder Saatgut.

Miststreuer   Transport, Zerkleinerung und Streuung von Stallmist.

Güllefässer   Ausbringung von Gülle, entweder breitspritzend oder neuerdings mit Pendelschläuchen (geringere Geruchsbelästigung).

Giftfässer   Ausbringung von Herbiziden, Fungiziden, Insektiziden, meist mit breiten Schwenkarmen.

Ernteeinsatz im Grünland:

Balkenmäher   Einsatz auf kleineren oder schwierigen Flächen. Als Einachsgerät vor allem für Hanglagen und Streuobstbestände.

Kreiselmäher   Als Front- und/oder Heckanbau an Schleppern ab ca. 45 PS, bei hoher Mähgeschwindigkeit und für große Flächen.

Schlegelmulcher   Mäht und zerkleinert gröberes Pflanzenmaterial, etwa auf Stillegungsflächen, Banketten oder Waldschneisen.

Schwader   Zusammenrechen von angewelktem oder bereits dürrem Wiesenschnittgut.

Heuwender   Wenden von Wiesenschnittgut zum Zwecke des Trocknens.

Ladewagen   Aufnahme und Transport grünen oder trockenen Mähgutes, teilweise mit vorgeschaltetem Messerwerk.

Ballenpressen   Verarbeitung von Wiesenschnittgut zu Siloballen (angewelkt) oder Heuballen (dürr).

Ernteeinsatz im Ackerbau:

Mähdrescher   Schnitt und Drusch von Getreide, mit oder ohne integrierter Ballenpresse.

Hackfruchtroder   Maschinelles Roden von Kartoffeln oder Rüben, bei letzteren werden Blätter und Köpfe vorher abgeschnitten.

Viehhaltung:

Tränkefässer   Wasserfaß zur Selbstbedienung durch das Vieh im Weidebetrieb.

Die wichtigsten Blatt- und Blütenformen

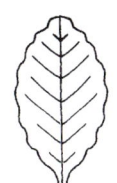

elliptisch
(z. B. Birnbaum)

eiförmig
(z. B. Hainbuche)

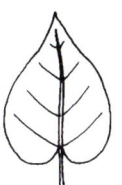

herzförmig
(z. B. Linde)

verkehrt eiförmig
(z. B. Eiche)

gelappt
(z. B. Ahorn)

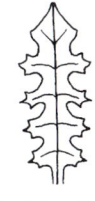

schrotsägenförmig
(z. B. Lattich)

nierenförmig
(z. B. Sumpfdotterblume)

lanzettförmig
(z. B. Schilf)

linealförmig
(z. B. Gräser)

nadelförmig
(alle Nadelhölzer)

paarig gefiedert
(z. B. Wicken)

unpaarig gefiedert
(z. B. Esche)

Ähre

Traube

Rispe

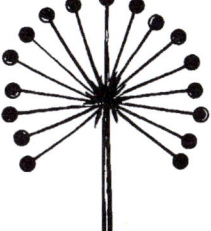

Dolde

Kolben

Anbau von Feldfrüchten

Fruchtart	Saatzeit A M E*	Saatmenge je ha	Erntezeit A M E*	Ertrag dt/ha	Wichtigste Verwendung
Getreide:					
Sommerweizen	E 2-M 3	150–270 kg	M 8-A 9	50–65	Brot- u. Spezialmehle, Stärke,
Winterweizen	A-M 10	140–230 kg	A 8-E 8	65–80	Alkohol, Brauweizen, Glucose
Dinkel	10	140–230 kg	A 8-E 8	60–70	Brotmehle, Futtergetreide
Triticale	M 9-M 10	140–160 kg	A 8-E 8	55–80	Futtergetreide
Wintergerste	M 9-E 9	110–200 kg	M 7-E 7	55–65	Futtergetreide, Braugerste
Sommergerste	E 2-A 3	120–200 kg	E 7-A 8	35–60	Braugerste
Winterroggen	M 9-M 10	100–130 kg	A 8-M 8	60–75	Brotmehle
Hafer	A 3-M 3	120–140 kg	E 8-M 9	35–70	Futterhafer, Industriehafer,
Körnermais[1]	E 4		E 10-M 11	40–110	Futtermais, Industriemais
Kolbenmais[1]	E 4-A 5	15–35 kg[2]	M 10-E 10	50–130	Futtermais (trocken)
Silomais	E 4- A 5		M 9-M 10	550–600	Futtermais (naß)
Grünfuttermais	M 4-A 5		M 8-M 9	400–550	Futtermais (meist Zweitfrucht)
Hackfrüchte:					
Kartoffel	M 4-A 5	15–26 dt	E 7-M 10[3]	220–480	Speise-, Veredlungs-, Stärke- und Pflanzkartoffeln
Zuckerrüben	E 3-M 4	9–15 kg	M 10-E 10	400–550	Zucker, Presschnitzel, Blattsilage
Futterrüben	E 3-M 4	9–35 kg	M 10-A 11	800–1300	Futterrüben
Kohlrüben	A 4-A 5	3–5 kg pill.	A 11-E 11	600–1000	Futterrübe (Haupt- u. Zweitfrucht)
Stoppelrüben	M 7-A 8	1,5 kg	A 11-E 11	400–700	Futterrübe (Zwischenfrucht)

Anbau von Feldfrüchten

Fruchtart	Saatzeit A M E*	Saatmenge je ha	Erntezeit A M E*	Ertrag dt/ha	Wichtigste Verwendung
Ölfrüchte:					
Winterraps	M 8-E 8	2,5–5 kg	A 7-E 7	25–40	Ölgewinnung, Futterschrot
Sommerraps	3-4	4-5 kg	M 7-A 8	20–30	Ölgewinnung, Futterschrot
Sonnenblumen	E 3-M 4	20-30 kg	E 8-E 9	25–35	Ölgewinnung, Futterware
Hülsenfrüchte:					
Ackerbohnen	E 2-E 3	120–220 kg	E 8-A 9	50–60	Futtermittelindustrie
Körnererbsen	E 2-E 3	170–250 kg	A 8-M 8	50–60	Futtermittelindustrie
Sojabohnen	E 4-A 5	100–140 kg	M-E 9	25–35	Ölgewinnung, Futterschrot
Zwischenfrüchte:					
Winterraps	A 8-E 8	11–12 kg			Umbruch im Spätherbst nach ausreichender Aufnahme von Restnitrat oder nach Nutzung als Grünfutter; teilweise Umbruch auch erst im Spätwinter.
Senf	M 8-M 9	18–20 kg			
Ölrettich	M 8-E 8	24–26 kg			
Sommerrübsen	M 8-E 8	9–10 kg			
Winterrübsen	A 8-M 8	9–10 kg			

[1] Körnermais wird gedroschen und nur die Körner geerntet; Spindel, Stengel und Blätter werden nicht genutzt. Beim Kolbenmais werden die ganzen Kolben (Spindel und Körner) geerntet und einsiliert.

[2] Bedarf bei Einzelkornsaat.

[3] Folienkartoffeln (Lochfolie oder Vlies) werden noch früher geerntet.

* A = Anfang, M = Mitte, E = Ende

Unterscheiden von Getreidearten

Nach den Fruchtständen

Weizen	Gerste	Roggen	Hafer	Mais
(Grannen fehlen)	(Grannen lang, hängend)	(Grannen kürzer)	(Rispe)	(Kolben)

Nach den Blattspreiten

An den Keimlingen

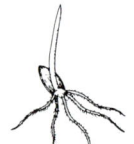    

Die wichtigsten Gräser nach Blütenformen

  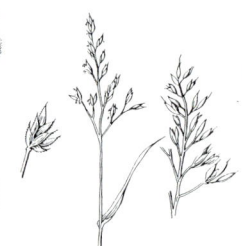  

Weidelgras	Knaulgras	Schwingelgräser	Lieschgras	Rispengräser
(Ähre, Kammgras ähnlich)	(Rispe; unverwechselbar)	(Rispen od. Doppeltrauben; Wiesen-, Rohr-, Schaf- und Rotschwingel)	(Scheinähre; Wiesen-fuchsschwanz ähnlich)	(Rispen, Gemeines-, Berg-, Sumpf-,und Wiesenrispe)

Den Wald betreffende Gesetze

Gesetzgeber	Gesetz/Verordnung
Bund	Bundeswaldgesetz (BWaldG) vom 2. Mai 1975
Länder	
Baden-Württemberg	Landeswaldgesetz (LWaldG) vom 31. August 1995
Bayern	Waldgesetz für Bayern (BayWaldG) vom 25. August 1982
Berlin	Landeswaldgesetz (LWaldG) vom 4. Juli 1995
Brandenburg	Waldgesetz des Landes Brandenburg (LWaldG) vom 17. Juni 1991
Bremen	Einziges Bundesland ohne eigenes Wald-Forstgesetz
Hamburg	Landeswaldgesetz (LWaldG) vom 13. März 1978
Hessen	Hessisches Forstgesetz (HFoG) vom 12. Oktober 1994
Mecklenburg-Vorpommern	Überleitungsgesetz zum Landeswaldgesetz (ÜGLWaldG) vom 17. Februar 1992
Niedersachsen	Landeswaldgesetz (LWaldG) vom 19. Juli 1978 Feld- und Forstordnungsgesetz (FFOG) vom 30. August 1984
Nordrhein-Westfalen	Landesforstgesetz (LFoG) vom 24. April 1980
Rheinland-Pfalz	Landesgesetz zur Neuregelung des Waldrechts (LWaldG); bei Redaktionsschluß noch in der parlamentarischen Beratung.
Saarland	Waldgesetz für das Saarland (LWaldG) vom 26. Oktober 1977
Sachsen	Waldgesetz für den Freistaat Sachsen (SächsWaldG) vom 10. April 1992
Sachsen-Anhalt	Landeswaldgesetz (LWG) vom 13. April 1994
Schleswig-Holstein	Landeswaldgesetz (LWG) vom 11. August 1994
Thüringen	Thüringer Waldgesetz (ThürWaldG) vom 6. März 1993

Waldflächen in der BRD nach Ländern und Besitzarten

Land	Waldfläche	Staatswald		Körper-schaftswald		Privatwald	
	in 1000 ha	in 1000 ha	in %	in 1000 ha	in %	in 1000 ha	in %
Baden-Württemberg	1352,64	326,92	24	525,01	39	500,71	37
Bayern	2526,35	811,02	32	335,89	13	1379,44	55
Berlin	15,71	15,71	100	0	0	0	0
Brandenburg	993,08	329,34	34	63,34	6	600,40 [1]	60
Bremen	0,70	0,70	100	0	0	0	0
Hamburg	3,40	3,40	100	0	0	0	0
Hessen	869,54	350,27	40	306,65	36	212,61	24
Mecklenburg-Vorpommern	532,25	300,94	56	31,00	6	200,31 [1]	38
Niedersachsen	1068,04	388,54	36	154,66	15	524,84	49
Nordrhein-Westfalen	873,06	150,03	17	122,69	14	600,34	69
Rheinland-Pfalz	812,46	227,29	28	379,63	47	205,53	25
Saarland	90,31	44,99	50	21,51	24	23,82	26
Sachsen	502,16	234,01	47	33,05	7	235,10 [1]	46
Sachsen-Anhalt	424,25	184,36	43	23,56	6	216,34 [1]	51
Schleswig-Holstein	155,01	52,26	34	22,74	15	80,01	51
Thüringen	522,41	219,88	42	103,42	20	199,11 [1]	38
Deutschland gesamt	**10741,37**	**3639,66**	**34**	**2123,15**	**20**	**4978,56**	**46**

[1] Einschließlich Treuhandflächen, Stand 1998

Die wichtigsten, bei uns vorkommenden Waldbaumarten

Baumart		Licht			Höhe (m)		Wurzel[1]			Umtriebszeit (Jahre)	Wildschäden[3]
		SH	HS	LH	OSt	BH	FW	HW	SW		
Nadelholz											
Waldkiefer	(Kie)			●	1600	40		○	●	110–120	VFS
Schwarzkiefer	(Skie)			●	1400	40			●	110–120	VF
Strobe	(Str)			●	1200	60	○	●		110–120	VFS
Fichte	(Fi)		○	●	1800	50	●			100–120	VFS
Tanne	(Ta)	●			1700	60			●	100–120	VFS
Europ. Lärche	(EuLä)			●	2400	55		●		130–140	VF
Douglasie	(Dgl)		●		800	60	●[2]			100–120	VF
Laubholz											
Rotbuche	(Bu)	●	○		1600	40		●		140–160	V (S)
Stieleiche	(SEi)			●	1000	40		●		160–200	V (S)
Traubeneiche	(TEi)			●	800	40		●		160–180	V (S)
Roteiche	(REi)		●		600	40		●		110–140	V (S)
Esche	(Es)			●	1000	40		○	●	70– 90	VSF
Bergahorn	(BAh)		○	●	1500	35		●		80–100	VF
Spitzahorn	(Sah)		○	●	500	30		●		80–100	VF

● = Regel   ○ = gelegentlich

[1] Die Ausformung der Wurzel ist nicht nur genetisch bedingt, sondern auch zu einem gewissen Grad standortabhängig.
[2] Flachwurzler mit Absenker
[3] Geschält werden vor allem glattrindige Nadelhölzer, bei überhöhten Wilddichten auch Buche und Eiche. Im Winter wird die Rinde »abgenagt« (Zahnspuren), im Sommer abgezogen. Gefegt werden bevorzugt Minderheiten und/oder Arten, die harzen oder stark Saft führen.

SH	Schattholz	BH	Baumhöhe	V	Verbiß
HS	Halbschattholz	HW	Herzwurzler	F	Fegeschäden
LH	Lichtholz	FW	Flachwurzler	S	Schälschäden
OSt	Obergrenze des Standortes	SW	Senkwurzler		

Standortansprüche der wichtigsten heimischen Waldbäume

Baumart	Lage	Klima	Boden	Bemerkung
Kiefer (Kie)	Ebene bis Bergland (im Gebirge als besondere Rasse); besonders an Süd- und Westhängen.	Kalt und warm, trocken, sehr anpassungsfähig, sturmfest und frosthart.	Sandig bis kiesig mit mäßigem Lehmanteil, tiefgründig, locker, frisch.	Genügsam, auch für ärmere, trockene Waldstandorte geeignet.
Fichte (Fi)	Von etwa 400 m an aufwärts bis ins Gebirge; besonders an Nord und Osthängen.	Feucht, kühl; mind. 700 mm Jahresniederschläge.	Mäßig gründig; locker, gar, mild, frisch bis feucht, mittelkräftig.	Für warme trockene Standorte nicht geeignet (Rohhumusbildung und Rotfäulegefahr).
Tanne (Ta)	Meist in mittleren Gebirgslagen bis 1200 m; auch an Ost- und Nordhängen und in tiefgründigen Einmuldungen.	Ausgeglichene Temperaturverhältnisse, keine zu strengen Winter, frostempfindlich, mind. 1000 mm Jahresniederschläge.	Tiefgründig, bindig, frisch, kräftig.	Anspruchsvolles Nadelholz; liebt große Winterfeuchtigkeit.
Lärche (Lä)	Gebirgsbaum; liebt freie, offene Lagen von 300-2200 m; besonders an Süd- und Westhängen, auf Kuppen, an Bestandsrändern.	Sonnig, windig, mäßig warm; rascher Frühjahrsbeginn.	Gründig, locker, mittelkräftig, frisch, anlehmig bis lehmig.	Ziemlich anspruchsvoll; für dumpfe Örtlichkeiten nicht geeignet (Krebsbildung).
Douglasie (Dgl)	Liegt in ihren Ansprüchen zwischen Fi und Kie, frostempfindlich, nicht über 700 m anbauen (Schneebruchgefahr); nie im Reinbestand großflächig begründen, sondern stets in Einzelmischung zur Fi, Kie, usw.. Eignet sich besonders gut als Lückenbüßer in vorgewachsenen Kulturen und Dickungen.			
Rotbuche (Bu)	Gebirgslagen wie Tanne; auch an Nord- und Osthängen bis 1200 m.	Seeklima, feucht bis mäßig warm, keine zu kalten Winter.	Mineralkräftig, kalkhaltig, locker, mittelgründig, frisch.	Ziemlich anspruchsvoll, nur auf besseren Bonitäten leistungsfähig.

Standortansprüche der wichtigsten heimischen Baumarten

Baumart	Lage	Klima	Boden	Bemerkung
Stieleiche (StEi)	Auen, Tief- und Hügelland bis 700 m; auch an Süd- und Westhängen.	Mild, Talklima; keine Spätfröste.	Tiefgründig, kräftig, frisch bis feucht, bindige bis schwere Lehm- und Tonböden.	Anspruchsvoll, frostempfindlich.
Traubeneiche (TrEi)	Hügel- bis Bergland (Spessart); auch an Süd- und Westhängen.	Mild bis etwas rauh.	Mäßige Ansprüche; anlehmige Sand- bis sandige Lehm- und Tonböden.	Genügsam, auch für Sandböden noch geeignet.
Esche (Es)	Auen, Täler; meist entlang von Fluß- und Bachläufen bis ins Gebirge und an Quellhorizonten.	Mild, feucht, frostempfindlich.	Kräftig, frisch bis feucht, tiefgründig, locker, humos.	Ziemlich anspruchsvoll.
Bergahorn (BAh)	Hügelland bis zur Waldgrenze.	Hohe Luftfeuchtigkeit in der Jugend, etwas frostempfindlich.	Gründige, nährstoffreiche, feuchte Böden.	Nicht auf Staunässe oder auf strengem Ton.
Spitzahorn (SAh)	Auen, Tief- und Hügelland.	Frosthart	Wie BAh, aber genügsamer.	Wie BAh.
Schwarz-Erle (SErl)	Tiefland bis Gebirge; meist entlang von Bach- und Flußläufen und an feuchten Standorten.	Ziemlich anspruchslos, auch für rauhere Lagen geeignet.	Feucht, locker, kräftig, tiefgründig, auch für ärmere Böden geeignet, wenn künstlich gelockert.	Stickstoffsammler, bodenverbessernd; auch zur Vorwaldbegründung geeignet.

Wurzelformen

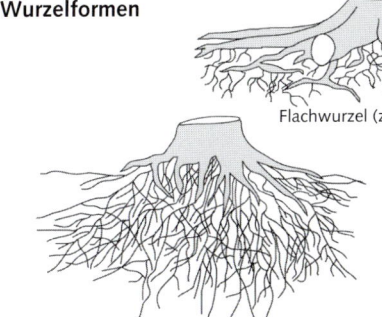

Flachwurzel (z.B. Fichte)

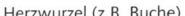

Herzwurzel (z.B. Buche)

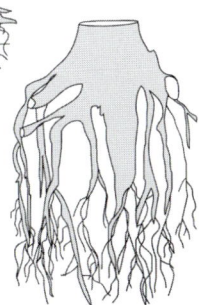

Senkwurzel (z.B. Tanne)

Bergahorn

Feldahorn

Fichte

Kanadische Pappel

Kiefer

Lärche

Roteiche

Schwarzerle

Silberweide

Traubeneiche

Hainbuche

Waldaufbau

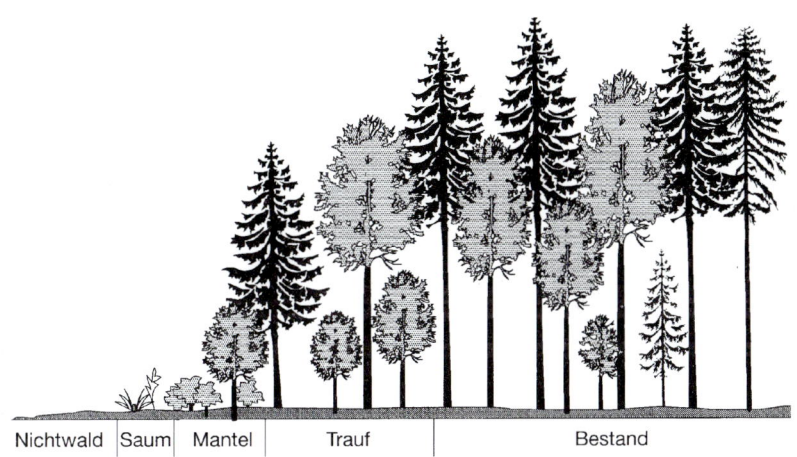

| Nichtwald | Saum | Mantel | Trauf | Bestand |

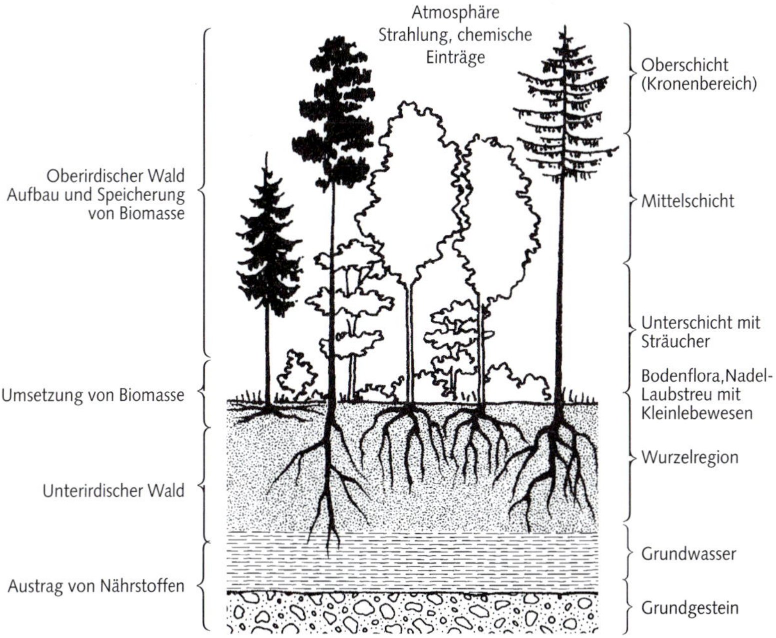

Atmosphäre
Strahlung, chemische
Einträge

Oberschicht
(Kronenbereich)

Oberirdischer Wald
Aufbau und Speicherung
von Biomasse

Mittelschicht

Unterschicht mit
Sträucher

Bodenflora, Nadel-
Laubstreu mit
Kleinlebewesen

Umsetzung von Biomasse

Wurzelregion

Unterirdischer Wald

Grundwasser

Austrag von Nährstoffen

Grundgestein

Stellung der Bäume im Bestand

1 vorherrschend
2 herrschend
3 mitherrschend
4 zwischenständig
5 unterständig

3 4 1 3 2 5 1 3 5 2 4

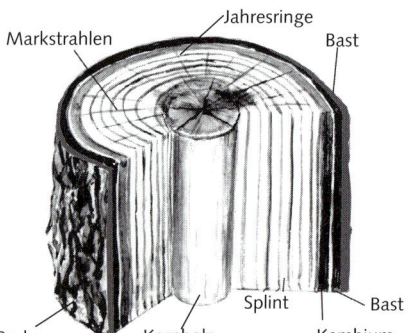

Markstrahlen
Jahresringe
Bast

Anatomie eines Baumstammes

Borke   Kernholz   Splint   Kambium   Bast

Stammholz bringt Gewinn, Brennholz Verlust! Heute wird meist in Rinde gerückt und dann maschinell entrindet.

Die wichtigsten bei uns vorkommenden Nebenbaumarten

Baumart		Licht SH	HS	LH	Höhe(m) OSt	BH	Wurzel[1] FW	HWSW	Umtriebszeit (Jahre)
Sommerlinde	(Sli)			●	1500	40		●	70– 90
Winterlinde	(Wli)	●			1500	30		●	70– 90
Hainbuche	(Hbu)	●			1000	25	●		60– 80
Edelkastanie	(Ka)	●			300	30	●		150–200
Vogelkirsche	(Kir)		◐	●	1700	25	●		80–110
Traubenkirsche	(TK)		◐	●	1500	18	●		–
Pioniere									–
Schwarzerle	(Serl)			●	1200	30	●[2]		80–120
Weißerle	(Werl)			●	1900	25	●[2]		–
Birke	(Bi)			●	1900	25	●		70– 90
Vogelbeere	(VoBe)			●	2000	15	●		–
Elsbeere		●			900	20	●		–
Mehlbeere				●	1600	15	●		–
Robinie				●	900	25	●		40– 50
Schwarzpappel				●	1200	35	●		30– 50
Weißpappel				●	600	40	●		30– 50
Feldahorn	(Fah)	●	◐		600	25	●		–
Bergulme	(Bul)	●			1400	40		◐ ●	70 –100
Feldulme	(Ful)	●			500	40		◐ ●	70 –100

● = grundsätzlich
◐ = gelegentlich

[1] Die Ausformung der Wurzeln ist nicht nur genetisch bedingt, sondern zu einem gewissen Grad auch standortabhängig.

[2] Flachwurzel mit Absenker

SH	Schattholz	BH	Baumhöhe	V	Verbiß
HS	Halbschattholz	HW	Herzwurzler	F	Fegeschäden
LH	Lichtholz	FW	Flachwurzler	S	Schälschäden
OSt	Obergrenze des Standortes	SW	Senkwurzler		

Nutzung und Verjüngung

Kahlschlag

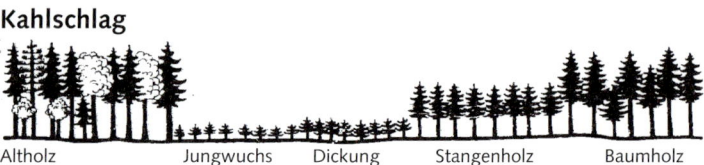

| Altholz | Jungwuchs | Dickung | Stangenholz | Baumholz |

Altersklassenwald, Nutzung durch Kahlschläge
Hiebsfolge immer von Ost nach West (Windwurfgefahr). Es entstehen immer wieder gleichalte, mischungsarme Blöcke.

Saumschlag

Altersklassenwald, Nutzung durch Saumschläge
Im Prinzip wie oben, jedoch mit leichter Vorlichtung am Rand (Naturverjüngung). Es entstehen wieder Kahlflächen und Altersklassen.

Schirmschlag

Altersklassenwald, Verjüngung durch Schirmschläge
Vorlichtung im Bestandesinneren zur Förderung der Naturverjüngung, anschließend Räumung des Altholzes.

Femelschlag

Altersklassenwald, Verjüngung durch Femelschläge
Mehrere differenzierte Verfahren, bei denen in die Altbestände kleine Femellöcher geschlagen werden, um Licht und damit Verjüngung zu schaffen. Ist diese ausreichend vorhanden, werden die »Löcher« erweitert.

Plenterung (Plenterwald)

Dauerwald, Nutzung durch Plenterung
Einzelstammweise Nutzung starken Holzes, dadurch stufiger Aufbau ohne Altersklassen und standortgerechte Mischung (Schatthölzer erscheinen früher, Lichthölzer später).

In Altersklassewäldern sind Wildschäden vorprogrammiert, am schlimmsten dort, wo (wie auf dem Bild) nicht oder nur mangelhaft durchforstet wird. Die Rehe konzentrieren sich dann zwangsweise auf den wenigen Kulturflächen und müssen dort um so intensiver verbeißen!

Plenterwälder sind die einzig echten Dauerwälder und damit die naturnaheste Form der Waldbewirtschaftung. Sie sind außerordentlich stabil gegen Wind, Sonne, Frost und Schnee. Ihre Pflege erfordert jedoch ein hohes forstliches Können. Zum Plenterwald gehören alle für den jeweiligen Standort typischen Baumarten, einschließlich der strauch- und krautartigen Flora. Sie sind besonders wildfreundlich. In Deutschland und Österreich mußten die meisten Plenterwälder den maschinengerechten, ohne allzu großen Kenntnissen bewirtschaftbaren Mono-Altersklassenwäldern weichen. Erst in neuerer Zeit erfolgt eine teilweise Rückbesinnung. Die meisten Plenterwälder befinden sich in bäuerlichem Besitz Süddeutschlands.

Bei Holz, das kurz abgesägt und geschichtet wird, spricht der Forstmann von Schichtholz. Wir unterscheiden Industrie-, Papier- und Brennholz.

Die wichtigsten Schädlinge des Waldes

Schädling	Baumart / befallene Teile	Befallsursache	Gegenmaßnahmen
Pilze			
Hallimasch	Fichte, Lärche, Kiefer; untere Stammabschnitte faulen von innen heraus.	Feuchter Standort, Sauerstoffmangel im Wurzelbereich.	Wechsel der Baumart.
Rotfäule	Fichte, alle anderen Nadelhölzer; hauptsächlich untere Stammabschnitte.	Verwundung der Wurzelanläufe oder des Stamms (Rücke-, Schäl- und Fällungsschäden).	Wundverschluß
Kiefernschütte	Jungkiefern; Nadeln.	Schwierigkeiten bei der Wasserversorgung.	Nur vorbeugend mit einem Fungizid.
Blasenrost	Weymouthskiefer (Strobe); Astquirle schwellen an und harzen (Verkienung).	Reinbestände.	Nicht möglich.
Lärchenkrebs	Beide Lärchenarten; Stamm wird beulig aufgetrieben.	Wird durch Dichtstand begünstigt.	Frühzeitig stark durchforsten.
Pappel-Rindentod	Jüngere Hybrid-Pappeln; Rinde trocknet ein, oberhalb stirbt Baum ab.	Kränkelnde Pflanzen.	Starker Rückschnitt.
Insekten			
Großer Rüsselkäfer	Nadelholz (Kulturalter); Fraßstellen an der Rinde.	Hauptsächlich auf Hiebsflächen.	Insektizid
Pappelbock	Junge Hybridpappeln; Mark des Stammes, Larve frißt sich aufwärts.	Kränkelnde Pflanzen.	Wachstumsfördernde Pflege, starker Rückschnitt.
Buchdrucker	Fichte (ab Baumholzalter); Bohrgänge in der Rinde.	Kränkelnde Bäume, Reinbestände.	Sofortige Entnahme befallener Bäume und keine Lagerung in Rinde; Fangbäume.
Kupferstecher	Fichte (ab Dickungsalter);Bohrgänge in der Rinde.	Dichtstand, Reinbestände.	Sofortige Entnahme befallener Bäume und keine Lagerung in Rinde; Fangbäume.

Die wichtigsten Schädlinge des Waldes

Schädling	Baumart / befallene Teile	Befallsursache	Gegenmaßnahmen
Nutzholz-Borken-käfer	Fichte und Kiefer; Bohrgänge bis 6 cm tief ins Holz.	Kränkelnde Bäume.	Frühzeitige Abfuhr eingeschlagenen Holzes.
Bockkäfer	Fichte, Kiefer, Lärche, Pappel u a; bis finger-starke Bohrgänge im Holz.		Vorbeugend schnelle Aufarbeitung, Entrindung und Ab-fuhr des Holzes.
Kiefern-spanner	Kiefer mittleren Alters (20–70 Jahre); Nadelfraß.	Reinbestände und Niederschläge unter 500 mm im Jahr.	Naturnaher, standortgerechter Waldbau.
Kiefern-eule	Kiefer mittleren Alters (40–80 Jahre); Nadel- und Knospenfraß.	Reinbestände und Niederschläge unter 700 mm im Jahr.	Naturnaher, standortgerechter Waldbau.
Fichten-blatt-wespe	Fichte; Nadelfraß mit der Folge von Wipfeldürre und Ab-sterben des Baumes.	Kränkelnde Bäume, Reinbestände.	Naturnaher, standortgerechter Waldbau.
Nonne	Kiefer, Fichte, seltener Buche, Hainbuche, Eiche und Bodenflora; Nadel-/Blattfraß.	Besonders Kiefer-reinbestände.	Schwierig; nur großflächig mit Insektizid.
Eichen-wickler	Stieleiche und andere Eichen; Blattfraß.	Besonders bei frühem Austrieb.	Keine Pflanzung von Eichen unbekannter Herkunft; Saatgut nur vom späteren Standort.
Nager			
Erdmaus	Laubhölzer bevorzugt; Rindenfraß.	Vergrasung der Verjüngungsflächen, Zäunung.	Ausmähen, Flächen für Mäuseprädatoren attraktiv machen (Fuchsdurchlässe, Greifvogeljulen), Ausbringung von Rodentiziden, Schlagfallen.
Rötelmaus	Junglärchen, Laub-hölzer; Rindenfraß.	Wie oben.	Wie oben.
Wühlmaus	Laub- und Nadel-hölzer; Wurzelfraß und Rinde am Stammansatz.	Wie oben.	Wie oben.

Einige wichtige Schadinsekten

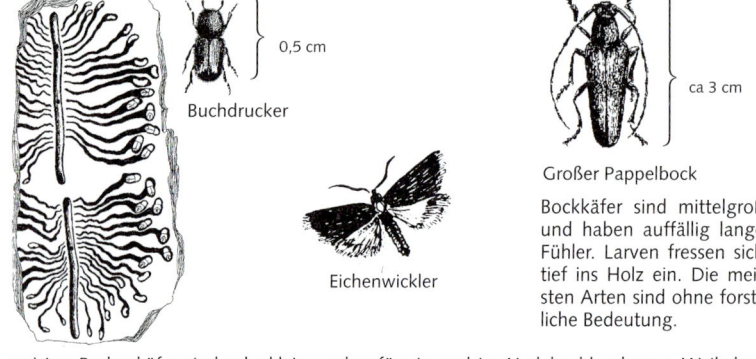

0,5 cm

Buchdrucker

ca 3 cm

Eichenwickler

Großer Pappelbock

Bockkäfer sind mittelgroß und haben auffällig lange Fühler. Larven fressen sich tief ins Holz ein. Die meisten Arten sind ohne forstliche Bedeutung.

Die meisten Borkenkäfer sind sehr klein, walzenförmig und im Nadelwald zuhause. Weibchen nagen Bruthöhlen unter die Rinde oder ins Holz (Rindenbrüter und Holzbrüter) und legen dort ihre Eier ab. Larven fressen Gänge. Wichtigste Arten: Waldgärtner, Buchdrucker, Kupferstecher.

Kiefernspanner

Spanner sind mittelgroße bis kleine Schmetterlinge, die meist in der Dämmerung oder nachts fliegen. Raupen bewegen sich spannend fort (daher der Name). Die meisten Arten sind harmlos, einige wenige für den Wald durch Kahlfraß gefährlich. Wichtigste Arten: Kiefernspanner, Frostspanner (Obstbau), Eichenspanner.

Nonne

Spinner sind relativ plumpe, stark behaarte Schmetterlinge, Flügel werden in der Ruhe dachförmig getragen. Raupen meist borstig mit 16 Beinen. Starker Raupenfraß an Nadeln und Blättern. Wichtigste Arten: Prozessionsspinner, Nonne, Schwammspinner, Kiefernspinner.

Welche Wildschäden entstehen im Wald und an Bäumen im Feld?

Art des Schadens	Verursacher	Wirkung
Tilgung von Keimlingen durch Abäsen.	Schalenwild (Schwarzwild gering), Feld- u. Schneehase, Kaninchen, Mäuse.*	Ausfall ganzer Baumarten, dadurch Entwicklung von Monowäldern.
Verbiß von Terminal- und Seitentrieben.	Schalenwild (vorrangig Rehwild), Hase, Kaninchen.	Bonsaiwuchs, Zuwachsverlust, Ausfall einzelner Baumarten.
Schälschäden	Rot-, Sika-, Muffel- und Damwild.	Entwertung des Erdstammes durch Deformation und Rotfäule.
Nageschäden	Feld- u. Schneehase, Biber, Mäuse*.	Absterben der betroffenen Bäume.

* Schäden durch Mäuse sind keine Wildschäden, werden aber oft mit solchen verwechselt.

Welche sonstige Schäden entstehen im oder am Wald?

Art des Schadens	Verursacher	Wirkung
Luftschadstoffe (Schwefel, Stickoxide, Photooxidantien).	Immissionen durch Industrie, Haushalte und Verkehr.	Blatt- und Nadel-, Stabilitäts- und Zuwachsverluste.
Verwundung der Wurzelanläufe.	Holzrückung	Fäulnis, Pilzbefall (z.B. Hallimasch).
Verwundung der Stämme.	Holzfällung, Holzrückung, Holzabfuhr.	Entwertung durch nachfolgende Rotfäulepilze.
Verdichtung des Oberbodens.	Einsatz schwerer Rückemaschinen.	Vernässung, erschwerte Keimung von Waldsamen wie Bucheckern oder Eicheln.

Welche Wildschäden müssen ersetzt werden?

- Grundsätzlich nur Schäden durch Schalenwild, Wildkaninchen und Fasane.

- Nicht ersatzpflichtig sind Schäden an Garten- und hochwertigen Handelsgewächsen (z.B. Gemüse, Tabak, Hopfen, Arzneipflanzen).

- Schäden in Baumschulen, an Alleebäumen, einzelnstehenden Bäumen und Obstbäumen müssen nur ersetzt werden, wenn die landesüblichen Schutzmaßnahmen getroffen wurden. Gleiches gilt für Forstpflanzen, die nicht zu den Hauptbaumarten gehören.

- Jagdgenossenschaft bzw. Eigenjagdbesitzer und Jagdpächter können in den Pachtverträgen die Ersatzpflicht erweitern.

Der Wildbestand muß dem Lebensraum angepaßt werden, weil es umgekehrt nicht geht! Minderheiten und Mischbaumarten werden oft stark verbissen, manchmal auch völlig getilgt.

Verbißschutzmittel (Streichmittel, Schafwolle, Knospenschützer) helfen fast nur dem Nadelholz und lenken den Verbißdruck auf die übrige Vegetation. Dadurch wird der Lebensraum des Wildes weiter entwertet.

Oben links : Fegeschäden entstehen durch Hirsche und Rehböcke. Je mehr Rehböcke erlegt werden, um so mehr Fegeschäden entstehen, weil jeder Bock neue Fegemarken setzt!

Oben rechts: In kleinen Gruppen gepflanzte Laubhölzer oder Douglasien müssen mitunter mit Kunststoffspiralen, Metallstäben oder chemisch gegen Fegeschäden geschützt werden.

Links: Insgesamt entstehen die meisten Schälschäden durch das Rotwild. Sika- und Muffelwild schälen aber meist viel intensiver. In die Schälwunden dringen Rotfäulepilze ein.

Unten: Früher waren Hordengatter allgemein üblich, sie wurden später durch Drahtzäune abgelöst. Holz verrottet - Draht verschandelt!

Welche Schutzvorrichtungen gelten als ausreichend?

Bundesland — *Für folgende Wildarten werden wilddichte Zäune folgender Mindesthöhen oder Einzelschutz gefordert:*

	Muffelwild	Rot-, Dam- und Sikawild	Reh- und Gamswild	Schwarzwild	Hasen und Wildkanin- chen
Baden-Württemberg § 1 DV	2,5 m	1,8 m	1,3 m	1,3 m	1,00 m über und 0,30 m in der Erde
Bayern	Keine besonderen Bestimmungen getroffen.				
Berlin	Keine besonderen Bestimmungen getroffen.				
Brandenburg § 11 DV	2,00 m	1,80 m	1,50 m, gilt auch für Damwild	1,50 m, muß am Boden befestigt sein	1,30 m über und 0,20 m in der Erde, Maschenweite 25 mm
Bremen	Keine besonderen Bestimmungen getroffen.				
Hamburg	Keine besonderen Bestimmungen getroffen.				
Hessen* § 27 DV	2,50 m	1,80 m	1,50 m	1,50 m, muß am Boden befestigt sein	1,30 m über und 0,20 m in der Erde, Maschenweite 25 mm
Mecklenburg-Vorpommern	Keine besonderen Bestimmungen getroffen.				
Niedersachsen Nr. XI AB	2,50 m	1,80 m	1,50 m	1,50 m	1,20 m über und 0,30 m in der Erde, Maschenweite 40 mm
Nordrhein-Westfalen § 1 DV	2,50 m	1,80 m	1,50 m	1,50 m	1,30 m über und 0,20 m in der Erde, Maschenweite 40 mm
Rheinland-Pfalz § 67 DV*	2,50 m	1,80 m	1,50 m	1,50 m	1,20 m über und 0,30 m in der Erde, Maschenweite 40 mm

Welche Schutzvorrichtungen gelten als ausreichend?

Bundesland *Für folgende Wildarten werden wilddichte Zäune folgender Mindesthöhen oder Einzelschutz gefordert:*

	Muffelwild	Rot-, Dam- und Sikawild	Reh- und Gamswild	Schwarzwild	Hasen und Wildkaninchen
Saarland § 28 DV*	—	1,80 m	1,50 m	1,50 m, an Erdpfählen befestigt	1,30 m über und 0,20 m in der Erde
Sachsen § 1 DV	1,80 m	1,80 m	1,30 m	1,30 m	1,00 m über und 0,30 m in der Erde
Sachsen-Anhalt	—	1,80 m	1,50 m	1,50 m, an Erdpfählen befestigt	1,30 m über und 0,20 m in der Erde
Schleswig-Holstein	Keine besonderen Bestimmungen getroffen.				
Thüringen	2,50 m	1,80 m	1,50 m	1,50 m	1,20 m über und 0,30 m in der Erde, Maschenweite 40 mm

* In diesen Ländern waren bei Redaktionsschluß neue Landesjagdgesetze und/oder Durchführungsverordnungen in Vorbereitung.

Mit Pferden läßt sich Holz waldschonend rücken; heute entstehen durch den Einsatz von überdimensionierte Rückemaschinen oft Schäden, die denen durch Wild nicht nachstehen.

Ist der Schätzer schon im ersten Anlauf erforderlich?

Bundesland	Umstände	soll/muß
Baden-Württemberg LJG § 17	Auf Antrag einer Partei, wenn eine gütliche Einigung nicht zu erwarten ist oder besondere Gründe dies erfordern.	muß
Bayern VO §26	Auf Antrag einer Partei oder wenn keine gütliche Einigung zu erwarten ist oder andere Gründe dies erfordern.	muß
Berlin LJG § 42	Wenn ein Beteiligter dies beantragt oder eine gütliche Einigung nicht zu erwarten ist.	soll
Brandenburg LJG § 50	Auf Antrag einer Partei oder wenn keine gütliche Einigung zu erwarten ist.	soll
Bremen LJG § 33	Wenn einer der Beteiligten dies verlangt.	soll
Hamburg VO § 3	Erst beim zweiten Termin.	nein
Hessen LJG § 36	Erst beim zweiten Termin.	nein
Mecklenburg-Vorpommern LJG § 28	Wenn eine gütliche Einigung nicht zu erwarten ist oder einer der Beteiligten dies beantragt.	soll
Niedersachsen VO § 5	Erst beim zweiten Termin.	nein
Nordrhein-Westfalen*LJG § 37	Wenn ein Beteiligter dies beantragt.	soll
Rheinland-Pfalz** VO § 61	Wenn eine gütliche Einigung nicht zu erwarten ist oder andere Gründe dies erfordern.	soll
Saarland** VO § 31	Wenn eine Partei dies beantragt oder eine gütliche Einigung nicht zu erwarten ist.	
Sachsen*	Derzeit noch keine Regelung.	
Sachsen-Anhalt VO § 3	Erst beim zweiten Anlauf.	nein
Schleswig-Holstein VO § 3	Wenn eine gütliche Einigung nicht zu erwarten ist oder seine Teilnahme von einer der Parteien beantragt wird.	soll
Thüringen LJG § 48	»Der Schätzer braucht nicht geladen zu werden.«	nein

* = Derzeit keine Regelung über Vorverfahren

** = Neue Durchführungsverordnung in Arbeit, lag jedoch bei Redaktionsschluß noch nicht vor

Die wichtigsten Wildschäden in der Landwirtschaft

Fruchtart	Zeitpunkt	Art der Schädigung	Wildarten	andere Verursacher
Grünland	haupts. Frühjahr	starke Beäsung	haupts. Rotwild	
	ganzjährig	Umbruch	Schwarzwild, geringfüg. d. Dachs	
Getreide	Saat	Saatgutaufnahme	Fasane, Wildtauben	Singvögel, Haustauben
	Wachstum	Beäsen der Blätter	Kaninchen, Hasen, Schalenwild	
	ab Milchreife	Aufnahme der Körner Trampel- u. Lagerschäden	Schalenwild, Enten, Tauben hauptsächlich Schwarzwild	Singvögel, Mäuse, Ratten gelegentlich Vieh
Mais	Saat	Saatgutaufnahme	Schwarzwild, Fasan, Tauben	Rabenvögel
	Wachstum	Beäsen der Blätter	hauptsächlich Rehwild	
	ab Milchreife	Aufnahme der Körner	hauptsächlich Schwarzwild, aber auch alles andere Schalenwild, Dachs, Biber	Rabenvögel, Ratten, Bisam, Kleinvögel, Mäuse
Kartoffeln	Saat	Saatgutaufnahme	Schwarzwild	
	Wachstum	Beäsen der Blätter	Rot- und Rehwild	
	Knollenreife	Aufnahme der Knollen	Schwarz- und Rotwild, Biber	
Rüben	Keimlinge	Beäsen der Blätter	Rot-, Dam- u. Rehwild, Fasan, Kaninchen, Hase	
	Wachstum	Beäsen der Blätter	Schalenwild	
	Reife	Aufnahme der Rüben	alles Schalenwild, Hase, Biber	Ratten
Raps	Saat	Saatgutaufnahme	Fasane, Wildtauben	Kleinvögel
	Wachstum	Beäsen der Blätter	Schalenwild, Hase, Kaninchen	
	Reife	Aufnahme der Körner	Wildtauben (gering)	Kleinvögel, Mäuse
Obstgehölze	Winter	Benagen der Rinde	Hase, Kaninchen, Biber	Mäuse
	Frühjahr	Befegen	Rehböcke	

Wildschadensabwicklung

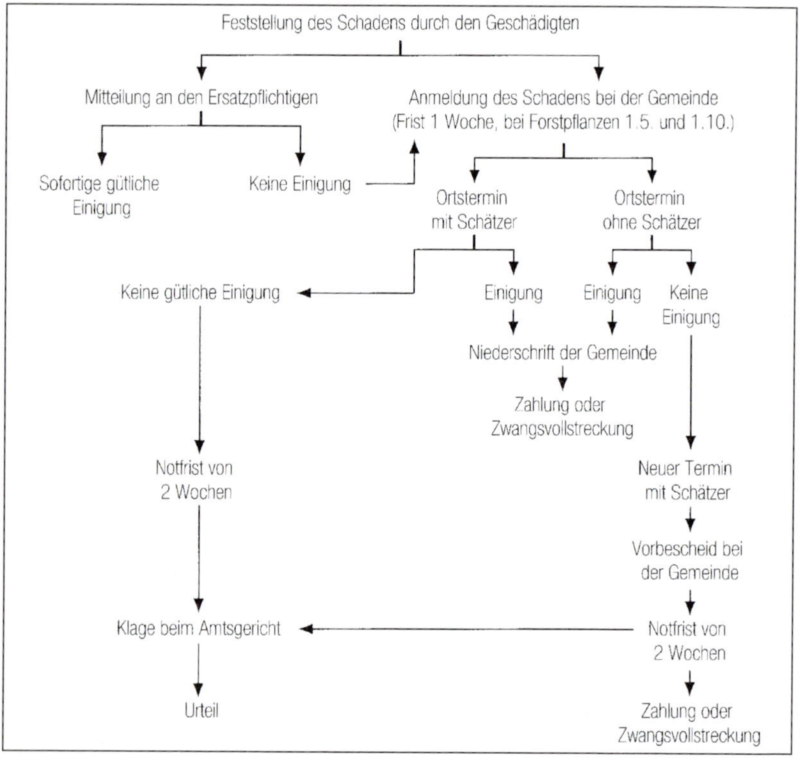

Feststellung des Schadens durch den Geschädigten

Mitteilung an den Ersatzpflichtigen

Anmeldung des Schadens bei der Gemeinde
(Frist 1 Woche, bei Forstpflanzen 1.5. und 1.10.)

Sofortige gütliche Einigung

Keine Einigung

Ortstermin mit Schätzer

Ortstermin ohne Schätzer

Keine gütliche Einigung

Einigung

Einigung

Keine Einigung

Niederschrift der Gemeinde

Zahlung oder Zwangsvollstreckung

Notfrist von 2 Wochen

Neuer Termin mit Schätzer

Vorbescheid bei der Gemeinde

Klage beim Amtsgericht

Notfrist von 2 Wochen

Urteil

Zahlung oder Zwangsvollstreckung

Am besten einigen sich Landwirt und Jäger schon vor der Meldung an die Gemeinde über die Entschädigung. Sie sparen sich damit Zeit und Kosten.

Aufbauschema eines E-Zaunes

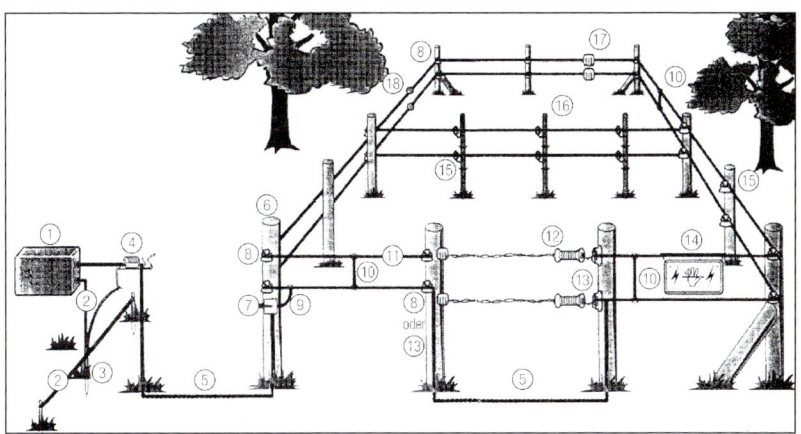

Zeichnung AKO Werke Kißlegg (leicht verändert) aus »Wildschaden heute«.

1 Elektrozaungerät mit Netzstrom- oder Batterieversorgung
2 Erdanschlußkabel (Verbindung Gerät – Erdungsstäbe
3 Erdungsstäbe, mindestens 100 cm tief ins Erdreich einschlagen
4 Blitzschutz, bewahrt das Elektrozaungerät vor Blitzschäden
5 Hochspannungskabel oder normales Zaunanschlußkabel
6 Zaunpfahl – für Eckpfosten empfehlen wir Holz-/Recyclingpfähle
7 Auf Wunsch: Schalter zur Stromunterbrechung

8 Eckisolator
9 Zaunanschlußkabel
10 Zaunverbindungskabel
11 Draht, Litze, Kordel oder Band
12 Torset oder entsprechende Einzelkomponenten
13 Anker-Isolator
14 Warnschild
15 Strecken-Isolator
16 Kunststoff- oder Metallpfahl für mobile Weiden und Portionsweiden
17 Zaundrahtverbinder
18 Drahtspanner

Im deutschspr. Raum hauptsächlich verwendete Jagdhunderassen

Rasse / Schlag   *Arbeitsgebiete / Prüfungen[1]*

Deutsche Vorstehhunde:
Deutsch Kurzhaar (DK)*
Kurzh. Weimaraner (KW)*
Langh. Weimaraner (LW)
Deutsch Langhaar (DL)
Großer Münsterländer (GM)
Kleiner Münsterländer (KlM)
Pudelpointer (PP)*
Stichelhaar (DSth)*
Griffon (Gr)*
Deutsch Drahthaar (DD)*

Ungarische Vorstehhunde:
Kurzhaar. Magyar Vizslar (MV)*
Rauhhaar. Magyar Vizslar (MV)*

Vollgebrauchshunde für alle Arbeiten im Wald, im Feld und im Wasser, ausgenommen die Bauarbeit.

Verbandsjugendprüfung (VPJ) als Anlageprüfung mit Hasenspur und Wasser, keine Abrichtefächer, zusätzlich Formwertfeststellung.
Die **Herbstzuchtprüfung** (HZP) soll zeigen, wie sich die Anlagen unter dem Einfluß der Abrichtung entwickelt haben (noch ohne Schweißarbeit).
Die **Verbandsgebrauchsprüfung** (VGP) ist eine reine Leistungsprüfung mit hohen Anforderungen, einschließlich Buschieren, Stöbern und Schweißarbeit.

Französ. Vorstehhunde:
12 Rassen

Vollgebrauchshunde mit eigenem Prüfungswesen.

Engl. Vorstehhunde:
Pointer (P)
Irisch Setter (IS)
Gordon Setter (GS)
Schottischer Setter (SS)

Ursprünglich nur Suche und Vorstehen im Feld, doch werden Setter heute gelegentlich auch als Vollgebrauchshunde geführt. Eigenes Prüfungswesen ohne Hasenspur, Wasserarbeit.

Apportierhunde:
Golden Retriever (Retr)
Labrador Retriever (LRetr)

Ursprünglich reine Apportierhunde, heute meist auch Schweiß und Wasserarbeit. Eigenes Prüfungswesen.

Stöberhunde:
Deutscher Wachtelhund (DW)*
English-Springer-Spaniel (SpSp)*
Cocker-Spaniel (CoSp)*

Spurlaute Gebrauchshunde, die jedoch nicht vorstehen; Spaniels mit begrenzter Apportierleistung. Besonders passionierte Stöberer.

Schweißhunde:
Hann. Schweißhund (HS)

Traditionell nur Hochwildnachsuchen.

Bayer. Gebirgsschweißhund (BGS)

Schalenwildnachsuchen, auch Rehwild.

Im deutschspr. Raum hauptsächlich verwendete Jagdhunderassen

Rasse / Schlag   *Arbeitsgebiete / Prüfungen[1]*

Deutsche Bracken:
Deutsche Bracke (DBr)
Westfälische Dachsbracke

Ursprünglich fast nur Brackieren von Hase,
Fuchs und Schalenwild; heute meist als
Alpenländische Bracken: Waldgebrauchshunde geführt, teilweise auch
Brandlbracke (BrBr) als nahezu reine Schweißarbeiter.
Steir. Rauhhaar Bracke (StBr)
Alpenländ. Dachsbracke
Tiroler Bracke (TBr)

Schweizer Bracken:
Jura-Laufhund[2]
Berner-Laufhund[2]   Brackieren von Reh, Hase und Fuchs bei
Luzerner-Laufhund[2]   der Schrotjagd im Herbst sowie Schweißarbeit.
Schwyzer-Laufhund[2]   Geprüft wird auf der warmen Rehfährte.

Sonstige Bracken:
Schwarzwildbracken   Hochwilddrückjagden und Schweißarbeit.
Beagel   Beagel auch Stöber- und Apportierarbeit.

Erdhunde:
Dackel (Teckel, Dachshund)[3],   Baujagd, vorwiegend auf Fuchs, Schweißarbeit,
langh. LT, rauh. RT, kurzh. KT   Stöberarbeit und bei den Terriern auch Wasserarbeit.
Foxterrier (FT)[4]*   Differenziertes Prüfungswesen der einzelnen
Deutscher Jagdterrier (DJT) [4]* Zuchtverbände.
Jack Russel Terrier (JRT) [4]*

[1] Ohne Anspruch auf Vollständigkeit
[2] Alle Schweizer Laufhunde werden nieder- und hochläufig gezüchtet und von zwei verschiedenen Clubs betreut.
[3] Dackel gibt es in den Haarvariationen lang-, kurz- und rauhhaarig; neben der Normalgröße werden auch noch Kaninchen- und Zwergteckel gezüchtet.
[4] Alle drei Terrierrassen werden sowohl stock- als auch rauhhaarig gezüchtet.
* Diese Rassen werden kupiert.

Körperbau des Jagdhundes

**Langhaariger
Weimaraner**

Kruppe

Behang

Widerrist

Auge

Nase/Nasenschwamm

Fang

Hals

Rute

Fahne
(bei Langhaar)

Fersenbein

Hinterlauf

Ellenbogengelenk

Vorderfußwurzelgelenk

Sprunggelenk

Kniegelenk

Pfote mit Zehen

Zahnformel (je Seite)

$$\frac{3J\ 1C\ 4P\ 2M}{3J\ 1C\ 4P\ 3M} = 42$$

Der Ungarische Vorstehhund wird in zwei Schlägen gezüchtet: kurz- und rauhhaarig und genau so vielseitig geführt wie die deutschen Vorstehhunde.

Brandlbracken sind eigentlich Laufhunde, die aber heute vorwiegend als reine Schweißhunde eingesetzt werden und einem »echten Schweißhund« leistungsmäßig nicht nachstehen.

Hundeprüfungen

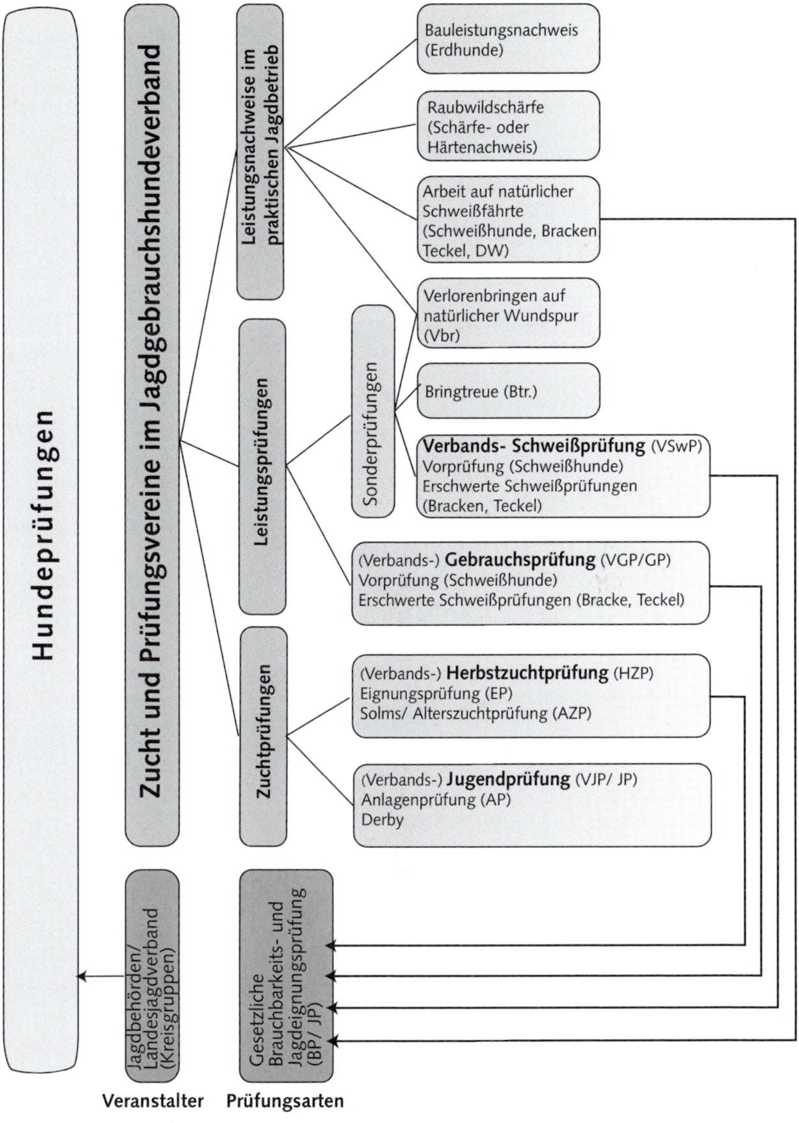

Hundeprüfungen

Zucht und Prüfungsvereine im Jagdgebrauchshundeverband

Leistungsnachweise im praktischen Jagdbetrieb

- Bauleistungsnachweis (Erdhunde)
- Raubwildschärfe (Schärfe- oder Härtenachweis)
- Arbeit auf natürlicher Schweißfährte (Schweißhunde, Bracken Teckel, DW)

Leistungsprüfungen

Sonderprüfungen

- Verlorenbringen auf natürlicher Wundspur (Vbr)
- Bringtreue (Btr.)
- **Verbands- Schweißprüfung** (VSwP) Vorprüfung (Schweißhunde) Erschwerte Schweißprüfungen (Bracken, Teckel)

(Verbands-) **Gebrauchsprüfung** (VGP/GP) Vorprüfung (Schweißhunde) Erschwerte Schweißprüfungen (Bracke, Teckel)

Zuchtprüfungen

(Verbands-) **Herbstzuchtprüfung** (HZP) Eignungsprüfung (EP) Solms/ Alterszuchtprüfung (AZP)

(Verbands-) **Jugendprüfung** (VJP/ JP) Anlagenprüfung (AP) Derby

Jagdbehörden/ Landesjagdverband (Kreisgruppen)

Gesetzliche Brauchbarkeits- und Jagdeignungsprüfung (BP/ JP)

Veranstalter   **Prüfungsarten**

Die wichtigsten Hundeprüfungen

Prüfung	Arbeitsfächer
VJP	Nur Anlagefächer: Spurarbeit (Spurwille, Spursicherheit), Nase, Suche (Wille zum Finden), Vorstehen, Führigkeit, Schußfestigkeit, Wesensfestigkeit, Art des Jagens (Art des Lautes), Feststellung des Formwertes.
HZP	Anlagefächer: Spurarbeit (Spurwille, Spursicherheit), Nase, Suche, Vorstehen; Führigkeit, Arbeitsfreude, Wasserarbeit (Stöbern im Schilf hinter der Ente mit Verlorenbringen aus tiefem Wasser), Arbeitsfreude. Abrichtefächer: Verlorenbringen von Federwild, Haarwildschleppe (Hase oder Kaninchen, 300 m lang), Art des Bringens; Gehorsam; Art des Jagens (Laut), Schußfestigkeit, Wesensfestigkeit.
VGP	Im Wald: Künstliche Schweißfährte 400 m lang, 2 Haken, $\frac{1}{4}$ Liter Schweiß, Fuchsschleppe (400 m lang), Hase- oder Kaninchenschleppe (400 m lang), Stöbern (laut, stumm), Buschieren (unter der Flinte). Im Wasser: Wie bei HZP, jedoch zusätzlich Stöbern im Schilf ohne Ente. Im Feld: Nase (schnelles Finden), Suche (planmäßig, flott, ausdauernd), Vorstehen (lange, ruhig), Manieren am Wild einschließlich Nachziehen, Arbeit am geflügelten Huhn (Fasan) einschließlich Bringen eines frischgeschossenen Huhns (Fasans). Allgemein: Gehorsamsfächer (Verhalten auf dem Stand, Ablegen, Folgen frei bei Fuß, Riemenführigkeit und Schußruhe). Zusätzlich: Bringen des Fuchses über ein Hindernis.
VSchP I	Künstliche Schweißfährte 1000 m Länge, $\frac{1}{4}$ Liter Schweiß, 2 Haken, 24 Std. Stehzeit.
VSchwP II	Wie oben, jedoch mindestens 40 Std. Stehzeit.
JEP/BP	Wird in der Regel von der unteren Jagdbehörde durchgeführt (delegiert an Jägerschaft oder Prüfungsvereine); festgestellt wird nur die Brauchbarkeit nach dem Schuß. In den meisten Bundesländern wird unterschieden zwischen der Brauchbarkeit für reine Schalenwildreviere (nur Schweißarbeit) und der allgemeinen Brauchbarkeit (zusätzlich Haar- und Federwildschleppe sowie Apportieren aus dem Wasser). In einigen Bundesländern werden auch Hunde ohne Ahnentafel zugelassen.

Leistungsnoten

4 h	=	hervorragend
4	=	sehr gut
3	=	gut
2	=	ausreichend
1	=	mangelhaft
0	=	ungenügend

Formwertnoten

v	=	vorzüglich
sg	=	sehr gut
g	=	gut
gen	=	genügend
m	=	mangelhaft
ugd	=	ungenügend

Leistungszeichen

\	*Spurlautstrich* – nachgewiesener Spurlaut auf der Hasenspur (bei Vorstehhunden auch lautes Stöbern).
\\	*Weitjagerstrich* – brackenartig langanhaltendes Jagen und »Zurückbringen« des Hasen auf der Spur beim Deutschen Wachtelhund.
/	*Würgestrich* – im praktischen Jagdbetrieb nachgewiesenes Abwürgen von wehrhaftem Raubwild.
—	*Totverbeller* – nachgewiesenes Totverbellen.
I	*Totverweisen* – nachgewiesenes Totverweisen.
:	*Schweißpunkte* – Leistungsnachweis auf natürlicher Schweißfährte von Schalenwild.
Btr.	*Bringtreue* – Bringtreueprüfung bestanden.
Vbr.	*Verlorenbringen* Verlorenbringerprüfung bestanden.
Sw I, II, III / I,II, III	*Verbands-Schweißprüfung* bestanden (I = sehr gut, II = gut, III = ausreichend); Angaben vor dem Schrägstrich gelten für die Prüfung über 20 Std., nach dem Schrägstrich für erschwerte Prüfung über 40 Std.
SchH I, II	*Schutzhundprüfung* bestanden (Klasse I und II).

spl.	spurlaut	
sil., l.	sichtlaut	Art des Jagens, festgestellt beim Jagen auf der Hasenspur.
st.	stumm	

H	Härte	
RS	Raubwildschärfe	Bei einzelnen Rassen unterschiedliche Hinweise auf nachgewiesene Raubwildschärfe.
m.S.	mit Schärfe	

Hunde, die besonders schwierige Prüfungsbedingungen erfüllen, erhalten bei manchen Rassen spezielle »Siegertitel« wie z. B. »Psg« Prüfungssieger (bei DW); »KS« Kurzhaarsieger (bei DK); »Gs« Gebrauchssieger (bei Teckeln).

CACIT	Anwartschaft auf das internationale Leistungschampionat.
CACIB	Anwartschaft auf das internationale Schönheitschampionat.

Spezielle Leistungszeichen der Teckel (Dackel)

Sp.	Spurlautprüfung bestanden (Hasenspur).
St.	Stöberprüfung bestanden.
SchwhK	Schweißprüfung auf Kunstfährte bestanden.
SchwhN	Leistungsnachweis auf der natürlichen Schweißfährte.
BhFK	Bauleistungsnachweis Fuchs/Kunstbau.
BhFN	Bauleistungsnachweis Fuchs/Naturbau (für Dachs steht D statt F).
J	Kann hinter einem Leistungszeichen stehen und bedeutet, daß der Hund bei der Prüfung nicht älter als 12 Monate war (Jugend).

Abrichtungshilfsmittel

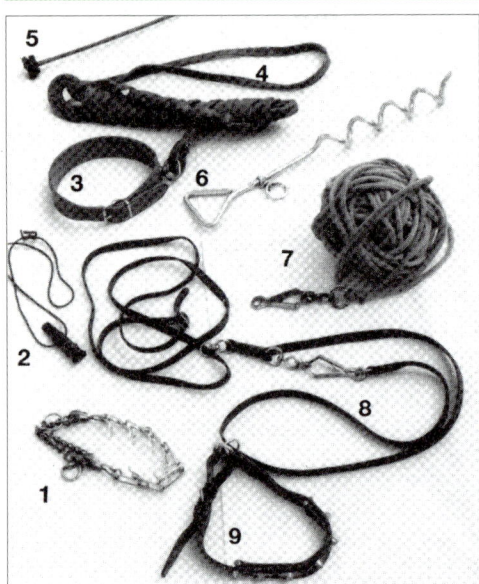

Abrichtungshilfsmittel:

1 Korallenhalsung

2 Doppelseitige Hundepfeife

3 Schweißhalsung

4 Aufgedockter Schweißriemen

5 Tupfstock zum Legen von künstlichen Schweißfährten

6 Bodenspirale zum Befestigen von Führer- oder Feldleine

7 Feldleine

8 Führerleine (Umhängeleine)

9 Lederhalsung

10 Apportierbock, mit Fell umwickelt und mit auswechselbaren Holzscheiben

11 Metallscheibe

12 Kopfscheibe aus Metall zur Gewichtserhöhung des Apportierbockes

13 Leichter Apportierbock aus Holz für die Wasserarbeit

14 Bringsel aus Leder

15 Apportiersack

16 Apportierattrappe aus Fell

17 Großer Apportierbock, mit Entenschwingen umwickelt, für die Wasserarbeit

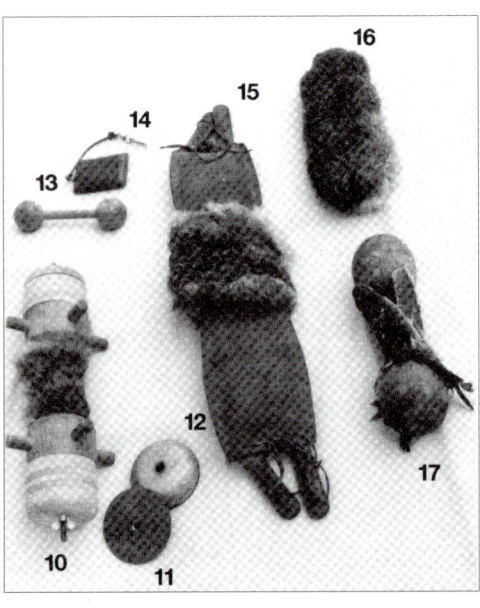

Bei den Hundeprüfungen verteilen Richter Leistungsnoten von 4 h bis 1 und multiplizieren diese mit einer Fachwertziffer, daraus ergibt sich die Punktezahl. Hunde ohne Ahnentafel werden auf Verbandsprüfungen nicht zugelassen.

In den Fährtenschuh werden die Schalen von Rot- oder Schwarzwild eingespannt, um damit eine künstliche Übungsfährte zu legen.

Legen künstlicher Schweißfährten:

Stoff: Wildschweiß, der beim Aufbrechen gewonnen, in kleine Fläschchen o. ä. gefüllt, ordentlich geschüttelt und eingefroren oder sofort verwendet wird. Ersatzweise kann auch Blut von Schlachttieren verwendet werden.
Ausbringung: Künstliche Schweißfährten werden a) gespritzt (Flasche mit dünnem Loch), b) getropft (Tropfflasche), c) getupft (Stock mit kleinem Schwamm und offener Schweißbehälter).
Anschuß: Schweiß wird im Umkreis etlicher Meter verspritzt und zusätzlich Wildhaar verteilt.
Stück: Am Ende der Fährte liegt ein Stück Wild mit vernähter Bauchhöhle, ersatzweise auch eine Decke oder Schwarte.

Legen von Schleppen:

Stoff: Feder- oder leichtes Haarwild, gelegentlich Rehdecken.
Ausbringung: Das Schleppenwild wird an eine Schnur geknüpft, eine gewisse Strecke mit dem Wind gezogen und dann ohne Schnur abgelegt.

Zucht von Jagdhunden

Formale Zuchtvoraussetzungen:

Zuchtverbände legen Standards fest und steuern die Zucht der von ihnen vertretenen Rassen. Sollen die Welpen Ahnentafeln erhalten, müssen beide Elterntiere zur Zucht zugelassen sein. Bei einzelnen Zuchtvereinen stellen die Zuchtwarte die Paarungen zusammen.

Biologische Zuchtvoraussetzungen:

Erste Läufigkeit der Hündin mit ca. 12 Monaten (individuell und rassebedingt verschieden). Sie gliedert sich in die Vorbrunst (Proöstrum) mit 5–10 Tagen, die Brunst (Östrum) mit 5–15 Tagen und die Nachbrunst (Postöstrum) mit 1–2 Tagen. Ausgelöst wird die Läufigkeit (Östrum) durch äußere Einflüsse (u.a. Tageslicht, UV-Lichtmenge, Temperatur, Stimulation). In der Regel tritt die Brunst (Läufigkeit/Östrum) alle 6 Monate ein.

Deckakt:

Mit Hündinnen sollte erst nach dem vollendeten 2. Lebensjahr gezüchtet werden. Bereitschaft zur Paarung besteht bei Hündinnen meist zwischen dem 9. und 16. Tag. Die günstigsten Tage für den Deckakt sind der 11. bis 13. Tag.

Tragzeit:

Im Mittel 62 Tage (56–67).

Welpenzahl:

Im Schnitt 4–7 (1–10) Welpen, abhängig von Alter und Kondition der Hündin. Die maximale Zahl der Welpen, die Ahnentafeln erhalten, wird durch die Zuchtverbände geregelt.

Die Zucht der Jagdhunde wird durch die verschiedenen Zuchtvereine geregelt. Daneben gibt es die sogenannten wilden oder Schwarzzuchten, bei denen die Welpen keine Ahnentafeln bekommen.

Wichtige Zeitmarken und Entwicklungsdaten beim Jagdhund

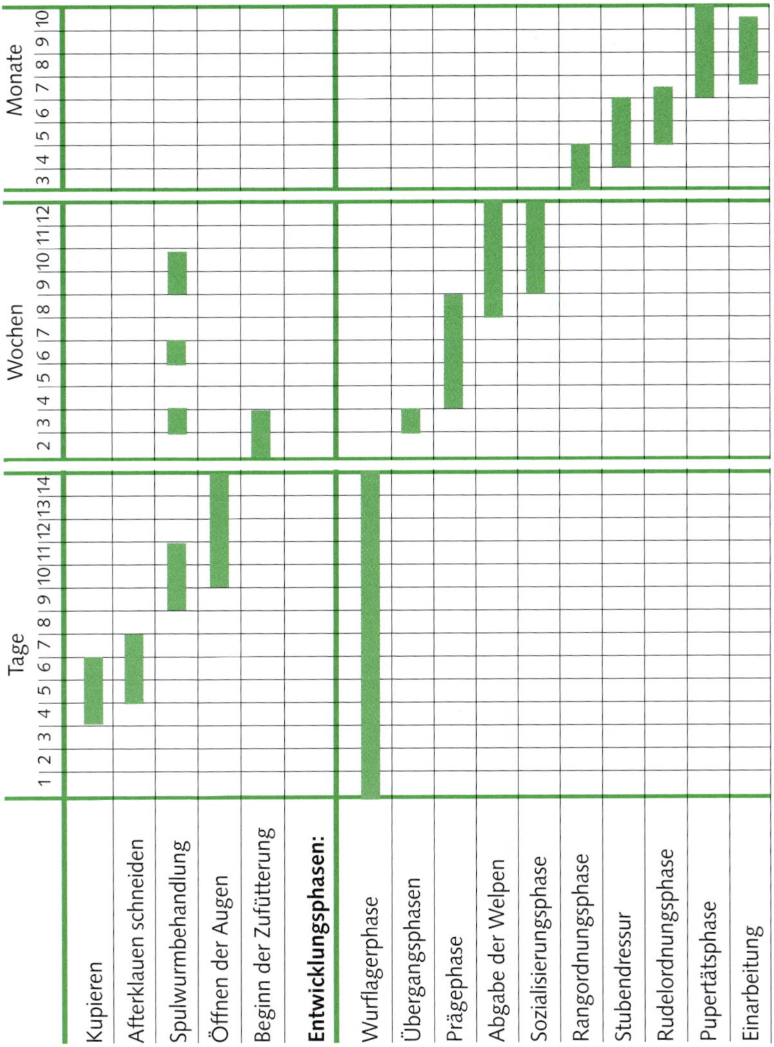

Zeitachsen: **Tage** (1 2 3 4 5 6 7 8 9 10 11 12 13 14) — **Wochen** (2 3 4 5 6 7 8 9 10 11 12) — **Monate** (3 4 5 6 7 8 9 10)

Kupieren	Tage 3–4
Afterklauen schneiden	Tage 5–7
Spulwurmbehandlung	Wochen 2, 5–6, 9
Öffnen der Augen	Tage 9–11
Beginn der Zufütterung	Wochen 2–3
Entwicklungsphasen:	
Wurflagerphase	Tage 1–14 / Woche 2
Übergangsphasen	Woche 3
Prägephase	Wochen 7–8
Abgabe der Welpen	Wochen 9–10
Sozialisierungsphase	Wochen 10–11
Rangordnungsphase	Monat 4
Stubendressur	Monate 5–6
Rudelordnungsphase	Monate 6–7
Pupertätsphase	Monate 8–10
Einarbeitung	Monat 10

Hundekrankheiten

Krankheit	Ansteckung	Inkub. Tage	Symptome – Verlauf

Viruserkrankungen

Krankheit	Ansteckung	Inkub. Tage	Symptome – Verlauf
Pseudowut *Aujeszkysche Krankheit*	Ansteckung über ungekochtes Schweinefleisch.	3–6	Anfangs Fieber, verstärkter Speichelfluß, Schluckstörungen, Juckreiz, Lichtscheue, Tobsuchtsanfälle.
Leber– entzündung (ansteckende) *Hepatitis*	Überwiegend Junghunde, jedoch auch ältere. Virus wird mit Kot, Harn, Speichel und Nasensekret ausgeschieden und aufgenommen.	2–10	Bei Junghunden Todesfälle innerhalb weniger Stunden, ohne vorhergehende nennenswerte Symptome. Ansonsten 2-10 Tage Fieber bis 41°C. Hunde verweigern Nahrung, häufiges Erbrechen, Durchfall, Schwellungen.
Katzenseuche *Parvovirose*	Alle Altersstufen. Erkrankte Hunde scheiden Virus mit Kot aus. Aufnahme durch Schnüffeln und Lecken.	3–7	**a)** Herzmuskelentzündung, vor allem bei Welpen im Alter von 2–4 Wochen. **b)** Magen- u. Darmentzündung mit Erbrechen und übelriechendem Kot im Alter von 6–14 Wochen.
Staupe	Vor allem Junghunde im Alter von 3–12 Monaten. Ausscheidung und Übertragung durch Speichel, Augen- und Nasenfluß sowie Urin.	3–7	Körpertemperatur steigt für 1–2 Tage bis auf 41 °C. Mehrere Verlaufsformen: Darm-, Lungen-, Haut- und nervöse Staupe sowie Hartballenkrankheit.
Tollwut *Rabies*	Alle Alterstufen; starke Ansteckungsgefahr für den Menschen! Kontakt mit infizierten Tieren; Übertragung des Virus über Speichel oder Biß.	(7) 20–60 (180)	Typischer Verlauf: **1.** melancholisches Stadium (Aufsuchen dunkler Ecken, Aufnahme von Holz, Steinen usw.). **2.** Erregungsstadium (Speichelfluß, Raserei, Aggressivität). **3.** Lähmungsstadium (Erregung klingt ab, Lähmung, Kreislaufschwäche).

Bakterielle Erkrankungen

Krankheit	Ansteckung	Inkub. Tage	Symptome – Verlauf
Stuttgarter Hundeseuche *Leptospirose*	Schnüffeln an Urinmarken oder über Trinkwasser oder durch Kontakt mit Ratten.	7–10	Verschiedene Verlaufsformen, jedoch immer Nieren mitbetroffen. Wechsel zwischen Fieber und Untertemperatur.
Weilsche Krankheit	Ähnlich der Leptospirose.	7–10	Symptome ähnlich Leptospirose, hohes Fieber verbunden mit Gelbsucht.

Hundekrankheiten

Krankheit	Ansteckung	Inkub. Tage	Symptome – Verlauf

Bakterielle Erkrankungen

Krankheit	Ansteckung	Inkub. Tage	Symptome – Verlauf
Welpensterben	Erste 14 Lebenstage. Übertragung durch Mutter in Verbindung mit Sekundärdefekt.	Wenige Std.bis Tage.	Teilnahmslosigkeit, Saugunlust, aufgetriebener Bauch, quittengelber bis blutig-schleimiger Kot.
Zwingerhusten *(Mischinfektion)*	Erste Lebenswochen. Mangelnde Hygiene.	Wenige Tage.	Labiler Gesamtzustand, Fieber, Husten.

Parasiten

Krankheit	Ansteckung		Symptome – Verlauf
Befall mit Hundeflöhen	Direktkontakt oder Aufnahme im Lager oder Umwelt. Häufig Aufnahme bei Baujagd.		Durch den beim Biß des Flohs abgesonderten Speichel Juckreiz und Ekzembildung. Hundefloh ist gleichzeitig Zwischenwirt des Kürbiskernförmigen Bandwurms.
Bandwurmbefall *Taeniasis*	Aufnahme über Zwischenwirte (vor allem Kleinnager und Hundefloh).		Für den Hund selten bedrohlich, dieser scheidet jedoch ständig reife Bandwurmglieder mit Eiern aus.
Hakenwurmbefall *Ancylostomiasis*	Larvenaufnahme bereits über Muttermilch.		Bei starkem Befall Abmagerung, Blutarmut, stumpfes Fell; bedrohlich vor allem für Welpen und Junghunde.
Spulwurmbefall *Askaridiasis*	Larvenaufnahme über Muttermilch oder Aufnahme von Eiern beim Herumschnüffeln.		Spulwürmer schmarotzen im Dünndarm und entziehen dem Hund Nährstoffe; treten besonders bei Welpen auf, die in ihrer Entwicklung zurückbleiben.

Krankheit	Symptome

Abnutzungserscheinung

Krankheit	Symptome
Dackellähme *Enchondrosis*	Typisch für Hunde mit ungünstiger Anatomie (kurze Beine, langes Rückgrat). Zwischenwirbelscheiben (Knorpel) im Bereich der Lendenwirbel verlieren ihre Elastizität und drücken auf den Wirbelkanal. Sehr schmerzhaft bis zur Lähmung.

Anatomiefehler

Krankheit	Symptome
Hüftgelenksdysplasie	Mangelhafte Ausbildung der Hüftgelenkpfannen, wodurch die Oberschenkelköpfe keinen ausreichenden Halt mehr finden. Folgen sind Schmerzen und Bewegungsstörungen (stark erblich bedingt).

Mangelhafte Pflege

Krankheit	Symptome
Ohrzwang *Otitis*	Entzündung des äußeren Gehörganges, hauptsächlich bei Hunden mit Schlappohren; Auslöser oft eingedrungene Fremdkörper wie Grannen. Im Anfangstadium gute Heilungsaussichten, später meist chronischer Verlauf.

Die im Jagdbetrieb gebräuchlichen Feuerwaffen

Läufe	Typ		System
Schrotläufe	Selbstladeflinte	→	Gasdrucklader
	Pumpgun-Flinte	→	Repetiersystem
	Kipplaufflinte		
	Doppelflinte (Querflinte)		
	Bockflinte		
Kombinationen	Büchsflinte		
	Bockbüchsflinte		
	Drilling		Kipplaufsystem
	Bockdrilling		
	Waldläufer		
Kugelläufe	Doppelbüchse		
	Bockbüchse		
	Kipplaufbüchse		
	Blockbüchse	→	Blocksystem
	Repetierbüchse		Repetiersystem
	Unterhebelrepetierer		
	Selbstladebüchse	→	Gasdrucklader
Kurzwaffen	Revolver (Trommel schwenkbar)		Hahnsystem
	Revolver (Kipplauf)		Kipplaufsystem
	Kipplaufpistolen		
	Selbstladepistolen	→	Gasdrucklader

Die Repetierbüchse R 93 von Blaser kann geladen aber entspannt getragen werden. Erst durch leichten Druck auf den Kammerstengel wird gespannt oder entspannt.

Beschußzeichen der Bundesrepuplik Deutschland

Ortszeichen der Prüfämter (ab 9. 1972)

Ulm Hannover München Köln Kiel Suhl

Beschußzeichen ab 1945

M	Vorbeschuß
SP	Endbeschuß mit Schwarzpulver
N	Endbeschuß mit rauchlosem Pulver (Nitropulver)
S	Zeichen für den Beschuß von Handfeuerwaffen für besondere Zwecke und Schußapparate
FB	Freiwilliger Beschuß
J	Instandsetzungsbeschuß

Adler in der neuen einfachen Form

J N V L

Beschuß- und Prüfzeichen nach der 3. WaffV 1976

N	Normaler Beschuß bei Handfeuerwaffen, Böllern, Einsteckläufen oder Austauschläufen, die zum Verschießen von Munition mit Nitropulver mit normalem Gebrauchsgasdruck bestimmt sind.
V	Verstärkter Beschuß bei Handfeuerwaffen, Einsteckläufen oder Austauschläufen, die zum Verschießen von Munition mit überhöhtem Gasdruck bestimmt sind.
SP	Normaler Beschuß bei Handfeuerwaffen, Böllern, Einsteckläufen oder Austauschläufen, die zum Verschießen von Schwarzpulver bestimmt sind.
L	Normaler Beschuß bei Handfeuerwaffen, Böllern, Einsteckläufen oder Austauschläufen, bei denen zum Antrieb ein entzündbares flüssiges oder gasförmiges Gemisch oder eine Treibladung verwendet wird.
	Instandsetzungsbeschuß bei Handfeuerwaffen, Böllern, Einsteckläufen oder Austauschläufen, die nach § 16 Abs. 2 des Gesetzes erneut zu prüfen sind.
BWB 3333	Beschußzeichen auf Schußwaffen, die vom Bundesamt für Wehrtechnik und Beschaffung in Koblenz beschossen wurden.
BMI B	Erstbeschuß bei Schußwaffen, die von der Beschaffungsstelle des Bundesministers des Innern beschossen wurden.
BMI J	Instandsetzungsbeschuß bei Schußwaffen, die von der Beschaffungsstelle des Bundesministers des Innern nach einer Instandsetzung erneut beschossen wurden.
PTB	Zulassungszeichen für Handfeuerwaffen und Einsteckläufe nach § 21 des Gesetzes.
PTB	Zulassungszeichen für Schreckschuß-, Reizstoff- und Signalwaffen nach § 22 des Gesetzes.
BAM	Zulassungszeichen für pyrotechnische Munition nach § 23 des Gesetzes.
	Prüfzeichen nach § 16 Abs. 2 für Schußapparate. Die Zahl im kleineren Quadrat bezeichnet die zwei letzten Ziffern der Jahreszahl, die Zahl in einer der Ecken des großen Quadrates das Quartal.

Waffentyp/Mündungen

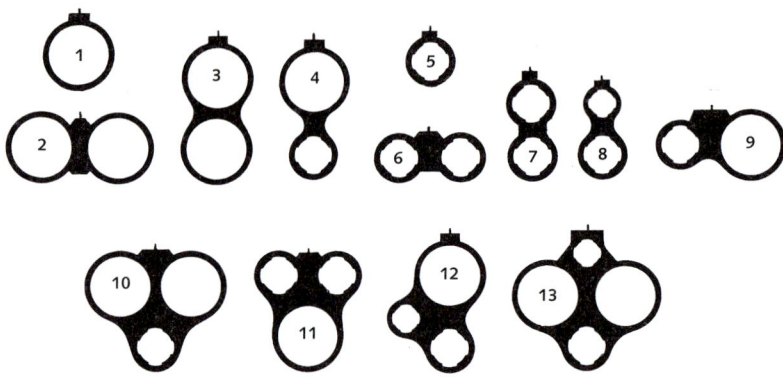

1 = Flinte (1 Schrotlauf); 2 = Doppelflinte (2 Schrotläufe quer); 3 = Bockflinte (2 Schrotläufe gebockt); 4 = Bockbüchsflinte (1 Schrot-, 1 Kugellauf gebockt); 5 = Büchse (1 Kugellauf); 6 = Doppelbüchse (2 Kugelläufe quer); 7 = Bock(doppel)büchse (2 Kugelläufe gebockt); 8 = Bergstutzen (1 großer, 1 kleiner Kugellauf); 9 = Büchsflinte (1 Kugel-, 1 Schrotlauf quer); 10 = Drilling (2 Schrot- 1 Kugellauf); 11 = Doppelbüchsdrilling (2 Kugel-, 1 Schrotlauf); 12 = Bockdrilling (1 Schrot-, 1 großer und 1 kleiner Kugellauf); 13 = Vierling (2 Schrotläufe, 1 großer und 1 kleiner Kugellauf).

Flinten- und Büchsenkaliber

Die 3 gebräuchlichsten Flintenkaliber in mm   Querschnitt durch einen Büchsenlauf

- **Schrotkaliber** werden nach der Anzahl Rundkugeln aus Blei bezeichnet, die auf ein englisches Pfund gehen (siehe Abbildung).

- **Deutsche Büchsenkaliber** werden nach Geschoßdurchmesser und Hülsenlänge bezeichnet, z. B. 7 (= Geschoßdurchmesser) x 57 (= Hülsenlänge).

- **Büchsenkaliber des englischsprachigen Raumes** geben das Kaliber in Zehntelzoll an (1 Zoll oder »inch« = 2,54 cm). Die Patrone .222 hat demnach einen Geschoßdurchmesser von 5,6 mm (0,22 x 2,54 = 5,6). Da es in einem bestimmten Kaliber Patronen mit ganz unterschiedlicher Hülsenlänge und –Stärke geben kann, wird dem Kaliber zusätzlich ein Name angehängt (z. B. .22 Hornet oder .308 Win.).

Schaftformen

Englischer Schaft

Schaft mit Pistolengriff
ohne Backe

Schaft mit Pistolengriff
und Backe

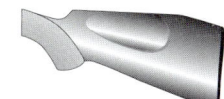

Schaft mit Pistolengriff,
Backe und Schweinsrücken

Schaft mit Pistolengriff
und Monte-Carlo-Effekt

Schaft mit Pistolengriff,
Monte-Carlo-Effekt und
Monte-Carlo-Backe

Schaft mit Pistolengriff,
Bayerischer »Doppelfalz«-
Backe und Schweinsrücken

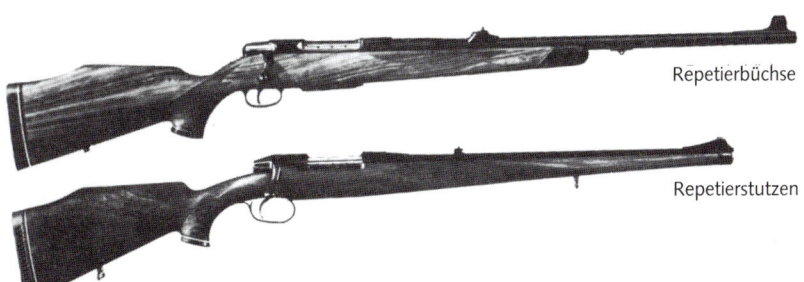

Repetierbüchse

Repetierstutzen

Bis zur Mündung geschäftete Büchsen werden »Stutzen« genannt. Ihre Läufe sind fast immer kürzer als die von »Halbschaft-Repetierern«, und besonders schwere oder rasante Kaliber finden – wegen der kürzeren Läufe – keine Verwendung.

Gebräuchliche Sicherungen

Schematische Darstellung der drei möglichen Sicherungssysteme einer Kipplaufwaffe.

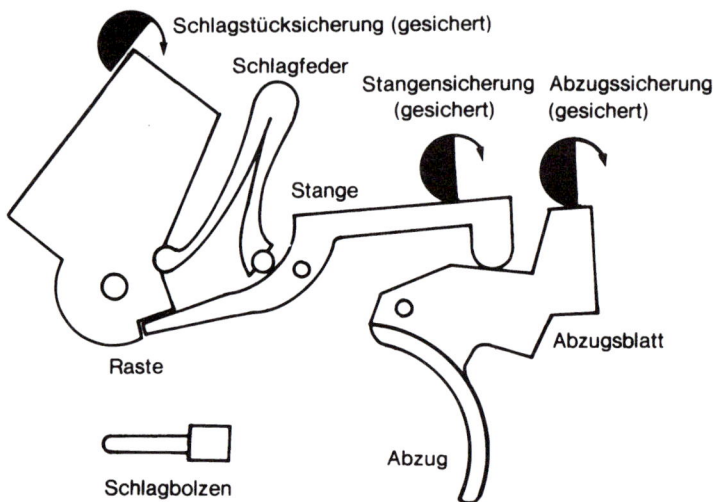

Billige Kipplaufwaffen haben häufig nur eine Abzugsicherung (unzuverlässig).

Gute Kipplaufwaffen haben Stangen und/oder Schlagstücksicherung.

Hahnwaffen (Hähne sind Schlagstücke) haben in der Regel keine Sicherung, da die Hähne erst unmittelbar vor dem Schuß gespannt werden.

Repetierbüchsen haben meist eine Schlagstücksicherung.

Welche Verschlußarten sind bei Jagdwaffen gebräuchlich?

Kipplaufwaffen: Früher Unterhebelverschlüsse, heute Greener– und Kerstenverschluß mit Laufhakenverriegelung; Kipplauf–Blockverschluß (Blaser).

Einzelladerbüchsen: Senkrechter Verschlußblock, der geöffnet das Patronenlager freigibt und in geschlossenem Zustand dieses nach hinten dicht abriegelt.

Starre Mehrladewaffen: Bei Repetierbüchsen wird die Kammer beim Laden (Repetieren) nach vorne geschoben und durch Drehen des Kammerstengels verriegelt, wobei sogenannte Warzen einrasten. Lever-Aktion-Büchsen haben Unterhebelverschlüsse. Repetierflinten und Pumpguns haben Gleitverschlüsse. Selbstladewaffen haben entweder einen Masse- oder einen verriegelten Verschluß.

Die wichtigsten Büchsenkaliber für heimisches Wild

Kaliber	Verwendung	V^0	V^{100}	E^0	E^{100}
.22 Mag	H F	511–615	401–430	425–491	245–260
.22 Hornet	H F	740–820	560–626	821–1002	470–568
.222 Remington	F R	860–1020	719–812	1475–1711	960–1099
.223 Remington	R	980–999	820–863	1711–1776	1198–1327
.222 Rem. Mag	R	988	824	1757	1222
.224 Weath. Mag	R	1113	961	2208	1646
5,6 x 50 R Mag	R	900–1070	775–890	1661–1855	1231–1285
5,6 x 52 R Savage	R	850–870	736–740	1662–1736	1246–1256
.243 Winchester	R	900–1036	815–927	2430–2902	1955–2380
6 mm Remington	R	945	855	2890	2375
6 x 62 Frères	R G	1015–1060	908–958	3090–3348	2524–2680
6 x 62 R Frères	R G	1015	908	3348	2680
.240 Weath. Mag	G K	1046	949	3545	2919
6,5 x 54 M. Sch.	R G K	830	765	2678	2276
6,5 x 57	R G K	870–1010	795–880	3060–3126	2325–2590
6,5 x 57 R	R G K	845–985	770–860	2649–2923	2075–2433
6,5 x 65	R G K	930–1000	850–885	3500–3546	2741–2962
6,5 x 65 R	R G K	900–960	820–850	3226–3321	2529–2757
6,5 x 68	R G K	960–1150	875–1005	3777–3963	3031–3139
7 x 57	R G K	740–900	675–790	2696–3365	2105–2609
7 x 57 R	R G K	735–890	660–780	2689–3237	2020–2776
7 mm Rem. Mag	G K S	840–1005	769–905	3886–4762	3257–3961
7 x 64	R G K S	786–970	700–855	3445–4307	2747–3630
.270 Weath. Mag	G K S	1001–1042	931–950	4573–4870	3799–4213
.270 Winchester	G K S	840–955	758–835	3412–3826	2750–2933
7 x 65 R	G K S	763–930	715–820	3260–4012	2635–3365
7 x 66 SE v. Hofe	G K S	931–1078	857–996	4532–4895	3869–4145
7 x 75 SE v. Hofe	G K S	901–1006	829–920	4585–4609	3854–3881
.308 Winchester	R G K S	750–908	667–816	3254–4095	2618–3475
.30/30 Winchester	R K	672–731	543–621	2460–2577	1665–1877
.30–06 Springfield	K S	732–945	660–850	3376–4560	2817–3937
.300 Win. Mag	K S	817–1003	731–890	4516–5527	3695–4448
.30 R Blaser	K S	800–940	720–830	4160–4727	3341–3686
.300 Weath. Mag	K S	884–1097	750–996	4788–5902	4008–5089
8 x 57 IS*	R K	737–820	675–730	4096–3490	2893–3227
8 x 57 IRS*	R K	730–810	625–690	3384–3937	2482–2905
8 x 68	G K S	870–990	780–890	5484–5735	4415–4635
9,3 x 62	K S	695–800	605–710	4464–5199	3384–4326
9,3 x 74 R	K S	685–800	588–694	4378–4800	3230–3842

Verwendung: H = bis Hase, F = bis Fuchs, R = bis Reh, G = bis Gams,
K = leichtere Sauen und Kahlwild, S = schweres Hochwild
* S–Kaliber ist um 0,1 mm stärker als 8 mm und darf nur aus S–Läufen verschossen werden.

!! Merke !!

Mindestenergie für: Rehwild = E^{100} 1000 Joule
Hochwild = mindestens 6,5 mm und E^{100} 2000 Joule

Patronen / Geschosse

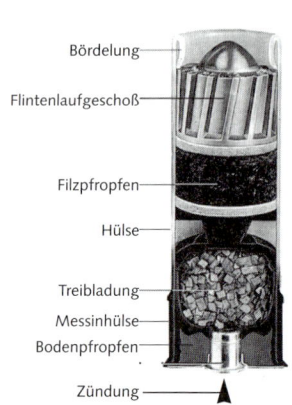

Sternverschluß
(Faltverschluß)

Deckplättchen

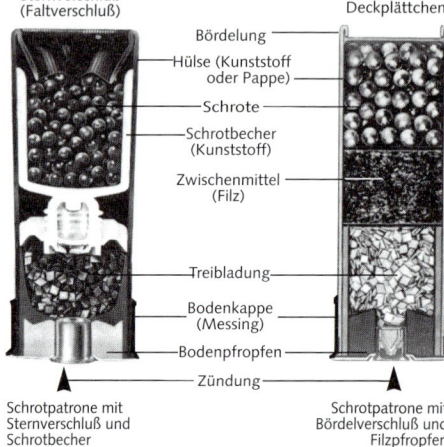

Bördelung

Flintenlaufgeschoß

Filzpfropfen

Hülse

Treibladung

Messinhülse

Bodenpfropfen

Zündung

Patrone mit Flintenlaufgeschoß

Bördelung

Hülse (Kunststoff
oder Pappe)

Schrote

Schrotbecher
(Kunststoff)

Zwischenmittel
(Filz)

Treibladung

Bodenkappe
(Messing)

Bodenpfropfen

Zündung

Schrotpatrone mit
Sternverschluß und
Schrotbecher

Schrotpatrone mit
Bördelverschluß und
Filzpfropfen

Die wichtigsten Geschoßtypen im Querschnitt

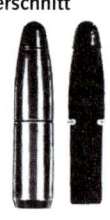
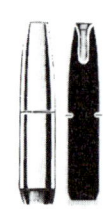

Vollmantel-
Rundkopf

Teilmantel-
Rundkopf

KS-Geschoß

H-Mantel-
Kupferhohlspitz

H-Mantel-
Hohlspitz

Brenneke TIG

Brenneke TUG

Büchsenpatrone im Querschnitt

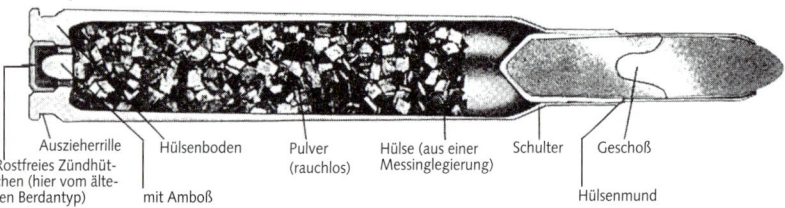

Auszieherrille

Rostfreies Zündhüt-
chen (hier vom älte-
ren Berdantyp)

Hülsenboden

mit Amboß

Pulver
(rauchlos)

Hülse (aus einer
Messinglegierung)

Schulter

Geschoß

Hülsenmund

Patrone mit <u>Gürtelhülse</u>

<u>Randlose</u> Patrone (Patrone mit Hülse ohne Rand)

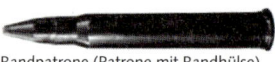

<u>Rand</u>patrone (Patrone mit Randhülse)

<u>Randfeuerpatrone</u> (.22 l.f.B. –
alle Randfeuerpatronen haben Randhülsen)

Schrotstärken und Schrotnummern

Nummern	Schrotstärken* in mm									
	1,7	2,0	2,2	2,5	2,7	3,0	3,2	3,5	3,7	4,0
deutsch**	10	9	8	7	6	5	4	3	2	1
englisch	–	–	–	6½	5	4	3	2	1	–

* = Schrote mit mehr als 4 mm Durchmesser werden als Posten bezeichnet.
** = auch internationale Bezeichnung.

Schrotstärke – Schrotzahl

Gewicht in g*	Körnerzahl bei Schrotgröße (Durchmesser mm)								
	2,0	2,2	2,5	2,7	3,0	3,2	3,5	3,7	4,0
26,0	568	399	280	216	167	131	105	85	70
27,0	579	405	293	220	170	133	107	86	72
28,4	632	443	320	240	186	146	117	94	73
31,0	664	465	297	252	195	153	123	99	82
32,0	685	480	340	260	201	158	127	102	85
34,0	729	510	369	277	214	168	135	109	96
36,0	771	540	391	293	226	178	143	115	98
40,0	857	600	434	325	251	198	158	128	106

* = Vorlage

Geschwindigkeitsabfall bei Schrotladungen

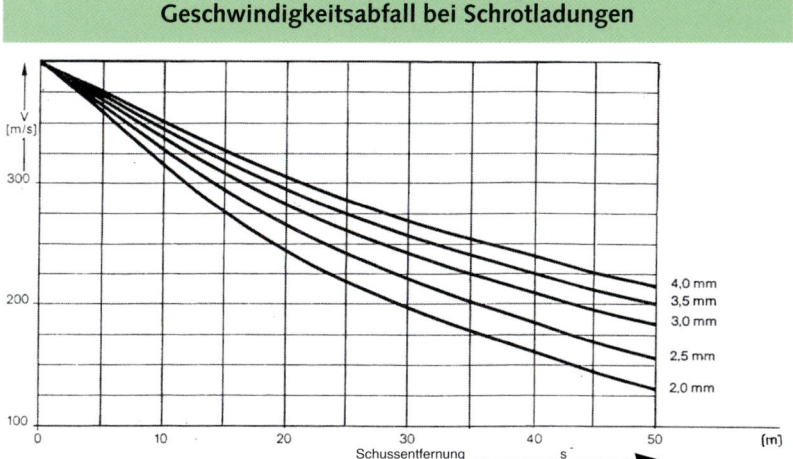

Patrone – Choke – Deckung

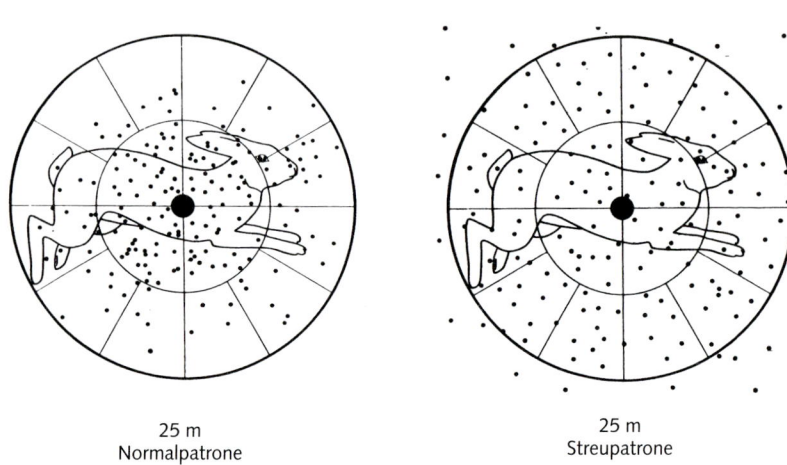

25 m
Normalpatrone

25 m
Streupatrone

Flintenläufe werden auf Scheiben mit 16 Feldern angeschossen. Die Garbe einer Streupatrone (rechts) deckt mehr Fläche ab als die einer Normalpatrone (links). Der gleiche Effekt wird durch unterschiedliche Chokebohrungen erreicht. Welche Patrone oder Chokebohrung vorteilhafter ist, hängt wesentlich von der jeweiligen jagdlichen Situation ab. Im Wald (eher geringe Schußentfernung) sind weite Bohrungen oder Streupatronen (Kaninchen) besser, im Feld und am Wasser eher enge Bohrungen.

Seelenachse / Visierlinie

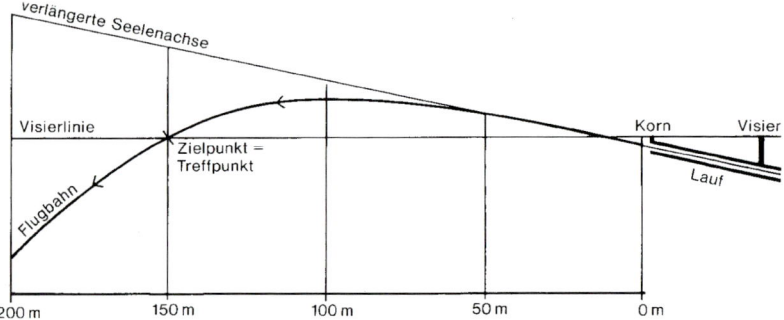

Visierlinie korrigiert (Zielpunkt fällt mit dem Treffpunkt zusammen); nach dem natürlichen Fall des Geschosses würden Ziel- und Treffpunkt nie zusammenfallen.

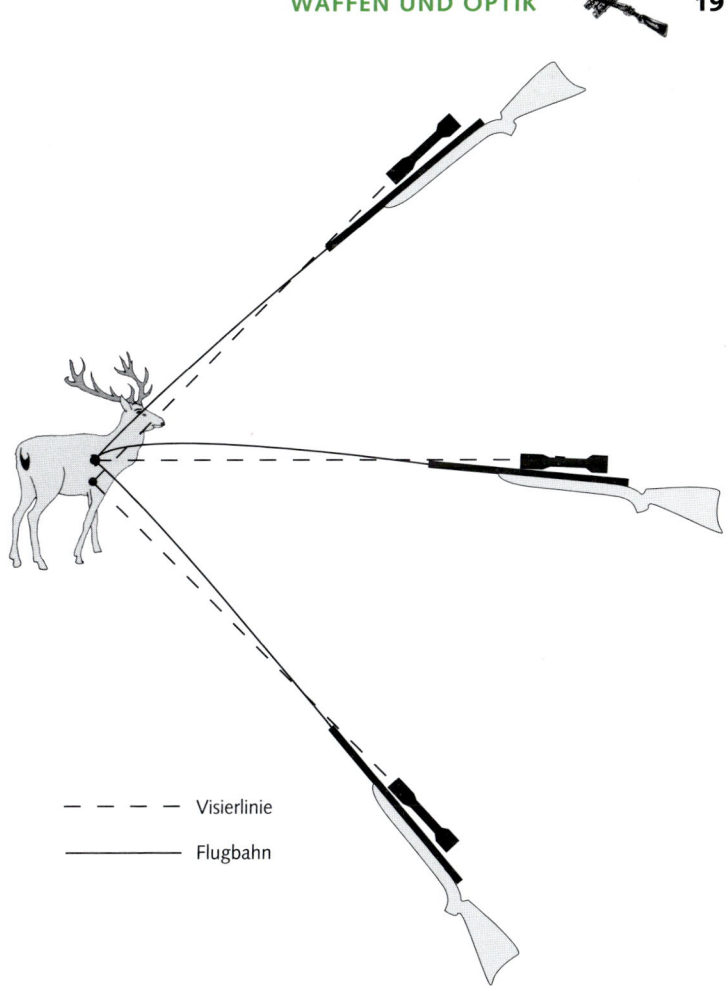

- - - - Visierlinie
———— Flugbahn

Die Schwerkraft sorgt sowohl beim Schuß steil bergauf wie steil bergrunter für eine gestrecktere Flugbahn, was in beiden Fällen zu Hochschüssen führt. Daher gilt: »Bergauf und bergrunter, halt <u>immer</u> drunter.«

Gefahrenbereich beim Büchsen- und Flintenschuß

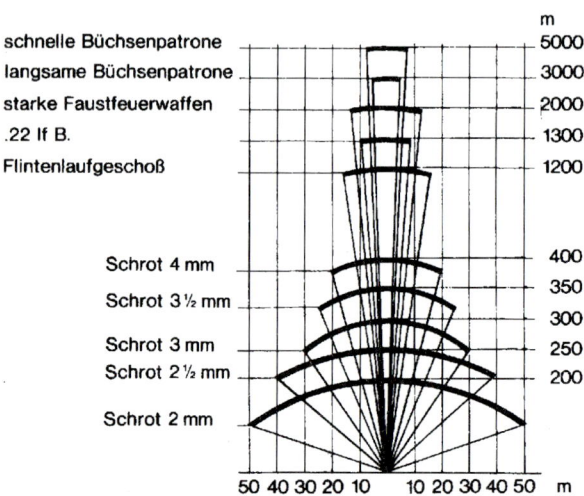

schnelle Büchsenpatrone — 5000 m
langsame Büchsenpatrone — 3000
starke Faustfeuerwaffen — 2000
.22 lf B. — 1300
Flintenlaufgeschoß — 1200

Schrot 4 mm — 400
Schrot 3 ½ mm — 350
— 300
Schrot 3 mm — 250
Schrot 2 ½ mm — 200
Schrot 2 mm

50 40 30 20 10   10 20 30 40 50 m

Das Treffen mit der Flinte ist vor allem Übungssache. Ein fähiger Schießlehrer hinter dem übenden Jäger sieht, wo die Schrote liegen und kann ihn korrigieren. Mehrmaliges Übungsschießen im Jahr, vor allem vor Beginn der Niederwildjagden, ist eine Grundbedingung anständigen Jagens.

Jagdliches Schießen (nach der DJV-Schießvorschrift)

Büchsenschießen

Gewehre und Patronen:

- Jagdwaffen handelsüblicher Bauart, mit einem Gewicht einschließlich Zielvorrichtung bis 5 kg.
- Mehrlader dürfen nur als Einzellader verwendet werden.
- Schaft und Schaftkappe darf nicht verstellbar sein.
- Alle Bedingungen des Büchsenschießens müssen mit ein und derselben Waffe und demselben Zielfernrohr geschossen werden.
- Patronen müssen eine Hülsenlänge von mindestens 35 mm haben, Mindestkaliber 22 Hornet.

Disziplinen:

a) Schüsse auf »Rehbockscheibe« auf 100 m, Anschlag stehend angestrichen.

b) Schüsse auf die Scheibe »stehender Überläufer« auf 100 m Entfernung, Anschlag stehend freihändig.

c) Schüsse auf die »Fuchsscheibe« auf 100 m Entfernung, Anschlag liegend freihändig.

d) Schüsse auf die Scheibe »flüchtender Überläufer«, Anschlag stehend freihändig.

Flintenschießen:

Gewehre und Patronen:

- Zugelassen sind alle Flinten, einschließlich halbautomatische Modelle, Kaliber 12 und kleiner.
- Die Flinte, Laufpaare, Einzelläufe oder Mündungsaufsätze dürfen während eines zu wertenden Schießens nicht gewechselt werden.
- Die Schrotladung darf 36 g, die Schrotstärke 2,5 mm und die Hülsenlänge 70 mm nicht überschreiten.
- Bei Bundesmeisterschaften und bei Schießen zum Erwerb der DJV-Schießleistungsnadel »Sonderstufe Gold« darf die Schrotladung 28 g nicht überschreiten. Bei Leistungsschießen sind Schwarzpulver- und Leuchtspurpatronen verboten.

Disziplinen:

a) Trap – 15 Tauben, die aus einem 11 m hinter den Schützen befindlichen Unterstand geworfen werden.

b) Skeet – 15 Tauben, die aus einem Turm geworfen werden.

Sonstige jagdliche Schießdisziplinen

- »Laufender Hase« (Kipphase), der auf 35 m beschossen wird.
- »Rollhase« (springende Scheibe).

Unfallverhütungsvorschriften (UVV) bezüglich Umgang mit Schußwaffen

Waffe und Munition grundsätzlich:

Es dürfen nur Schußwaffen verwendet werden, die nach dem Waffengesetz und dem Bundesjagdgesetz für jagdliche Zwecke zugelassen sind. Die Waffen müssen funktionssicher sein und dürfen nur bestimmungsgemäß verwendet werden.

Während der Jagdausübung allgemein (§ 2):

1. Schußwaffen dürfen nur während der tatsächlichen Jagdausübung geladen sein. Beim Laden und Entladen ist die Laufmündung stets in eine Richtung zu halten, in der niemand gefährdet wird. Nach dem Laden ist die Waffe zu sichern.

2. Beim Besteigen oder Verlassen eines Hochsitzes, beim Überschreiten von Hindernissen, beim Besteigen von Fahrzeugen und bei ähnlichen Gefahrenlagen ist die Schußwaffe zu entladen.

3. Ein Schuß darf erst abgegeben werden, wenn sich der Schütze vergewissert hat, daß niemand gefährdet wird. (**Durchführungsanweisung:** *Eine Gefährdung ist auch dann gegeben, wenn andere Personen durch Geschosse, die an Steinen, gefrorenem Boden, Ästen oder Wasserflächen abprallen, verletzt werden können.*)

4. Von Wasserfahrzeugen aus darf im Stehen nur geschossen werden, wenn das Fahrzeug gegen Umschlagen und der Schütze gegen Stürzen gesichert ist.

5. Bei einer mit besonderen Gefahren verbundenen Jagdausübung im Hochgebirge, auf Gewässern und in Mooren ist ein Begleiter zur Hilfeleistung mitzunehmen. (**Durchführungsanweisung:** *Besondere Gefahren können sich z.B. durch Witterungs, Gelände- und Bodenverhältnissen ergeben.*)

Speziell bei Gesellschaftsjagden (§ 3):

1. Bei Treibjagden und anderen Gesellschaftsjagden ist ein Jagdleiter zu bestimmen. Die Anordnungen des Jagdleiters sind zu befolgen.

2. Der Jagdleiter hat den Schützen und Treibern die erforderlichen Anordnungen für den gefahrlosen Ablauf der Jagd zu geben. Er hat insbesondere die Schützen und Treiber vor Beginn der Jagd zu belehren, ihnen die Signale bekanntzugeben und dem Schützen jeweils seinen Stand und den seiner beiden Nachbarn sowie den einzuhaltenden Schußbereich genau zu bezeichnen. Der Jagdleiter kann für einzelne Aufgaben Beauftragte einsetzen. (**Durchführungsanweisung:** *Zu den Aufgaben des Beauftragten können z.B. gehören: das Einweisen der Schützen in die Schützenstände und das Führen der Treiberwehr.*)

3. Nach Einnehmen der Stände haben sich die Schützen mit dem jeweiligen Nachbarn zu verständigen. Sofern der Jagdleiter nichts anderes bestimmt, darf der Stand vor Beendigung des Treibens weder verändert noch verlassen werden. Verändert oder verläßt ein Schütze seinen Stand, so hat er sich vorher mit seinen Nachbarn zu verständigen.

Speziell bei Gesellschaftsjagden (§ 3):

4. Wenn sich Personen in gefahrbringender Nähe befinden, darf in diese Richtung weder angeschlagen noch geschossen werden. Ein Durchziehen mit der Schußwaffe durch die Schützen- oder Treiberlinie ist unzulässig.

5. Das Schießen mit Büchsen- oder Flintenlaufgeschossen in das Treiben hinein ist nur mit Genehmigung des Jagdleiters erlaubt.

6. Bei Kesseltreiben darf nach dem Signal »Treiber rein« nicht mehr in den Kessel geschossen werden.

7. Nach jedem Treiben ist die Schußwaffe sofort zu entladen.

8. Das Gewehr ist vor und nach dem Treiben mit der Mündung nach oben zu tragen. Der Jagdleiter kann erforderlichenfalls andere Sicherheitsmaßnahmen bestimmen. (**Durchführungsanweisung:** *Eine Abweichung von Satz 1 kann z.B. bei Regen oder Schnee erforderlich sein. Eine andere Sicherheitsmaßnahme ist z.B. das Öffnen des Verschlusses.*)

9. Bei Treibjagden und anderen Gesellschaftsjagden muß sich die Kleidung der Treiber farblich von der Umgebung abheben. (**Durchführungsanweisung:** *Als geeignete Maßnahmen können z.B. gelbe Regenbekleidung, Brustumhänge in orange-roter Alarmfarbe, wie sie z.B. beim Straßenbau Verwendung finden, angesehen werden.*)

10. Die Absätze 1 bis 8 gelten auch bei der Nachsuche auf Schalenwild, wenn mehrere Personen daran beteiligt sind.

Speziell für Schießstände (§ 4):

1. Das Übungsschießen ist nur auf nach dem Waffengesetz zugelassenen Schießständen unter Leitung einer verantwortlichen Aufsichtsperson erlaubt. Den Anordnungen der Aufsichtsperson ist Folge zu leisten. (**Durchführungsanweisung:** *Auf die gültige Fassung der »Schießvorschrift« des Deutschen Jagdschutz-Verbandes e. V., vor allem auf deren Abschnitt »Allgemeine Sicherheitsbestimmungen« und »Schießstandordnung« sowie auf die gültige Fassung des Waffengesetzes wird hingewiesen.*)

2. Beim Übungsschießen müssen die Gewehrriemen abgenommen sein und nicht benutzte Waffen ungeladen mit geöffnetem Verschluß bzw. abgekipptem Lauf abgestellt sein oder getragen werden. Schußwaffen dürfen erst auf dem Schießstand, bei Mehrladeeinrichtungen Büchsen nur mit einer und Flinten nur mit zwei Patronen geladen werden. Vor dem Verlassen des Schießstandes muß die Waffe entladen sein.

Erwerb Waffen/Munition – Meldung Erwerb/Verlust

Zu erwerbende Waffe/Munition	Bedürfnis-nachweis	Erwerbs-berechtigung	Eintrag in WBK nach dem Erwerb
Jagdgewehre (Langwaffen) einschließlich Gasdruck-lader mit maximal 2 Schuß/Magazin	entfällt	gültiger Jagdschein	innerhalb 1 Monat
Selbstladegewehre mit mehr als 2 Schuß/Magazin	erforderlich	Eintrag in WBK (gilt ein Jahr)	innerhalb 2 Wochen
Kurzwaffen (Pistolen, Revolver)	entfällt für 2 Kurzwaffen, für weitere erforderlich	Eintrag in WBK (gilt 1 Jahr)	innerhalb 2 Wochen
Munition für Jagdgewehre (Schrot, Flintenlauf-geschosse, Kugel)	entfällt	gültiger Jagdschein	—
Munition für Kurzwaffen	entfällt	Eintrag in WBK zur Waffe	—
Verlust einer Schußwaffe	—	—	Meldung innerhalb 1 Woche nach Kenntnis
Diebstahl von Munition	—	—	Meldung innerhalb 1 Woche nach Kenntnis
Besitzwechsel von Schußwaffen	—	Abgabe nur an Erwerbs-berechtigte	Meldung innerhalb 2 Wochen

Welche Dokumente berechtigen zum Besitz/Führen von Feuerwaffen?

Art des Dokuments	Voraussetzung	Berechtigt zu:		Waffenerwerb
		Besitz	Führen	
Waffenbesitzkarte (WBK)	Jägerprüfung, Mitgliedschaft in Schützenverein	●		Langwaffen[1] ohne Vorlage der WBK; Kurzwaffen[2] nur wenn Waffe bereits vorher eingetragen.
Europäischer Waffenpaß	Jägerprüfung	●		
Waffenschein	Sachkunde, Bedürfnisprüfung		●[3]	
Jagdschein	Jägerprüfung		●[4]	nicht erforderlich

[1] Langwaffen, die nicht als Kriegswaffen zählen, einschließlich Selbstlader mit einer maximalen Magazinkapazität von 2 Patronen können frei erworben werden.

[2] Frei sind für Jäger 2 Kurzwaffen ohne Bedürfnisprüfung.

[3] Der Waffenschein berechtigt grundsätzlich zum Führen einer Waffe.

[4] Der Jagdschein berechtigt nur zum Führen von Waffen auf der Jagd oder auf dem direkten Weg zu oder von dieser.

Wer darf was?

Führen einer Waffe:	Ausübung der tatsächlichen Gewalt über die Waffe außerhalb der eigenen Wohnung, Geschäftsräume oder des befriedeten Besitztums: Im Rahmen der Jagdausübung gültiger Jagdschein und Waffenbesitzkarte erforderlich. Sonstiges Führen nur mit Waffenschein und Waffenbesitzkarte.
Schießen auf genehmigten Schießstätten:	Ohne Jagdschein und ohne Waffenschein zulässig, jedoch Haftpflichtversicherung erforderlich.
Transport:	Der Transport von Waffen, etwa zum Büchsenmacher, ist ebenfalls ohne Jagdschein und Waffenschein zulässig, jedoch müssen die Waffen verpackt und getrennt von der Munition transportiert werden und dürfen nicht zugriffsbereit sein.
Aufbewahrung:	Hierzu ist weder ein Jagdschein noch eine Waffenbesitzkarte noch ein Waffenschein notwendig, doch muß eine sichere Verwahrung gewährleistet sein.

Schießen liegend

Schießen stehend freihändig

Schießen am Bergstock angestrichen

Schießen sitzend aufgelegt

Welche Jagdoptik für welchen Zweck?

Typ	Format	Licht-stärke	Dämme-rungs-zahl	Gesichts-feld auf 1000 m
Taschengläser	8 x 22	7,5	13,3	120
Verwendung:	8 x 32	16,0	16,0	130
Wanderung, Reviergang	10 x 25	6,2	15,8	100
Leichte Pirschgläser	7 x 42	36,0	17,1	114
	8 x 30	14,0	15,5	136
Verwendung:	8 x 40	25,0	17,9	120
Reviergang, Gamsjagd	10 x 40	16,0	22,4	96
	10 x 42	17,6	20,5	101
Ansitzgläser	7 x 50	51,0	18,7	122
	8 x 50	39,0	22,4	112
Verwendung:	8 x 56	49,0	21,2	110
Ansitzjagd	9 x 63	49,0	23,8	108
	10 x 50	25,0	22,5	89
	10 x 56	31,3	23,7	105
	12 x 50	17,4	24,5	88
	15 x 63	17,6	30,7	72
Spektive	25 x 70	7,8	47,4	50
Verwendung:	30 x 80	7,1	49,0	40
Gamsjagd und zum	32 x 80	6,2	50,6	32
Ansprechen auf große	20–60 x 60	9,0–1,0	34,6–60	32,5–17,5
Entfernung sowie auf	12–36 x 50	17,4–1,9	24,5–42,4	36–12
dem Schießstand	15–45 x 60	16,0–1,7	30,0–52	50–12,7
Zielfernrohre	1 x 20	400,0	–	26,8
	1–4 x 24	576–36	3,8–9,8	26–10
Verwendung:	1,1–4 x 24	375–36	3,1–9,8	36–10,25
Drückjagd sowie für	1,2–5 x 32	711–41	6,2–12,6	22–8,5
Kleinkaliber– und	1,25–4 x 20	256–25	4–8,9	32–10
Sportwaffen	1,5–4,5 x 20	178–20	5,5–9,5	21,8–7,7
	1,5–6 x 42	784–49	5,6–15,9	19–7
	4 x 20	25	8,9	11,0
	2,5–10 x 42	282–18	7,1–20,5	13,2–4,2
	2,5–10 x 48	368–23	10,9–21,9	12–4,2

Welche Jagdoptik für welchen Zweck?

Typ	Format	Licht-stärke	Dämme-rungs-zahl	Gesichts-feld auf 1000 m
Variable Universal-Zielfernrohre,	2,5–10 x 56	502–31	9,1–23,8	12,5–4
	3–9 x 42	196–22	19,4–11,2	17,4–7
	3–9 x 44	215–24	20–9	17,4–7
hauptsächlich jedoch für den Ansitz	3–12 x 50	278–17	8,5–24,5	11–3,5
	3–12 x 52	300–19	25–12,5	12,5–3,3
	3–12 x 56	348–22	11,6–26	8,8–3,3
	4–12 x 56	196–22	25,9–11,4	9,2–2,8
	6 x 40	44	15,5	7,5
Reine Ansitz-Zielfernrohre,	6 x 42	49	15,0	7,0
	8 x 50	39	20,0	5,2
	8 x 56	49	21,2	5,0

!! Merke !!

Okular	= Die hintere, dem Auge zugewandte Linse.
Objektiv	= Die vordere, dem Objekt zugewandte Linse.
Bezeichnung	= Angegeben werden immer Vergrößerung und Objektivdurchmesser. Beispiel: 8 x 56 oder 1–4 x 24.
Lichtstärke	= Objektivdurchmesser <u>geteilt</u> durch Vergrößerung, das Ergebnis daraus mit sich selbst multipliziert. Beispiel: 56 : 8 = 7; 7 x 7 = 49.
Dämmerungszahl	= Objektivdurchmesser <u>multipliziert</u> mit Vergrößerung, daraus die Wurzel. Beispiel: 65 x 8 = 448; $\sqrt{448}$ = 21,2.
Austrittspupille	= Objektivdurchmesser <u>geteilt</u> durch Vergrößerung. Austrittspupillen unter 2 mm sind wertlos; Austrittspupillen über 7 mm kann das Auge nicht mehr nutzen.

Zielfernrohr

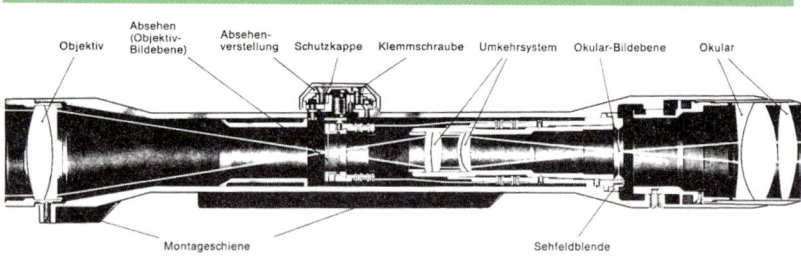

Zielfernrohr im Längsschnitt, mit Höhenverstellschraube für das Absehen, vierfache Vergrößerung.

!! Merke !!

- Bei Zielfernrohren mit <u>Leichtmetallkörper</u> werden die Montagegestecke mit Ringen am Rohr befestigt.

- Zielfernrohre mit <u>Stahlkörper</u> haben unter dem Objektiv und unter dem Mittelrohr je eine Prismaschiene, an denen die Gestecke befestigt werden.

- Bei <u>Aufschubmontagen</u> werden die am Zielfernrohr sitzenden Gestecke auf eine oder zwei auf dem Lauf sitzenden Prismaschienen aufgeschoben und festgeschraubt.

- <u>Schwenkmontagen</u> haben am vorderen Teil einen Fuß, der im Winkel von 90° in eine auf dem Lauf sitzende Bodenplatte gesetzt wird. Danach wird das Zielfernrohr eingeschwenkt und am hinteren Gesteck verriegelt.

- <u>Kippmontagen</u> werden gekantet aufgesetzt, heruntergedrückt u. verriegelt.

- Bei <u>Einhakmontagen</u> haben die vorderen Gestecke zwei Füße, die angewinkelt in die auf dem Lauf sitzende Bodenplatte gesetzt werden. Dann wird das Zielfernrohr hinten heruntergedrückt, wobei auch die beiden hinteren Füße in die Bodenplatte greifen und durch einen Bolzen verriegelt werden.

Die gebräuchlichsten Absehen

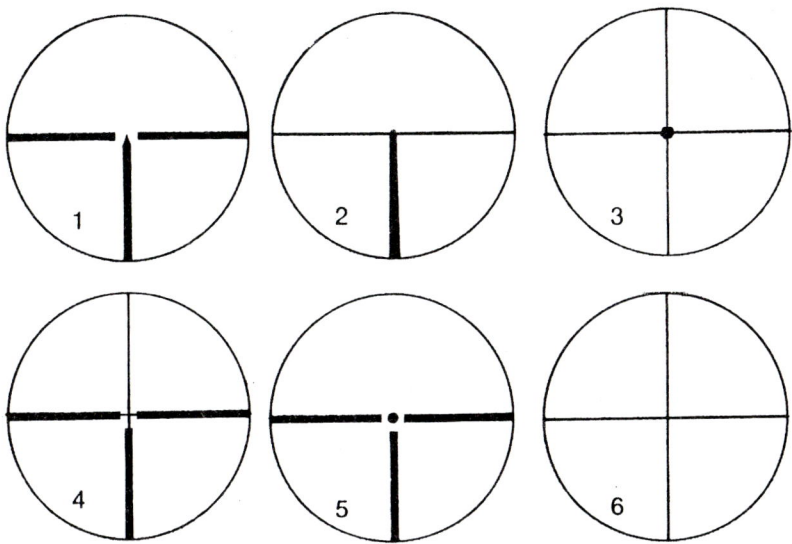

Bruchzeichen

Erlegtes Schalenwild erhält den »letzten Bissen«, egal ob männlich oder weiblich. Dieser Brauch war früher kaum irgendwo üblich.

Nach altem (echtem) Brauch erhalten alle an einer Jagd beteiligten Schützen einen Bruch. Heute bekommt nur noch der Erleger einen Bruch.

Der Wartebruch (2 armlange Zweige) hat im Zeichen des Handy längst seine praktische Bedeutung verloren. Wurde das Warten aufgegeben, hatte man die beiden Brüche mit dem Messer »befegt«.

Anschußbrüche mögen Tradition haben, praxisgerecht sind sie nicht. Ein Stück Textilband o. ä. zeigt uns den Anschuß zuverlässiger, und ob das Stück weiblich oder männlich war, nach rechts oder nach links absprang, können wir uns gegenseitig sagen.

Streckelegen

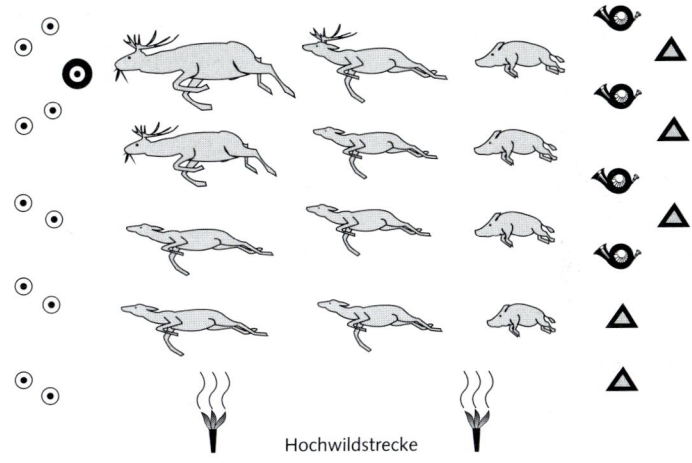

Hochwildstrecke

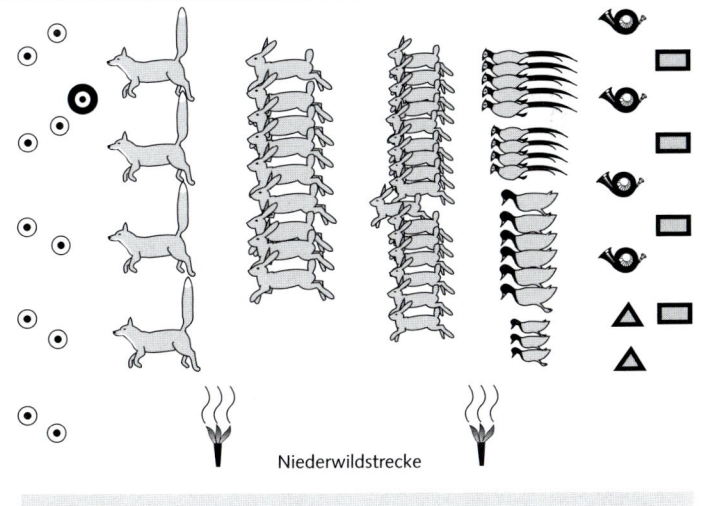

Niederwildstrecke

⊙ Jagdleiter   ⊙ Jäger   ▭ Treiber   ▲ Hundeführer   🎺 Bläser

- Jäger stehen vor dem Wild.
- Bläser und Hundeführer stehen hinter dem Wild.
- Die Treiber stehen ganz hinten.
- Alles Wild liegt auf der rechten Körperseite, beginnend mit dem stärksten Stück.
- Jedes zehnte Stück wird eine halbe Körperlänge vorgezogen.

Gebräuchliche Jagdhörner

Clewingsches Horn in B

Fürst-Pless-Horn in B

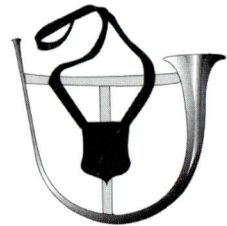

Sauerländer Halbmond

Parforcehorn in B

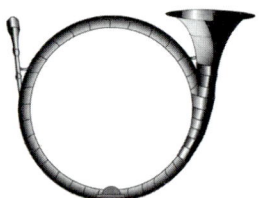

Parforcehorn in Es

Die wichtigsten Treibjagdsignale

Begrüßung

Aufbruch zur Jagd

Das Ganze

Langsam treiben! (Anblasen des Treibens)

Halt!

Treiber in den Kessel! (Treiber rein!)

Aufhören zu schießen! (Abblasen des Treibens)

Zum Essen

Jagd vorbei!

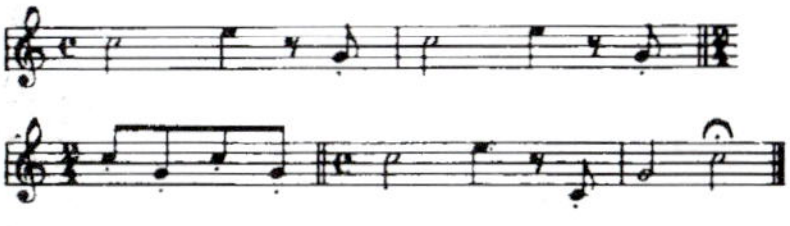

Halali!

Die wichtigsten Totsignale

Hirsch tot!

Damhirsch tot!

Reh tot!

Sau tot!

Muffel tot!

Fuchs tot!

Hase tot!

Flugwild tot!

Weidmannssprache – Körperbezeichnungen

Keule

Geweih
(2 Stangen mit
Enden und
Krone oder
Gabel)

Ziemer
(Hinter-
rücken)

Decke
(Fell) mit
Haaren

Haupt (Kopf)

Lauscher (Ohren)

Lichter (Augen)

Windfang (Nase)

Wedel (Schwanz)

Äser (Maul)

Spiegel, Hosen (helle
Keulenfärbung)

Kurzwildbret (Hoden)

Träger (Hals) mit
Brunftmähne

Brunftfleck (erst ab
Sept.) und Brunftrute
(Penis)

Blatt

Vorderlauf

Hinterlauf

Rothirsch

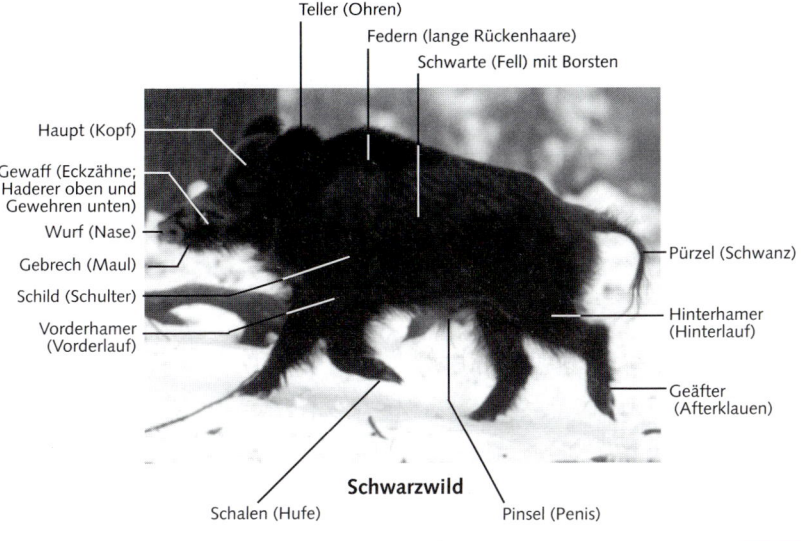

Teller (Ohren)

Federn (lange Rückenhaare)

Schwarte (Fell) mit Borsten

Haupt (Kopf)

Gewaff (Eckzähne;
Haderer oben und
Gewehren unten)

Wurf (Nase)

Gebrech (Maul)

Schild (Schulter)

Vorderhamer
(Vorderlauf)

Pürzel (Schwanz)

Hinterhamer
(Hinterlauf)

Geäfter
(Afterklauen)

Schwarzwild

Schalen (Hufe)

Pinsel (Penis)

Weidmannssprache – Körperbezeichnungen

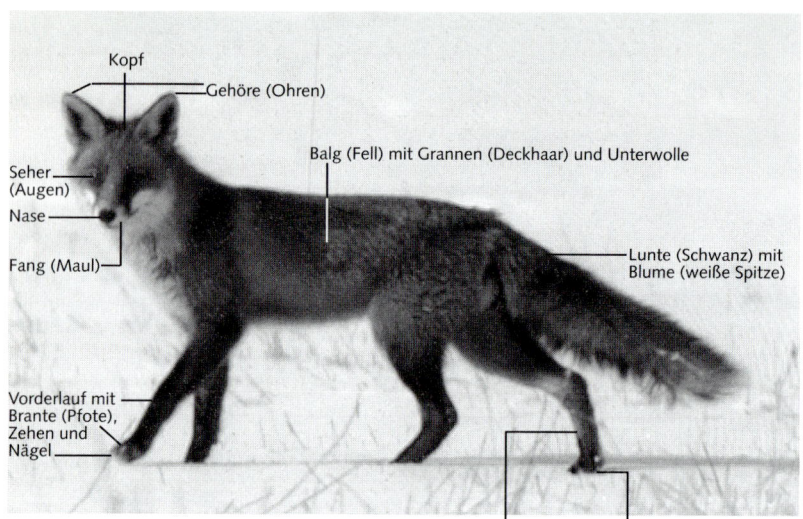

Kopf

Gehöre (Ohren)

Balg (Fell) mit Grannen (Deckhaar) und Unterwolle

Seher
(Augen)

Nase

Fang (Maul)

Lunte (Schwanz) mit
Blume (weiße Spitze)

Vorderlauf mit
Brante (Pfote),
Zehen und
Nägel

Fuchs

Hinterlauf mit Brante

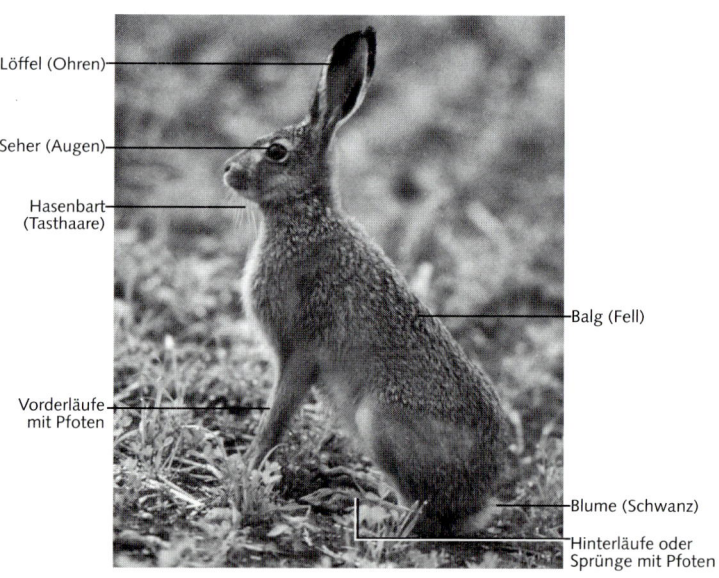

Löffel (Ohren)

Seher (Augen)

Hasenbart
(Tasthaare)

Balg (Fell)

Vorderläufe
mit Pfoten

Blume (Schwanz)

Hinterläufe oder
Sprünge mit Pfoten

Hase

Weidmannssprache – Körperbezeichnungen

Schnabel

Brust

Hosen (Federn
an den Beinen)

Rosen
(rote Federchen im
Augenbereich der
Hühnervögel)

Hörner
(Federohren)

Ring (nur Ringfa-
san und teilweise
Bastarde

Schwingen (Flügel)

Stoß oder Spiel
(Schwanz)

Ständer (Beine)
mit Zehen

Sporn
(rückwärtiger Dorn)

Fasan

Kopf

Auge

Schnabel

Kropf

Brust

Bauch

Schwingen (Flügel)

Gefieder

Locken oder Draller
(gedrehte Federn
beim Stockerpel)

Bürzel (Schwanz)

Latschen oder
Ruder (Beine
und Füße mit
Zehen und
Schwimmhäuten

Stockerpel

Wie wird beim Schalenwild was bezeichnet?

Körperteil / Verhalten	Rotwild	Damwild	Rehwild	Gamswild/ Steinwild	Schwarzwild
Jungtier[1] ♀	Tierkalb		Geißkitz		Frischling
Jungtier ♂	Hirschkalb		Bockkitz		Frischling
Jährlinge ♀	Schmaltier,		Schmalreh	Jahrlingsgeiß	Überläuferbache,
Jährlinge ♂	Schmalspießer	Spießer	Jährlingsbock	Jahrling	Überläuferkeiler
Weibchen[2]	Alttier/Stuck	Alttier	Geiß (Ricke)	Geiß	Bache
Männchen [3]	Hirsch		Bock		Keiler
Fell	Decke				Schwarte
Kopf [4]	Haupt				
Augen	Lichter (darunter beim Rotwild die Tränengruben)				
Ohren	Lauscher				Teller
Maul	Äser				Gebrech
Nase	Windfang				Wurf, Scheibe
Hals	Träger (daran beim Rothirsch die Brunftmähne)				
Brust	Stich (dem kranken Stück wird der Fang [Stich] in den Stich gegeben)				
Vorderbeine	Vorderläufe (Oberlauf = Arm; Unterlauf = Hand)				Vorderhämmer
Hinterbeine	Hinterläufe (Oberlauf = Schenkel; Unterlauf = Fuß)				Hinterhämmer
Zehen	Schalen				
Schwanz	Wedel (beim Reh nur kurz und nicht sichtbar)				Bürzel
Magen	Pansen (Wiederkäuermagen)				Weidsack
Geschlechts- teile ♂/♀	♂ Brunftrute ♀ Feuchtblatt		Pinsel		
Paarungszeit	Brunft (beim Rehwild auch Blattzeit)				Rauschzeit
Gesellschaft	Rudel		Sprung	Scharl, Rudel	Rotte
Ruheplatz	Lager, Bett (das Wild tut sich nieder und bettet sich)				Kessel
Gehen	ziehen (langsame Gangart; Trollen = halbschnelle Gangart)				
Springen	flüchten (bei Verfolgung des ♀ durch das ♂ = Treiben)				
Flüchten	abspringen; flüchtig werden				
Hinsetzen	sich niedertun; sich betten; ins Lager gehen				
Aufstehen	hochwerden				
Balz	treiben (der Hirsch, Bock, Keiler treibt das Tier, die Geiß, die Bache)				
Kopula	Beschlag (das Männchen reitet auf)				
Trächtig sein	dick gehen				
Gebären	setzen				frischen
Fressen	äsen (Schwarzwild bricht nach Fraß)				
Nahr. freilegen	freischlagen				brechen
Urinieren	nässen				
Koten	lösen				
Warnlaut	mahnen, schrecken		schrecken	pfeifen	blasen

[1] Beim Damwild früher auch Kitz und beim Rehwild Kalb.
[2] Beim Damwild früher auch Geiß.
[3] Beim Damwild früher auch Bock. Beim Rotwild im Allgäu heute noch »Hornerer« und in der Schweiz »Stier«.
[4] Früher auch Kopf, Grind, Schädel.

Wie wird beim Federwild was bezeichnet?

Körperteil / Verhalten	Feldhühner	Raufußhühner	Schnepfen	Enten, Gänse	Tauben
Junge	Küken (ohne Geschlechtsdefinition)				Nestlinge
Weibchen	Henne (ohne Altersdefinition)			Ente, Gans	Taube
Männchen[1]	Hahn			Erpel, Ganter	Tauber
Kopf	Kopf				
Schnabel[2]	Schnabel		Stecher	Schnabel	
Augen	Augen (darüber befinden sich bei den ♂ der Hühnervögel die Rosen)				
Beine[3]	Ständer			Ruder	Ständer
Zehen	Zehen			Latschen	Zehen
Schwanz	Stoß				
Kot	Gestüber (beim Auerwild Losung)				

[1] Jüngere Birk- und Auerhähne werden auch Schneider genannt. Der traditionelle Name für Erpel ist Antvogel.
[2] Beim Birk- und Auerwild im östlichen Alpenraum auch Brocker.
[3] Beim Auerwild (weil Hochwild) Läufe.

Falknerei

Falkenhaube (Lederhaube, die dem Greifvogel die Sicht nimmt)

Geschüh (Fußfessel)

Belle (kleines Glöckchen am Geschüh)

Falknerhandschuh

Langfessel (Lederriemen zum Halten des Vogels)

Foto einer Jagdgesellschaft zu Beginn des 20. Jahrhunderts. Brauchtum im heutigen Sinne mit Streckelegen, Weidmannssprache und Jagdhornblasen gab es nicht. Meist jagte man im weißen

Hemd und dunklen Anzug. Erst mit dem Reichsjagdgesetz wurde auch ein »reichseinheitliches« Brauchtum erfunden und verordnet.

Fremdwörter und Fachausdrücke, die der Jäger kennen sollte

A

Abort	Abbruch der Trächtigkeit mit Ausstoß des Fötus.
Abudanz	Populationsdichte
ad libitum	Nach Belieben (z. B. Futteraufnahme an Automaten).
adult	Erwachsen, geschlechtsreif.
aerob	Unter Sauerstoff → Fäulnis.
Albinismus	Weißfärbung infolge erblich bedingten Fehlens von Farbpigmenten (auch Teilalbinismus).
Amphibien	→ Schwanzlurche, → Froschlurche.
anaerob	Unter Sauerstoffausschluß.
Angiospermae (botan.)	Bedecktsamer (alle ein- und zweikeimblättrige Pflanzen) → Gymnospermae.
ANW	Arbeitsgemeinschaft naturnaher Waldwirtschaft.
Arthropoda	Gliederfüßler (Spinnen, Insekten, Krebse, Hundertfüßler und Doppelfüßler).
Auftreffwucht	Wird gemessen in Joule → E_0
Außenballistik	Alle Kräfte und Vorgänge, die während des Fluges bis zum Ziel auf das Geschoß wirken und das daraus resultierende Verhalten des Geschosses → Innenballistik.
Avifauna	Vogelwelt

B

Ballistik	→ Außenballistik, → Innenballistik.
Biozönose	Lebensgemeinschaft der Individuen aller Tier- und Pflanzenarten, die in einem gegebenen Areal gemeinsam vorkommen.
Browser	→ Graser
Buttersäure	Wird unter Luftzutritt durch aerobe Bakterien in Silos gebildet und verdirbt die Silage als Futterstoff.
BUND	Bund für Umwelt und Naturschutz Deutschland

C

Caniden	Hundeartige (Fuchs, Marderhund, Schakal, Wolf).
Canini	Eckzähne (beim Raubwild Fangzähne genannt).
Cerviden	Hirschartige (Echthirsche: Rot- und Damhirsch; Trughirsche: Reh und Elch).
Chromosom	In jedem Zellkern vorhandener Träger der Erbanlagen.
Chryptochismus	Erblich bedingtes Verharren der Hoden in der Bauchhöhle.
CIC	Conseil International de la Chasse et de la Conservation du Gibier (Internationaler Jagdrat zur Erhaltung des Wildes, mit Sitz in Paris).

D

Dackellähme	Bandscheibenvorfall, hauptsächlich bei Hunden mit langem Rücken wie beispielsweise Dackel; kann zur völligen Lähmung der Hinterhand führen.
DEVA	Deutsche Versuchs- und Prüfanstalt für Jagd- und Sportwaffen.
dimorph	Zweigestaltig, → Geschlechtsdimorphismus.
Dispersion	Verteilung einer Wildart im Lebensraum.
DJV	Deutscher Jagdschutz-Verband (Zusammenschluß der Landesjagdverbände, in denen rund 84 % der Jäger organisiert sind).

E

Eutrophierung	Nährstoffanreicherung
E_0 / E_{100}	Energie eines Geschosses an der Mündung / nach 100 m.
einhäusig (botan.)	Pflanzen, die gleichzeitig männliche und weibliche Blüten tragen.
einkeimblättrige (botan.)	Pflanzen mit einem Keimblatt (z. B. alle Gräser, Binsen oder Liliengewächse).
Emigration	Abwanderung von Wild, besonders Jungwild.
Evolution	Weiterentwicklung der Arten durch Anpassung an die Umwelt.

F

FACE	**F**édération des **A**ssociations de **C**hasseurs de L'U.**E**. (Zusammenschluß der Jagdschutzverbände in der EU).
FAO-Zahl	FAO = Food and Agricultural Organisation; Schlüsselzahl für die Reifezeit einer Pflanze (150–190 = früh, 200–240 = mittelfrüh, 250–290 = mittelspät, 300–340 = spät).
Fäulnis	Stoffzersetzung durch Bakterien unter Sauerstoffausschluß/-armut (anerobe Bakterien).
Feliden	Katzenartige (Wildkatze, Luchs).
Fertilität	Fruchtbarkeit
Flechte	Pflanzlicher Organismus aus Alge und Pilz (Notgemeinschaft).
Fötus	Wachsende Frucht im Mutterleib.
Froschlurche	Krötenfrösche (Knoblauchkröte); Echte Kröten (Erdkröte, Kreuzkröte, Wechselkröte); Unken (Gelbbauch- und Rotbauchunke); Geburtshelferkröten; Laubfrösche; und Echte Frösche (Gras-, Moor-, See-, Teich- und Wasserfrosch). Larven besitzen Schwanz und Kiemen.
Fungizid	Chemisches Präparat zur Bekämpfung von Pilzkrankheiten.

G

Gärung	Bildung von konservierenden Säuren durch Bakterien (Milchsäure durch anaerobe Bakterien; Buttersäure durch aerobe Bakterien).
Gonadotropin	Sexualhormon, das in der Hypophyse (Hirnanhangdrüse) gebildet wird und u.a. das Hodenwachstum anregt.
Gelbkörper	Hülle, aus der das Ei in der Gebärmutter zur Befruchtung gelangt; in ihr bildet sich eine gelbliche Substanz, die zur Namensbildung führte.
Generalisten	Wildarten mit einem breiten Nahrungs-/Beutespektrum, die bei Ausfall einer Nahrung/Beute relativ problemlos auf andere ausweichen können, im Gegensatz zu → Nahrungsspezialisten.
Genetik	Vererbungslehre
Genotyp	Vorwiegend von den Genen geprägtes Erscheinungsbild eines Wildtieres.
Genpool	Vielzahl genetisch festgelegter Eigenschaften, die einer Art die Anpassung an unterschiedlichste Lebensbedingungen ermöglicht (wird durch auf Geweihmerkmale fixierte Hegerichtlinien eingeengt).
Geschlechts-dimorphismus	Äußerlich erkennbare Unterschiede zwischen den Geschlechtern.
Graser	Wiederkäuer mit großem Sammelpansen, die relativ wahllos grasen, im Gegensatz zu den → Konzentratselektierern.
Gritt	Kleine Steinchen, die von Vögeln zur Zerkleinerung der Nahrung aufgenommen werden.
Gymnospermae (botan.)	Nacktsamer (alle Pflanzen der Klasse Coniferae = Nadelgehölze) → (Bedecktsamer.
Gynopaedium (wildbiol.)	Mutterfamilie (z. B. Altier, Kalb, Schmaltier).

H

Habitat	Wohnraum eines Lebewesens
Hähersaat	Verbreitung von Waldsamen (z. B. Eicheln) durch Eichel- und Tannen-häher.
Hämatom	Bluterguß (entsteht nur am noch lebenden Körper, wichtig bei der Bestimmung der Todesursache beim Wild).
Hautgout	Geruchsentwicklung infolge Fäulnis an Wildbret (gespr. Ogu).
Herbizid	Chemisches Präparat zur Bekämpfung von Pflanzen.
Höhenstufen	Planare Stufe = Ebene; kolline Stufe = Hügelland bis ca. 500 m; montane Stufe bis etwa 1200 m; subalpine Stufe = a) Nadelwaldstufe, b) Krummholzstufe bis etwa 2200 m; alpine Stufe = Fels- und Schrofen-bereich bis etwa 2800 m; nivale Stufe = Schneestufe oberhalb 2800 m.
Home range	→ Streifgebiet
Hüftgelenks- **dysplasie**	Erblich bedingte mangelhafte Ausbildung der Hüftgelenke mit flacher Pfanne und verformtem Gelenkkopf. Hunde mit HD werden von der Zucht ausgeschlossen.
Huminisierung	Humusbildung

I

Imago	Geschlechtsreifes Insekt.
Immobilisation	Ruhigstellung mittels eines Muskelblockers, meist mit Hilfe eines Narkosegewehrs.
Innenballistik	Alle Vorgänge in Patronenlager und Lauf der Waffe.
Insektizid	Chemisches Präparat zur Bekämpfung von Insekten.
Insisivi	Schneidezähne (bei den Nagern und Hasenartigen Nagezähne).
Intermediär	In der Mitte befindlich (etwa Rotwild als Äsungstyp zwischen reinen Grasern und Selektierern).
Invertebrata	Wirbellose = Insekten (immer 6 Beine, Fasettenaugen, mehrere Entwicklungsstadien); Spinnen (immer 8 Beine).
IWA	Internationale Fachmesse für Jagd- und Sportwaffen und Zubehör (alljährlich im März in Nürnberg, nur für Handel und Gewerbe).

J

Joule	Maßeinheit mit der die Energie eines Geschosses gemessen wird.
juvenil	Jugendlich (z.B. beim Schalenwild die noch nicht einjährigen Tiere).

K

Konzentrat- **selektierer**	Wiederkäuer, die selektiv stark eiweißhaltige Äsung aufnehmen, insbe-sondere das Rehwild, im Gegensatz zu den → Grasern.
Kryptorchismus	Mangelhafte Ausbildung und Fehllagerung der Hoden (z. B. beim Hund).
Kynologie	Wissenschaft von den Hunden, auch im angewandten Sinne.

L

Laktation	Bildung und Abgabe von Milch.
Linkoln-Index	Methode zahlenmäßiger Erfassung von Wildtierbeständen, wobei ein Teil der zu erfassenden Tiere markiert sein muß.
LJV	Landesjagdverbände, in denen die Kreisgruppen der Jäger zusammen-geschlossen sind → DJV. In Österreich sind die Landesjägerschaften Körperschaften des öffentlichen Rechts (ausgenommen Vorarlberg).

M

Magensteine	Feine Steinchen und Sandkörner (auch Muschelsplitter und ä.), die v.a. von Enten- und Hühnervögeln zum Aufschluß harter Nahrung aufgenommen wird.
Mamilarien	Säugetiere, etwa im Gegensatz zu den Vögeln.
Melanismus	Erbliche Schwarzfärbung bei Säugern und Vögeln durch zu hohe Einlagerung schwarzer Pigmente.
Metamorphose	Umwandlung, Gestaltsveränderung bei Insekten und Amphibien.
Migration (wildbiol.)	Wanderung von Tier- und Pflanzenarten (Individuen oder Gruppen) im geographischen oder sozialen Raum.
Mikroorganismen	Bakterien, Strahlenpilze und Pilze, die als Bodenorganismen abgestorbene Pflanzen und Tiere in Kohlendioxid, Wasser, Ammoniak und Mineralstoffe zerlegen.
Milchsäure-vergärung	Konservierung von Futterstoffen (Silage) mit Hilfe von anaeroben Milchsäurebakterien, im Gegensatz zur → Buttersäure.
Mineralisierung	Abbau (Rückführung) toter organischer Substanz in Mineralien.
Molaren	Mahlzähne (Backenzähne) → Prämolaren.
Mollusken	Weichtiere (Schnecken und Muscheln).
Molluskzid	Chemisches Präparat zur Bekämpfung von Schnecken.
Monogamie	Paarbindung auf Dauer oder zeitlich begrenzt (Saison-Ehe).
Monorchismus	Einhodigkeit
Musteliden	Marderartige (Echte Marder und Stinkmarder).
Mycorrhiza (botan.)	Symbiose der Wurzeln von Nadelgehölzen mit Pilzen. Gehölze beziehen vom Pilz Mineralsalze, Stickstoff- und Phosphorverbindungen, Pilze werden mit Kohlehydraten versorgt.

N

NABU	Naturschutzbund Deutschland, ehemals Deutscher Bund für Vogelschutz.
Nahrungs-spezialisten	Wildarten, die sehr stark auf eine bestimmte Nahrung/Beute fixiert und von dieser abhängig sind, z.B. Fischadler.

O

ÖJV	Ökologischer Jagdverein, relativ mitgliedschwacher, in Landesverbände gegliederter Jagdverband, mit dem Ziel, die Jagd zu ökologisieren.
Ökologie	Wissenschaft von den Wechselbeziehungen zwischen den Lebewesen und ihrer Umwelt.
Ökosystem	Natürliche Einheit aus einer Lebensgemeinschaft und deren Umwelt.
oligotroph	nährstoffarm → eutroph
Opportunisten	→ Generalisten
Osteoklasten	Knochenfressende Zellen, die die Trennung der Geweihstangen von den Rosenstöcken herbeiführen.
Ovulation	Ausstoßung eines Eis aus dem Eierstock.

P

parforce	französisch = durch Kraft → Parforcejagd → Parforcedressur → Parforcehorn.
Parforcejagd	Reitjagd, in Frankreich vor allem auf den Hirsch, gelegentlich auch Sau, in England vor allem auf den Fuchs, früher auch im deutschsprachigen Raum.
Parforcedressur	Abrichtungsmethode unter Einsatz von Härte und Zwang, wird heute abgelehnt.
Parforcehorn	Aus Frankreich stammende Reitjagdhörner, die in der deutschen Jagdkultur keine eigentliche Tradition haben.

Petschaft	Von den Rosen umgrenzte Fläche, mit der eine Geweihstange auf dem → Rosenstock sitzt.
Phänotyp	Vorwiegend von den Einflüssen der Umwelt bestimmtes Erscheinungsbild eines Wildtieres (z. B. Geweih- und Körperstärke des Rehwildes).
Polygamie	Vielehe; sexuelle Kontakte mit mehreren Partnern.
Polyandri	Weibchen läßt sich von mehreren Männchen begatten.
Polygonläufe	Läufe, die an Stelle von Zügen und Feldern breite Führungsstreifen ohne scharfe Kanten haben (Polygon = Vieleck).
Polygynie	Männchen begattet mehrere Weibchen.
Population	Gesamtheit der Individuen einer Art in einem in sich mehr oder weniger zusammenhängendem Gebiet.
Populationsdruck	Drang zur Ausbreitung der Population infolge Vermehrung.
Populations-dynamik	Veränderungen der Dichte bzw. Größe einer Population, Geschwindigkeit, mit der sich eine Population zahlenmäßig verändert.
postmortal	Vorgänge nach Eintritt des Todes (z. B. Verletzungen beim Absturz).
postnatal	Vorgänge nach der Geburt.
Prädatoren	Beutegreifer (Haarraubwild und Greifvögel).
Prämolaren	Vormahlzähne (Backenzähne) → Molaren.
prämortal	Vorgänge vor Eintritt des Todes (z. B. Hämatome).
pränatal	Vorgänge vor der Geburt.
Pumpgun	Flinte mit mehrschüssigem Magazin, bei der mit dem Vorderschaft repetiert wird.

R

Reptilien	Schildkröten (Sumpfschildkröte) und Schuppenkriechtiere (Echsen: Smaragd-, Zaun-, Wald- und Mauereidechse sowie Blindschleiche. Schlangen: Äskulap-, Ringel- und Schlingnatter sowie Kreuzotter).
Resorption (wildbiol.)	Tilgung/Auflösung eines befruchteten Eis oder Embryos im und durch den Mutterkörper.
Revier (wildbiol.)	Der Teil eines Streifgebietes, der saisonal (Paarung, Brut usw.) gegenüber Artgenossen und/oder Artfremden verteidigt wird.
Ressistenz	Körpereigene Widerstandskraft gegen Krankheitserreger, die aber bei späteren Generationen wieder hervortreten kann.
rezessiv (wildbiol.)	Verdeckte, momentan nicht in Erscheinung tretende Erbanlage.
Rodentizid	Meist an einen Köderstoff gebundenes Gift zur Tötung von Kleinnagern.
Ruderalflora	Pionierflora auf stickstoffreichen Schuttplätzen.

S

Scheinwerfer-taxation	Möglichkeit der Bestandserfassung vor allem beim Feldhasen. Dabei werden im Feld in der Nacht Blöcke abgefahren, mit Suchscheinwerfern ausgeleuchtet und die gesichteten Hasen registriert.
Schwanzlurche	Salamander (Feuer- und Alpensalamander) und Molche (Kamm-, Berg-, Faden- und Teichmolch).
Selektion (wildbiol.)	Bewußte Förderung oder Tilgung von Merkmalen durch Auslese, etwa Geweihmerkmale oder Körperstärke – führt zur Artenveränderung.
Silage	Durch Gärung konservierte Futterstoffe (z. B. Wiesenschnitte, Mais) → Gärung.
Streifgebiet	Gesamtraum, in dem sich ein Tier im Jahresablauf aufhält.
subadult	Zwischen jugendlich und voll erwachsen stehend (z. B. beim Schalenwild die Jährlingsklasse).

Sukzession	Allmähliche, fortlaufende Veränderung eines Zustandes.
Symbiose	Zusammenleben artverschiedener Organismen mit wechselseitiger, positiver Beeinflussung.
Systematik	Zuordnung der Lebewesen in Stamm, Klasse, Ordnung (Unterordnung), Familie (Unterfamilie) und Art.

T

Telemetrie	Ausrüstung von Wildtieren mit Funksendern zum Zwecke der Standortpeilung im Rahmen wildbiologischer Aufgabenstellungen.
Territorium	→ Revier
Testosteron	In den Hoden gebildetes männliches Geschlechtshormon, welches das Territorial- und Brunftverhalten auslöst.

U

Uterus	Gebärmutter

V

Vertebraten	Wirbeltiere
V_0 / V_{100}.	Geschwindigkeit eines Geschosses an der Laufmündung / nach 100 Meter.

W

Wuchsformen (botan.)	Krautartige Pflanzen, deren oberirdische Teile alljährlich absterben; perennierende Stauden, deren oberirdische Teile teiweise verholzen; Gehölze: Zwergsträucher bis etwa 0,5 m, Sträucher bis etwa 5 m, Klettersträucher, Bäume.
WWF	World Wide Fund For Nature (größte unabhängige Naturschutzorganisation der Welt mit über 4,7 Mill. Mitglieder).

Z

Zähltreiben	Treiben zur zahlenmäßigen Erfassung von Rehwildbeständen, bei dem ein Waldstück mit einer sehr großen Zahl Treiber umstellt wird, dann wird auf die Front zugetrieben, wobei sich die Zähltreiber der beiden Seiten einreihen. Gezählt werden alle Rehe, die zwischen den Zähltreibern (Abstand wenige Meter) nach außen wechseln und zwar, je nach Absprache, nur Rehe, die entweder rechts oder links den Zähltreiber passieren. Damit werden Doppelzählungen vermieden.
zweihäusig (botan.)	Pflanzen, die entweder nur männliche oder nur weibliche Blüten tragen, im Gegensatz zu den einhäusigen Pflanzen.
zweikeimblättrig (botan.)	Pflanzen mit zwei Keimblättern (die meisten Gehölze, Stauden und krautartige Blütenpflanzen).
zwittrig (botan.)	Blüten, die männliche und weibliche Geschlechtsorgane aufweisen.

Vom selben Autor bereits erschienen:

Wildschäden heute
Wildschadenserfassung und
-bewertung, anwendbar für
Deutschland und Österreich,
die Schweiz und Südtirol; Wildschäden erkennen, Verursacher
bestimmen, Beweise sichern
und die richtigen Abwehr-
maßnahmen treffen.

**Handbuch
Reviergestaltung**
Biotope im Revier artgerecht
gestalten und rekonstruieren:
ökologische Daten und Fakten,
Beurteilungs- und Arbeitsan-
leitungen mit Tabellen, Grafiken
und Fotos.

Raubwild heute
Bestandsaufnahme zur Situation
der Raubwildarten Mitteleuropas:
Biologie, Lebensweise, Verbrei-
tung, Zukunftsperspektiven,
Jagdmethoden, Einfluß der
Jagd auf die Bestände u.v.m.

Rehwild heute
Zeitgemäße Denkmodelle –
basierend auf wildbiologischen
Erkenntnissen und bewährter
Jagdpraxis – zu Lebensraum,
Rehwildjagd und -hege; Alter-
nativen zu den herkömmlichen
Methoden der Bejagung.

Im BLV Verlag finden Sie
Bücher zu den Themen:
Garten und Zimmerpflanzen • Natur • Heimtiere • Jagd und Angeln • Pferde
und Reiten • Sport und Fitness • Wandern und Alpinismus • Essen und Trinken

Ausführliche Informationen erhalten Sie bei:

**BLV Verlagsgesellschaft mbH • Postfach 40 03 20 • 80703 München
Tel. 089 / 127 05-0 • Fax 089 / 127 05-543 • http://www.blv.de**